Emil Reisch

Griechische Weihgeschenke

Emil Reisch

Griechische Weihgeschenke

ISBN/EAN: 9783743331013

Hergestellt in Europa, USA, Kanada, Australien, Japan

Cover: Foto ©ninafisch / pixelio.de

Manufactured and distributed by brebook publishing software
(www.brebook.com)

Emil Reisch

Griechische Weihgeschenke

ABHANDLUNGEN

DES

ARCHÄOLOGISCH-EPIGRAPHISCHEN

SEMINARES

DER UNIVERSITÄT WIEN

HERAUSGEGEBEN

VON

O. BENNDORF UND E. BORMANN

HEFT VIII

GRIECHISCHE WEIHGESCHENKE VON EMIL REISCH

PRAG   WIEN   LEIPZIG
F. TEMPSKY   F. TEMPSKY   G. FREYTAG
BUCHHÄNDLER DER KAISERLICHEN AKADEMIE DER WISSENSCHAFTEN IN WIEN
1890

GRIECHISCHE

WEIHGESCHENKE

VON

EMIL REISCH

MIT 14 ABBILDUNGEN IM TEXTE

PRAG   WIEN   LEIPZIG
F. TEMPSKY   F. TEMPSKY   G. FREYTAG
BUCHHÄNDLER DER KAISERLICHEN AKADEMIE DER WISSENSCHAFTEN IN WIEN
1890

Die Weihgeschenke der Griechen sind von unermesslicher Bedeutung für die Erforschung hellenischer Kunst und Culturgeschichte; sie stehen in tausendfältigen Beziehungen zu allen Aeusserungen des menschlichen Lebens; von allen Wandlungen des Denkens, von allen Fortschritten künstlerischen Könnens legen sie greifbares Zeugniss ab.

Indem die Weihgeschenke das Verhältniss widerspiegeln, das der antike Mensch zwischen sich und seinem Gotte gesetzt glaubt, bilden sie gleichsam einen sichtbaren Niederschlag der religiösen Ideen, deren Werden, Wachsen und Ersterben wir an ihnen verfolgen können. Nicht unverrückbar, wie das durch strenges Ritual gebundene Opfer, sondern fähig, wechselnden Einflüssen und der Individualität des Einzelnen sich anzuschmiegen, geben sie uns über Art und Wandel des Denkens und Empfindens ungleichartiger Zeitalter reichen Aufschluss. Und wie die ganze griechische Kunst ihre Wurzeln in der Religion hat und aus dem Todtenculte die ersten Anregungen empfangen hat, so dankt sie die Mannigfaltigkeit ihres Inhaltes und den Reichthum ihrer Formensprache den Weihgeschenken; denn durch diese ward es ihr ermöglicht, alle Erscheinungen des Lebens in ihren Kreis zu ziehen.

Wie eine geschichtliche Darlegung von Ursprung, Fortbildung und Verfall der religiös-sittlichen Ideen, die den Weihgeschenken zu Grunde liegen, nur im Zusammenhange mit der Betrachtung des gesammten griechischen Culturlebens sich geben lässt, so kann ein Bild der Formen, in denen jene Ideen Gestalt gewonnen haben, nur innerhalb des Rahmens der gesammten griechischen Kunstübung entworfen werden.

Eine derartige umfassende Behandlung der griechischen Weihgeschenke konnte hier nicht angestrebt werden. Der Vorarbeiten sind erst wenig. Einige allgemeine Bemerkungen über die den Anathemen zu Grunde liegenden Ideen finden sich in unseren Handbüchern der Religionsalterthümer; manche treffliche Beobachtung hat neben unhaltbaren Aufstellungen Bötticher in der „Tektonik" und im „Baumcultus der Hellenen" gegeben. Massgebende Gesichtspunkte hat Curtius in einer Studie: „Ueber die Weihgeschenke der Griechen nach den Perserkriegen" (Götting. Nachr. 1861 Nr. 21) aufgestellt; an ihn schliesst sich Donop's Dissertation „De variis anathematum Delphicorum generibus"

(Göttingen 1868). Ueber die Beziehungen zwischen Genrekunst und anathematischen Werken haben Furtwängler in der Schrift über den „Dornauszieher" und Oertel im zweiten Bande der Leipziger Studien in verschiedenem Sinne gehandelt. Neuerdings hat Ziemann (De anathematis Graecis, Königsberg 1885) wenigstens einen Theil des litterarischen Materials nach dem Gesichtspunkte des veranlassenden Ereignisses zu gruppieren versucht. In zahlreichen Besprechungen anathematischer Denkmäler sind gelegentliche Hinweise zerstreut, die, soweit sie auf hier Behandeltes sich bezogen, an ihrer Stelle erwähnt und benützt sind.

Die Untersuchungen, die hier geboten werden, beschränken sich auf bestimmt umgrenzte Gebiete. Aber um innerhalb dieser Grenzen Bescheid geben zu können, war es nothwendig, erst den Blick auf das Ganze zu lenken, und so sind denn im ersten Abschnitt einige zusammenfassende Bemerkungen über Geschichte, Bedeutung und Gruppierung der Weihgeschenke einleitend vorangestellt worden. Dass die Skizze der geschichtlichen Entwicklung sich auf wenige allgemeine Sätze beschränken musste, war in der Natur des Stoffes gegeben. Hier, wie überall dort, wo eine geschichtliche Anordnung nicht möglich ist, wird eine systematische Eintheilung zu Recht bestehen müssen. Die Wahl der Eintheilungsgründe wird vielleicht nicht überall Zustimmung finden, und es schien Pflicht, auf das Unzureichende jeder logischen Scheidung, das Schwankende der aufgestellten Grenzen selbst aufmerksam zu machen. Auch über Typen und Formen der Anatheme ist das Unumgänglichste gesagt, um eine Richtschnur zur Beurtheilung der verschiedenartigen Erscheinungen zu gewinnen. Dagegen musste der lockenden Aufgabe, ein Bild der Einwirkung zu entwerfen, welche die Weihgeschenke auf die ganze Kunstentwicklung geübt haben, für den Augenblick entsagt werden; nur gelegentlich ist auf die Fülle der hier sich darbietenden Gesichtspunkte hingewiesen worden.

Im zweiten Abschnitt ist der Versuch gemacht, an den agonistischen Weihgeschenken zu zeigen, wie jene allgemeinen Ideen und Formen unter dem Einfluss einer gleichartigen Veranlassung verwendet und verwandelt werden; dabei konnte es nur auf Vollständigkeit der Typen und Richtungen, nicht auf erschöpfende Aufzählung aller einzelnen Beispiele ankommen. Gerade die Weihgeschenke der siegreichen Agonisten erhalten ja einen besonderen Reiz dadurch, dass ihre Stifter, die als die Besten ihrer Zeit sich im friedlichen Wettkampf hervorgethan, auch in hervorragender Weise als Vertreter der Denkart ihrer Zeit zu gelten berechtigt sind.

Der dritte Abschnitt giebt die archäologische Ergänzung zu dem zweiten Capitel einer 1885 erschienenen Dissertationsschrift, welche die

musischen Wettkämpfe der Griechen zum Gegenstand hatte, der vierte
ist aus einer vor Jahren gearbeiteten Studie hervorgewachsen, welche die
grundsätzliche Verschiedenheit der für dithyrambische und scenische
Siege gestifteten choregischen Anatheme zum Ausgangspunkt nahm.
Soweit deren Ergebnisse sich auf die Verschiedenheit in der Einrichtung
der betreffenden Agone bezogen, sind sie seitdem von Lipsius vorweg
genommen worden. Um so mehr mochte es an der Zeit scheinen, aus
dem gewonnenen Resultat nun auch die Folgerungen zu ziehen und
unter den erhaltenen Monumenten nach Anathemen zu suchen, welche
den scenischen Choregen mit mehr Recht als die ihnen bisher vindi-
cierten Dreifüsse zugesprochen werden können. Dass der Hypothese
hier ein freierer Spielraum gewährt wurde, wird in der Art der Aufgabe seine Entschuldigung finden.

Anregung und erste Formulierung haben die in dieser Schrift vereinigten Untersuchungen in Arbeiten des Wiener archäologischen Seminars
gefunden; während eines zweijährigen Aufenthaltes in Griechenland und
Italien haben sie ihre gegenwärtige Gestalt gewonnen. Dabei haben
natürlich die Grenzen der Arbeit sich vielfach verschoben und erweitert
und neue Gesichtspunkte sich zur Gliederung des vervollständigten
Materials ergeben. Mit dem dankbaren Bekenntnisse, wie viel auch
in dem jetzt Gebotenen dem Rathe und der Beihilfe von Lehrern und
Freunden verdankt wird, verbindet sich der Wunsch, dass der Versuch,
durch methodische Durchforschung einzelner Gruppen von Weihgeschenken das Ganze der Wissenschaft zu fördern, wenigstens seiner
Absicht nach die Billigung der Fachgenossen finden möge.

Wien, den 16. Juni 1889.

Emil Reisch.

Inhalt.

I.

Ueber Ursprung, Bedeutung und Typik der Weihgeschenke.

Die Sitte, den Göttern Gaben zu weihen, hat einen Vorläufer in dem Gebrauche, den Todten Geschenke ins Grab zu legen, wie ja auch sonst im Dienste der oberen Götter Ritual und äussere Festbräuche zum guten Theil aus dem Seelen- und Heroencultus entlehnt worden sind. Inwiefern hier von einer wirklichen Uebertragung religiöser Formen aus dem Todtencult in den Cult der oberen Götter die Rede sein kann, mag dahingestellt bleiben; hier wie dort waren eben verwandte Ideen wirksam, die in einer Zeit, deren Anschauungskreis und Ausdrucksformen gleich beschränkt waren, auch übereinstimmende Erscheinungen zu Tage fördern mussten.

Für die Epoche aber, da zuerst die Sitte der Weihegaben in der Verehrung der oberen Götter Verbreitung gewann, lassen sich noch einigermassen die zeitlichen Grenzpunkte feststellen. Denn dieser Brauch ist den Stämmen indogermanischer Cultur nicht ursprünglich eigen; während uns die Vedas ein hochentwickeltes Opferritual überliefern, wissen sie nichts von Anathemen. Diese spielen auch in der Ilias noch keine Rolle, die Darbringung des Peplos an Athene (VI 294) zeigt uns den natürlichen Ausgangspunkt des späteren Brauches; weiter fortentwickelt sehen wir ihn in vereinzelten Erwähnungen von andersartigen Weihgeschenken in Dolonie und Odyssee.[1]) Hier dürfen wir wohl das Hereinragen einer jüngeren Culturepoche in Schilderungen, die auf dem Boden älterer Anschauungen erwachsen sind, in ähnlicher Weise constatiren, wie an der gelegentlichen, aber ungleichmässigen

---

[1]) Od. III 273 wird von Aigisthos erzählt, er habe die Götter durch mannigfache Opfer zu versöhnen gesucht, πολλὰ δ' ἀγάλματ' ἀνῆψεν, ὑφάσματά τε χρυσόν τε; Od. XII 345 gelobt Eurylochos für glückliche Heimkehr dem Helios: πίονα νηὸν τεύξομεν, ἐν δέ κε θεῖμεν ἀγάλματα πολλὰ καὶ ἐσθλά (wo unter ἀγάλματα natürlich nicht Statuen verstanden werden dürfen); Od. XVI 184 sagt Telemachos zu Odysseus, den er für einen Gott hält: ἀλλ' ἵληθ' ἵνα τοι κεχαρισμένα δώομεν ἱρὰ ἠδὲ χρύσεα δῶρα τετυγμένα; Il. X 462 wird auf die Sitte, einen Theil der Beute zu weihen, angespielt. Dagegen gehört die Weihung der Haare Il. XXIII 141 ff. in ein anderes Gebiet; vgl. Bötticher, Baumcult. S. 92 ff.

Reisch, Weihgeschenke.　　　　　　　　　　　　　　　　　　1

Rücksichtnahme auf feste Tempelbauten. Beides hängt in mehr als einer Beziehung innig zusammen. Erst wenn der Gott in heiligen Hainen und Hallen eine bleibende Wohnstätte gewonnen hat, kann ihm ein dauerndes Geschenk von Nutzen sein. Auch hieraus findet es zum Theil seine Erklärung, dass man die Todten früher als die Götter mit allem Nothwendigen zu beschenken begann; denn der Todte hatte seine dauernde Ruhestatt unter der Erde, der Gott aber muss mit dem Volke wandern und Wohnstätte wechseln. Aber sobald das Volk in einer Landmark sesshaft geworden und seinen Gott zu ewigem Aufenthalte an geweihter Stätte geladen hat, dann häufen sich auch bald im heiligen Bezirk Gaben aller Art (ναὸς πίων).

An verschiedenen Punkten Griechenlands ist zu verschiedenen Zeiten und in verschiedener Weise die Sitte, den Göttern Geschenke zu stiften, aufgekommen. Wie weit hierbei durch Nachbarschaft, Einwanderung, Handelsverkehr orientalischer Völker semitische Cultsitte, die in ausgebildeter Form der unentwickelten griechischen gegenübertrat, anregend, fördernd, vorbildlich eingewirkt hat, lässt sich im Einzelnen noch nicht mit Sicherheit nachweisen. Auf dem griechischen Festlande tritt uns zuerst in Olympia der Brauch der Weihegaben in grösserem Massstabe entgegen, wo wir ihn bis ins achte Jahrhundert zurückverfolgen können. Ende des siebenten Jahrhunderts finden wir im Heraion von Samos, im Artemision von Ephesos und im Apollontempel von Delphi schon kostbare Weihgeschenke in grosser Zahl; welchen Reichthum von Anathemen die athenische Akropolis im sechsten Jahrhunderte barg, haben die neuesten Funde gelehrt. Wenn auch noch Hesiod W. u. T. 333 ff. als Mittel, die Gottheit zu versöhnen, nur Opfer und Spenden nennt (wie Il. IX 499; vgl. aber Frgm. 247 Rzach), so dürfen wir doch voraussetzen, dass im Laufe des siebenten Jahrhunderts die Weihgeschenke in Griechenland schon ganz allgemein in den äusseren Apparat der Gottesverehrung waren aufgenommen worden[1]); gleichwerthig und gleichberechtigt stehen sie nun neben den übrigen Aeusserungen religiöser Pietät, ein Verhältniss, das in der jüngeren geläuterten Auffassung Platons dahin bezeichnet wird, dass für den Guten zu glückseligem Leben das προσομιλεῖν τοῖς θεοῖς εὐχαῖς καὶ ἀναθήμασι καὶ ξυμπάσῃ θεραπείᾳ θεῶν (de legg. 716 D) das Schönste und Herrlichste sei.

Das fünfte Jahrhundert, die Epoche des mächtigsten nationalen Aufschwunges, die mit dem glaubensstarken Sinn das höchste und edelste Kunstvermögen verband, bezeichnet auch in Hinsicht auf die Weih-

---

[1]) In der Litteratur begegnet der Ausdruck ἀνάθημα für „Weihgeschenk" erst bei Sophokles und Herodot; in den homerischen Gedichten wird das Wort nur Od. I 152 (= XXI 430) verwendet, wo Tanz und Gesang ἀναθήματα δαιτός, „Beigaben des Mahles" (vgl. Ameis-Hentze z. d. St.), genannt werden.

geschenke den Gipfelpunkt der Entwicklung in der vollen Harmonie zwischen deren religiösem Gehalt und äusseren Ausdrucksformen. Die Folgezeit steigert zwar noch die Kraft der Charakteristik und den sinnlichen Reiz der ausgereiften Form, zeigt aber eine Abnahme in der Vollwichtigkeit des Inhaltes und der inneren Geschlossenheit. Ungeheuer gross ist die Mannigfaltigkeit der Arten, welche die Weihgeschenke des vierten und dritten Jahrhunderts zeigen; denn einerseits hält die breite Volksmenge, die Jahrhunderte hindurch in demselben unveränderten Anschauungskreise sich bewegt, mit frommem Sinn und gläubiger Einfalt an den von den Vorfahren überkommenen Typen fest, andererseits machen sich im Kreise der Vornehmen und Gebildeten mit der zunehmenden Präcisirung der sittlichen Ideen und der Läuterung des Gottesbegriffes auch in Auswahl, Schaffung und Umbildung der Anathemformen mannigfache Wandlungen geltend. So bestehen nebeneinander Ausdrucksformen, die verschiedenen Epochen der Culturentwicklung, ja oft widersprechenden Grundvorstellungen entstammen.

Langsam, aber stetig bereitet der Verfall sich vor; immer mehr verschiebt sich das Gleichgewicht zwischen Inhalt und Form auf Kosten des ersteren. Auf der einen Seite schwindet die Theilnahme und das Verständniss für die von altersher in den Weihgeschenken wirksamen Ideen; nur äusserlich wird der alte fromme Brauch, zu dem keine inneren Beziehungen mehr bestehen, noch fortgeführt — ein Archaisiren im Glauben. Auf der anderen Seite erstarren in gläubiger, aber gedankenloser Wiederholung die Typen der Weihgeschenke, deren ursprünglicher Gehalt nicht mehr empfunden wird, zu conventionell hieratischen Formeln. Indem so der ideelle Gehalt der ursprünglich in anathematischem Sinne geschaffenen Compositionen in zunehmender Abnützung und Entwerthung begriffen ist, verfallen diese zum Theil rein decorativer Kunstübung. Zum Theil aber leben die alten Formen als Träger anderer Ideen, den Bedürfnissen des praktischen Lebens dienstbar gemacht, weiter[1]); unter dem Deckmantel des religiösen Scheines bietet das Weihgeschenk dem Ehrgeiz des Einzelnen eine willkommene Handhabe zur Selbstverherrlichung und Selbstverewigung.

Für die letzten Jahrhunderte des Hellenenthums, da das religiöse Leben in langsamem Marasmus erschlaffte, kann also von einer Fortentwicklung der Weihgeschenke weder in inhaltlicher noch formaler Hinsicht die Rede sein; für uns kommt diese jüngere Epoche hier nur insofern in Betracht, als sie ältere Sitte widerspiegelt. Um aber, worauf es zunächst ankommt, die ideellen Grundlagen der Weihgeschenke

---

[1]) Auch schon in der Weiheformel spricht sich das Utilitätsprincip aus durch die Zusätze: καὶ τῷ δήμῳ; καὶ τῷ κοινῷ u. ä.

erschliessen zu können, müssen wir auf die ältesten Jahrhunderte zurück-
greifen, ja vielfach, soweit dies mit einiger Sicherheit geschehen kann,
im vorgeschichtlichen Culturleben Aufklärung suchen.

Die Sitte, Weihgeschenke darzubringen, beruht zunächst auf den
anthropomorphischen Vorstellungen, die man von der Gottheit hat, auf
dem Gedanken, dass die Gottheit in Gesinnung und Bedürfnissen den
Menschen ähnelt, wie diese sich durch Rücksicht auf eigenen Genuss
und Vortheil in ihrer Handlungsweise bestimmen lässt.[1]) Während im
regelmässigen Gang des Alltaglebens das Opfer genügt, um das gute
Verhältniss zwischen dem göttlichen Schutzherrn und seinem Schützling
aufrecht zu erhalten, fühlt der Mensch dort, wo er ein ausserordent-
liches Einwirken der über ihm stehenden Mächte herbeiwünscht oder
in einem Geschehniss zu erkennen glaubt, sich auch zu einer ausserordentlichen Gabe ebenso verpflichtet wie bei den Mächtigen dieser
Erde, wenn er sie gewinnen oder belohnen will: δῶρα θεοὺς πείθει, δῶρ'
αἰδοίους βασιλῆας (Hesiod, Frgm. 247 Rzach bei Plato, de rep. III p. 390 E).
Furcht und Hoffnung dictieren hier wie dort die Anatheme[2]), Dank und
Bitte sind häufig in derselben Weihinschrift vereint[3]), denn jedes Geschenk
begründet den Anspruch auf ein Gegengeschenk: τοῖς δὲ καταστήσασι Κύπρις
χάριν ἀνταποδοίη, heisst es auf dem Steine von Antibes (Roehl, IGA 551)
Noch in späteren Epigrammen klingt der Gedanke nach, dass an das
zum Lohn für geleistete Hilfe gestiftete Weihgeschenk die Erwartung auf
fortdauernde Unterstützung sich anknüpfe[4]), wofür dann fernere Gaben
in Aussicht gestellt werden. Φαρθένε ἐν ἀκροπόλει Τελεσῖνος ἄγαλμ' ἀνέθηκεν
Κήτιος, ᾧ χαίρουσα διδοίης ἄλλο ἀναθεῖναι betet so klug als fromm ein
Athener um die Mitte des sechsten Jahrhunderts (CIA IV (2) S. 131,
373 231). Mit dem Werth des Geschenkes, der nicht selten in nachdrück-
licher Weise hervorgehoben wird, wächst nach der Anschauung des
natürlichen Menschen auch der Anspruch auf eine entsprechende Gegen-
leistung. Aber auch Ehre soll dem Stifter aus seiner Gabe erwachsen: ὡς
καὶ κεῖνος ἔχοι κλέος ἄπθιτον αἰεί, wie es auf dem uralten Altar von Krisso
heisst (IGA 314). Namentlich in Epigrammen des sechsten und fünften
Jahrhunderts wird häufig der Gedanke betont, dass das Anathem als
μνῆμα zu dienen bestimmt sei, so für des Gottes Güte[5]), wie für des
Stifters Dankbarkeit. Im Gegensatze zum augenblicklichen Genuss des

---

[1]) Vgl. Hermann, Gottesdienstl. Alterthümer 2 S. 134 ff.

[2]) Τυνδαριδᾶν διδύμων μᾶνιν ὁπιδδόμενος weiht Pleistiadas das Dioskurenrelief
Athen. Mitth. d. Inst. VIII S. 372, T. VIII 2.

[3]) Vgl. z. B. CIA II 3, 1423, 1425; Athen. Mitth. d. Inst. VII S. 222.

[4]) Vgl. z. B. CIA II 3, 1336; Athen Aus XI 486 b; Arch.-epigr. Mitth. a. Oesterr. XI S. 32.

[5]) Vgl. z. B. das Epigramm aus Thespiae Roehl IGA 284: Εὐχὰν ἐκτελέσαντι
Διονύσῳ Νεομήδης ἔργων ἀντ' ἀγαθῶν μνᾶμ' ἀνέθηκε τόδε.

Opfers, der, schnell vergehend, leicht vergessen wird, soll das bleibende heilige Geschenk den Gott beständig an die fromme Gesinnung des Gebers und die ihm aus dessen Gabe erwachsende Verpflichtung zu Schutz und Hilfeleistung gemahnen.

Wie hier überall die Anatheme dieselbe urwüchsige Auffassung widerspiegeln, die der Unterthan mit Geschenken an seinen Herrn verknüpft, so äussert sich das gleiche Verhältniss auch in Gegenstand, Werth und Auswahl der Weihgeschenke. Nach dem Vorbilde der Abgaben und Geschenke an seine Könige bringt der Mensch auch dem Gotte bald ein Stück seines festen Besitzes dar, bald ein Erzeugniss seines Handwerkes, bald einen Theil vom Ertrngniss seiner Habe und Arbeit; besonders häufig weiht man den Zehent (δεκάτη) oder einen ersten Gewinn (ἀπαρχή) oder ein auserwähltes, besonders hervorragendes Stück (ἀκροθίνιον). Auch braucht ja der dem Gotte bestimmte Theil nicht *in natura* geweiht zu werden, sondern kann zu einem gleichwerthigen Anathem verwendet werden, das in mannigfachen Beziehungen zum Geber und Empfänger stehen kann.

Die allen Anathemen gemeinsame Absicht ist ja natürlich zunächst die, den Gott zu erfreuen, ihm Dankbarkeit, Unterwürfigkeit, Schutzbedürftigkeit zu bezeigen und durch freiwillige Glücksentäusserung missgünstigen Neid fernzuhalten. Je nach den verschiedenen Vorstellungen, die man von dem Wesen des Gottes hat, ist die Auswahl der Gegenstände, die ihn erfreuen sollen, verschieden. Man kann im Wesentlichen zwei Gruppen unterscheiden, Anatheme, die vor Allem durch ihren (praktischen, materiellen, künstlerischen) Werth, und Anatheme, die in erster Linie durch ihren ideellen Gehalt erfreuen sollen.

Die „Werthanatheme" entsprechen am nächsten den anthropomorphischen Vorstellungen, die man mit dem Anathem verbindet, und dürfen daher als die älteren angesehen werden. Sie sollen zunächst den thatsächlichen Bedürfnissen des Gottes abhelfen. Wie Speise und Trank der Gottheit durch Opfer und Spende beschafft werden, so muss auch für Kleidung und Schmückung des Cultbildes durch entsprechende Geschenke gesorgt werden. So werden kostbare Gewänder, Schmuckgegenstände aller Art, insbesondere Kränze, Spangen und Ringe zu Weihgeschenken von grosser Verbreitung. Wie schon unter den Funden von Olympia und Kreta (Athen. Mitth. d. Inst. X S. 67) Armbänder, Ringe und kostbare Fibeln häufig sind, so erscheinen Werthsachen aller Art in grosser Zahl auch in Schatzverzeichnissen jüngerer Zeit. Besonders bevorzugen die Frauen Weihgeschenke dieser Art, indem sie die Freude, die sie selbst am Schmucke empfinden, dem Gotte zuschreiben.

Wie man ferner Cultstätten, Tempel und Thesauren, heilige Hallen und Häuser stiftet, so gilt auch Alles, was zur Verschönerung und Aus-

schmückung dieser Räume dient, dem Gotte als willkommene Gabe, denn
auch der Besitz an sich erfreut ihn. Vor Allem sind die im Culte bei
Opfern und Pompen verwandten Geräthe beliebt, daher denn die Heiligthümer voll sind von Thon- und Erzgefässen aller Art, von Lebetes,
Krateren und Dreifüssen. In der älteren Zeit, als der Umlauf von Gold
und Silber bei den Griechen nur gering war, sind ja diese Bronzegeräthe
ein kostbarer Besitz: Kessel und Dreifüsse gelten, wenn auch nicht
als festnormirte Wertheinheiten, so doch als relative Werthmesser[1]).
Daher liegt auch eben in der Menge der Bronzeanatheme der Reichthum
der angesehensten damaligen Cultstätten zu Samos[2]), Delphi[3]), Dodona,
Olympia, Kreta[4]). Den Dreifussweihungen wohnt also ursprünglich
keinerlei hieratische Bedeutung inne; sie begegnen nicht nur in den
Apollonheiligthümern von Delphi, Amyklae[5]), Delos (Arch. Zeit. 1882
S. 333; Bull. de corr. hell. VI S. 118), vom Ptoon[6]) und im Ismenion[7]),
sondern auch in den Zeusheiligthümern von Olympia und Dodona, am
Ithome (Furtwängler, Bronzen v. Olympia S. 13) und in der idäischen
Zeusgrotte, im Herakleion von Theben (Paus. X 7, 6), im Hierothysion
von Messene (Paus. IV 32, 1), in Heiligthümern des Dionysos und der
Musen (s. u.).[8]) Wenn also an vielen Cultstätten, wie in den Athene-
heiligthümern auf der Akropolis[9]) und zu Elatea (Bull. de corr. hell. X
S. 356), Dreifüsse fehlen, so hat das wohl nicht so sehr in religiösen
Verschiedenheiten, als in den durch äussere Umstände bestimmten

---

[1]) So werden sie bei Homer neben Talenten Goldes als Preise, Geschenke,
Lösegeld verwendet (Il. XXIII 263 ff.; IX 122 ff.; XXIV 232 ff.), und in Knossos und
Gortyna auf Kreta haben sich bis tief in historische Zeit hinein die Namen λέβη; und
τρίπους als Bezeichnung von numismatischen Wertheinheiten erhalten; vgl. Comparetti,
Mus. ital. di ant. class. II S. 242 ff.; 681 ff.

[2]) Apul. Flor. II 15, 51 (magna etiam vis aeris vario effigiatu, veterrimo spectabili-
que opere).

[3]) Theopomp und Phanias bei Athen. VI 231 f; 232 c.

[4]) Athen. Mitth. d. Inst. X S. 63 (Fabricius); Mus. ital. di antich. class.
II S. 742.

[5]) Paus. III 18, 7. Zahlreiche Dreifüsse für Sparta bezeugt auch Aen. Tact. 2
und Alkman oder vielmehr Alexander Aetolus Anth. Pal. VII 709.

[6]) Bull. de corr. hell. IX S. 478, 524, 480; vgl. Athen. Mitth. d. Inst. III S. 86.

[7]) Pind. Pyth. XI 5; Herod. I 92, V 59; Paus. IX 10, 4.

[8]) Weitere Belege liefern uns die Vasen, die uns z. B. neben dem Zeusaltar,
an dem Priamos ermordet wird, und häufig in Demeterheiligthümern (Élite céramogr.
III 57; Compte-rendu 1862, T. III) Dreifüsse zeigen.

[9]) Doch existirt ja bekanntlich auch auf der Akropolis eine Dreifussbasis;
vgl. Fabricius Jahrb. d. Inst. I S. 187. Als dreibeiniger Untersatz unbestimmter Form
ist der τριποδίσκος des Philon (CIA IV 2, 373[79]) zu fassen; ein solcher τριποδίσκος
begegnet auch im Asklepieion von Oropos CIG 1570.

localen Gewohnheiten seinen Grund[1]). Erst später hat der Dreifuss dadurch, dass er, beziehungsweise ein ähnliches Geräth, der Pythia zum Sitze diente, im Culte des Apollon eine besondere Bedeutung als Attribut des Gottes gewonnen — ein secundäres Moment, das mit Unrecht in neuer und alter Zeit (vgl. Diodor XVI 26) als ursprünglicher Ausgangspunkt der Dreifussweihungen angesehen worden ist. Natürlich trat diese Anathemgattung, nachdem ihr ursprünglicher Sinn geschwunden war, im Dienst der anderen Gottheiten mehr und mehr zurück, während in Delphi der Dreifuss noch im fünften Jahrhundert das Weihgeschenk κατ' ἐξοχήν ist. Inwiefern die Stellung, welche die Dreifüsse im Culte des Dionysos[2]), der Chariten, der Musen[3]) auch noch in späterer Zeit einnehmen, durch das Verhältniss dieser Gottheiten zu Apollon begründet ist, kann hier im Einzelnen nicht untersucht werden; Bötticher's Hypothese von der hieratischen Bedeutung des Dreifusses als „Sarg des Dionysos“ ist bereits von Anderen genügend zurückgewiesen worden; vgl. Wieseler, Delph. Dreifuss S. 20 ff.; die gelegentlich dionysischer Agone gestifteten Dreifüsse aber haben eine ganz andere Erklärung, wie im dritten Abschnitt gezeigt werden soll.

Die Stelle nun, welche in älterer Zeit die Bronzegefässe als Werthanatheme innehaben, vertreten später Gefässe aus edlem Metall, insbesondere die goldenen und silbernen Schalen, die zu Tausenden in den Schatzurkunden aller Heiligthümer sich finden[4]); daneben sind auch die Kränze, welche einen bestimmten Geldeswerth repräsentiren, eine bevorzugte Form des Werthanathems.

Wie schon bei Kleinoden und Metallgefässen neben dem praktischen und materiellen Werth häufig auch der Kunstwerth in Betracht kommt — man denke z. B. an die kunstvollen Kratere und Dreifüsse, von denen die Ueberlieferung im sechsten und fünften Jahrhundert berichtet —

---

[1]) Ich kann demnach auch die Beziehung des Dreifusses zu Orakel und Weissagung, die Furtwängler, Bronzen v. Olympia S. 13, in den Vordergrund stellt, nur für secundär, nicht für ursprünglich halten.

[2]) Dem Dionysos (und nicht dem Zeus) war wohl der etwa 330 (vgl. Bull. de corr. hell. III S. 456) aufgestellte Dreifuss geweiht, dessen Weihinschrift Anth. Pal. VI 344 erhalten ist (ἐπὶ τῷ ἐν Θεσπιαῖς βωμῷ, d. h. auf der Dreifussbasis): Θεσπιαὶ εὐρύχοροι πέμψαν ποτὲ τούσδε σὺν ὅπλοις τιμωροὺς προγόνων βάρβαρον εἰς Ἀσίην, οἳ μετ' Ἀλεξάνδρου Περσῶν ἄστη καθελόντες στῆσαν Ἐριβριμίῃ (?) δαιδάλεον τρίποδα (darunter stand wohl die Liste der Hopliten).

[3]) An die Chariten von Orchomenos CIG 1593; [τῆς Μώσ]η[ς] Bull. d. corr. hell. VIII S. 410. Zum Theil sind diese Weihungen auf Befehl des apollinischen Orakels erfolgt, vgl. auch Bull. de corr. hell. I S. 208.

[4]) Man vergleiche beispielsweise die Urkunden des Parthenon, des samischen Heraion (Athen. Mitth. d. Inst. VII S. 375), des athenischen Asklepieion (Bull. de corr. hell. II S. 420 ff.), des delischen Apollontempels (Bull. de corr. hell. VI S. 109).

so ist dies ähnlich auch bei den Thongefässen. Zunächst durch ihre Verwendbarkeit im Culte als passende Weihgeschenke empfohlen, haben sie durch ihre künstlerische Ausschmückung grössere Bedeutung gewonnen[1]); noch mehr aber als der Kunstwerth mag, in älterer Zeit wenigstens, der Gegenstand der Darstellung bedeutungsvoll, ja vielfach Hauptsache gewesen sein. Denn gewiss waren in vielen Fällen die Bilder der anathematischen Vasen, von deren Massenhaftigkeit uns die Funde in Adria, Athen und Naukratis unterrichtet haben, nicht gleichgiltig, sondern standen in Beziehung zum Geber und Empfänger, so dass solche Gefässe, ähnlich wie die Pinakes, nicht so sehr durch ihren Eigenwerth, als durch den Inhalt ihrer Darstellungen anathematische Geltung besassen und also zur zweiten Classe von Anathemen gehören. Früher freilich als anderswo verfielen unter dem Einfluss der für den Export bestimmten Massenfabrication die sinnvoll erfundenen Compositionen der Vasen dem rein decorativen Handwerk, und hierin ebenso wie in der künstlerischen Entwerthung der Vasenmalerei, die im fünften Jahrhundert mehr und mehr hinter der Wand- und Tafelmalerei zurücktritt, mag es mitbegründet sein, dass die Vasen als Anatheme keine grössere Rolle mehr spielen und nur noch local, wie z. B. im böotischen Kabirion (Winnefeld, Athen. Mitth. d. Inst. XIII S. 416 ff.) in bedeutender Zahl auftreten.

Ungleich grösseres Interesse und reichere Mannigfaltigkeit als diese Anatheme bietet die zweite Classe von Weihgeschenken, bei denen nicht der dem geweihten Gegenstand innewohnende materielle Werth, sondern der ihm zu Grunde liegende ideelle Gehalt in erster Linie steht; der künstlerische und materielle Werth, der auch hierin häufig insofern eine Rolle spielt, als das Anathem einem bestimmten Theil des Besitzes oder Ertrages entspricht, tritt dabei ganz in den Hintergrund. Indem also diese Anatheme nicht eine äusserliche Bereicherung der Gottheit bezwecken, verrathen sie reinere und höhere Begriffe von dem Wesen und der Interessensphäre der Götter. Deutlicher und charakteristischer tritt hier die Devotion, das Abhängigkeitsbewusstsein des Donators hervor; indem man dieses betont, will man des Gottes Ehre und Ansehen erhöhen, vor seiner Macht sich beugen. So dienen diese Anatheme im eigentlichen Sinne in maiorem dei gloriam. In erster Linie gehören hierher die mannigfach variierten Abbilder der Gottheit und ihres Thuns, seit den ältesten bis in die spätesten Zeiten die numerisch am stärksten vertretene Gattung von Anathemen[2]), die einerseits auf

---

[1]) So sind die von Töpfern geweihten Gefässe natürlich immer besonders ausgezeichnete Erzeugnisse ihrer Werkstatt gewesen.

[2]) Der Belege bedarf es nicht; einen charakteristischen Fall erzählt Pausanias X 16, 7 von den Liparäern, die nach Delphi ebensoviel Apollonstatuen weihen, als sie den Tyrrhenern Schiffe abgenommen haben.

dem naiven Gedanken beruhen, dass der Gott, wie die Menschen, Wohlgefallen an seinem eigenen Bilde und der Darstellung seiner Thaten empfinde, andererseits ihn als den eigentlichen Schöpfer und Vollbringer alles menschlichen Thuns kennzeichnen sollen.

Eine andere verwandte Gruppe derartiger Weihgeschenke beruht auf dem auch im Opferritus nachweisbaren Gedanken [1]), dass den Gott das Abbild eines ihm lieben Gegenstandes ebenso erfreue und verpflichte wie die Weihung des Urbildes. So füllt man denn die Heiligthümer mit Darstellungen von Dingen, an denen der Gott seine Freude hat oder haben soll; man weiht ihm die Bilder seiner Lieblingsthiere, seiner Attribute [2]); man weiht ihm auch die Bilder von Menschen, die sich um Gottes Dienst und Ehre verdient gemacht haben, insbesondere von Priestern und anderen Cultpersonen. Indem durch Weihung ihrer Bilder die betreffenden Menschen als Lieblinge des Gottes gekennzeichnet werden, entwickelt sich früh auf der Grundlage religiöser Anschauungen der Begriff der Ehrenstatuen.

Hierbei ist die Vorstellung, dass das Abbild das Urbild ersetzen solle, nur bei einem kleinen Kreise von Anathemen massgebend; auch der Gedanke, dass das Abbild dadurch, dass es dem Gott beständig vor Augen steht, göttlichen Schutz für das Urbild herabbeschwören soll, steht nur bei einzelnen Gruppen von Weihgeschenken, z. B. bei den Bildern von Kindern (Benndorf, Gr. u. sic. Vasenb. S. 56 f.) oder von Heerdenthieren (Furtwängler, Bronzen v. Olympia S. 29) in erster Linie. Weitaus dominirend ist vielmehr bei der überwiegenden Zahl von Weihgeschenken dieser Art die Idee, dass das Abbild als etwas Bleibendes gewissermassen eine Verewigung des oft vergänglichen Originalgeschenkes sein, die flüchtige Erscheinung, an der Gott Wohlgefallen gefunden, zu seiner dauernden Ehrung festgehalten werden solle.

So bilden denn Darstellungen von Culthandlungen schon seit ältester Zeit den Inhalt zahlreicher Anatheme; Gebet, Opfer, Spende, Pompe, Weihung [3]), Reigen, heilige Wettkämpfe sind der beliebte Gegenstand von Weihgeschenken in allen Kunstgattungen. Θυσίαν τε καὶ πομπήν, χαλκᾶ ποιήματα weihen die Orneaten zu Delphi an Stelle des ver-

---

[1]) Serv. z. Verg. Aen. II 116: Virgine caesa non vere sed ut videbatur, et sciendum in sacris simulata pro veris accipi; vgl. Marquardt, Röm. Staatsverw. III[2] S. 174. Wie von Opferthieren gibt es auch Nachbildungen von unblutigen Opfern, z. B. Kuchen (vgl. Furtwängler, Samml. Sabouroff z. T. XXX). Auch im Todtencult spielt dieser Gedanke eine bedeutende Rolle.

[2]) So finden sich geweihte Doppelbeile schon in der tiefsten Schicht von Olympia, Kymbala beim Metroon (Furtwängler a. a. O. S. 39) und ebenso in Dodona (Carapanos T. 54, 4).

[3]) Vgl. das Relief von Gythion, Arch. Zeit. 1883 T. XIII 1, S. 223 (Milchhöfer).

sprochenen täglichen Opferstiers (Paus. X 18, 5); so sehen wir den
Opferzug auch auf einem Thonrelief in Athen (Schöne, Gr. Rel. 126) dargestellt, und so sind vielleicht auch die thönernen Reiter und Wagen,
die in so grosser Zahl in kyprischen Gräbern und in der olympischen
Opferasche sich finden, als Abbilder von Pompen für Götter oder Verstorbene zu fassen (Holwerda, Kunst der Kyprier S. 40). Darstellungen
von Reigentänzen finden sich ungemein häufig auf Cypern, sowohl in
Kalkstein (Perrot-Chipiez III S. 587, n. 399), als in Terracotta, wie ja
im Temenos der griechischen Stadt Chytroi der Reigentanz dreier
Frauen um einen Flötenspieler das häufigste Terracotta-Anathem ist
(Dümmler, Athen. Mitth. d. Inst. XI S. 259); in Olympia findet sich
dieser Reigen in Bronze (Furtwängler a. a. O. S. 24), und auch der
χορός des Dädalus in der Ilias XVIII 590 ist wohl als eine plastische
Darstellung desselben Inhaltes zu verstehen (Helbig, Hom. Epos² S. 424).
Der unzähligen Reliefs, auf welchen Züge von Andächtigen adorirend
oder mit Opfergaben der Gottheit sich nahen, brauchen wir nur mit
einem Worte zu gedenken. Wie ferner die Abbilder von Opferthieren
gewissermassen verkürzte Darstellungen der Opferhandlungen sind[1]),
so kann man auch Darstellungen einzelner Personen weihen, deren
Motive solchen religiösen Handlungen entnommen sind; hieher gehören
die zahlreichen Statuetten von Kanephoren und Hydrophoren[2]), von
Jünglingen mit Opferthieren, wie sie in Terracotta so häufig und auch
in der grossen Kunst seit ältesten Zeiten nachweisbar sind. Auch
Werke, wie die Kanephoren des Polyklet und Anderer, die *saltantes
Lacaenae* des Kallimachus und die *caryatides* des Praxiteles[3]) mögen derartige Weihgeschenke gewesen sein. Nicht sowohl das Porträt der dargestellten Persönlichkeit, als das Motiv der Darstellung ist dem Gotte
erfreulich, und man stiftet daher auch manchmal die Bilder Anderer in
derlei Handlung, ohne damit für sich selber auf den Gotteslohn zu
verzichten[4]); so sind z. B. die Statuen der Priester und Priesterinnen,

---

[1]) Es ist uralte orientalische Sitte, die sich in den ältesten semitischen Gräbern
Cyperns nachweisen lässt (Dümmler a. a. O. S. 240), Thierfiguren als Ersatz für das
Thieropfer zu stiften.

[2]) Diese sind namentlich in chthonischen Heiligthümern zahlreich; vgl. z. B.
über Hag. Sostis Milchhöfer, Athen. Mitth. d. Inst. IV S. 168 ff.

[3]) Petersen, Arch.-epigr. Mitth. aus Oesterr. V S. 59.

[4]) Es ist daher fraglich, inwieweit die kyprischen Priesterstatuen und verwandte Werke, welche gewönlich als Darstellungen der Stifter gefasst werden, als Analogieen herbeigezogen werden dürfen. Hier spielt ja dann allerdings der Gedanke mit,
dass die Porträtstatue dem Gotte beständig den gottesfürchtigen Sinn des Stifters und
dessen Anrecht auf Wiedervergeltung vor Augen halten soll, wie ja auch die homerischen Menschen der Gottheit die dargebrachten Opfer ins Gedächtniss zurückrufen.
Vgl. Renan, Rev. arch. 1879 S. 321 ff.; Chanot, Gaz. arch. 1879 S. 187 ff.

wie es scheint, in überwiegender Anzahl nicht von den Dargestellten selbst, sondern von deren Angehörigen oder dem Gemeinwesen gestiftet[1]). Wie man mit Bildern von Culthandlungen den Gott erfreut, so sind ihm auch Darstellungen jedes andern Geschehnisses genehm, an dem er seine Freude gehabt, woran er selbst sich helfend betheiligt hat. Hier sind naturgemäss für Wahl und Gestaltung des Einzelanathems dieselben Ideen massgebend wie für Tempelsculpturen und Wandgemälde heiliger Gebäude. Bald wird die Gottheit selbst als unmittelbar eingreifend dargestellt, wie wir dies bei mehreren der delphischen Schlachtenanatheme und im Kleinen z. B. bei Reliefs mit „Heilungen" [2]) sehen, bald wird die Handlung schlechtweg, beziehungsweise ihre Folgen [3]) dargestellt. Dadurch, dass man das Abbild eines Geschehnisses zur ewigen Erinnerung dem Gotte weiht, bezeichnet man dieses gewissermassen als Gottes Werk, gibt Gott allein die Ehre, der durch seine Macht und Hilfe dazu verholfen habe. Es ist einleuchtend, ein wie weites Feld von Darstellungen dadurch den Stiftern von Anathemen sich eröffnete. Denn zunächst kann ja jeder Einzelne sein Bild in einer ihn, beziehungsweise die Veranlassung der Weihung kennzeichnenden Haltung stiften; so spielen schon in archaischer Kleinkunst die Statuetten von Kriegern, Wagenlenkern, Reitern eine grosse Rolle [4]). Hier ist wohl der Gedanke massgebend, dass man die Erfolge seines Berufes, seine Rettung, sein Leben der Gottheit verdankt und ihr so ein charakteristisches Bild seiner selbst stiftet, das gleichzeitig die Bitte um weitern Schutz in sich schliesst [5]). In den geistig vornehmen Kreisen des fünften Jahrhunderts hat man es zwar vermieden, Porträts der eigenen Persönlichkeit in der Haltung des gewöhnlichen Lebens zu weihen, die der schon früh

---

[1]) Dies gilt auch von den Statuen der Priesterinnen auf der athenischen Akropolis (vgl. Winter, Jahrb. d. Inst. II S. 220 [16]).

[2]) Vgl. das Votiv des Theopompos (Suid. s. v.; Stark, Arch. Zeit. IX 1851 S. 315); die Reliefs Schöne, Gr. Rel. 83 (Friederichs-Wolters 117); Le Bas, Mon. Fig. 53 (Duhn, Arch. Zeit. XXXV 1877 S. 174, n. 115).

[3]) Hier lassen sich also auch aus der vorigen Gruppe Darstellungen von erfolgreichen Bittgebeten (vgl. Athen. XIII 573 d; Simonides 137 Bergk), von Dankgebeten und Siegesopfern einreihen.

[4]) Ausser an die olympischen, dodonäischen und kyprischen Bronzen und Terracotten erinnere ich noch an die Bleifigürchen von Menelaion (Milchhöfer und Dressel, Athen. Mitth. d. Inst. II S. 320), an die Kriegerfigur aus Lakonien, Athen. Mitth. d. Inst. III T. 1, 2 und die aus Chalkis, beziehungsweise dem thebanischen Ismenion, a. a. O. I T. V. Auch die zahlreichen Thonstatuetten von Frauen werden so zu fassen sein, ebenso wie die Kopfmasken oder Büsten aus Terracotta, wo in verkürzter Weise ein Bild des dominirenden Theiles an Stelle des ganzen Menschen gesetzt ist.

[5]) Hier sind auch die Fälle zu berücksichtigen, wo eine Gesammtheit unter dem Bilde eines Heros, einer Localgottheit, einer Landespersonification etc. symbolisch ihr eigenes Bild weiht.

daran geknüpfte Gedanke persönlicher Ehrung als anmassend erscheinen lassen mochte; auch mag durch besondere Bestimmungen priesterlicher und staatlicher Behörden wenigstens für die grossen Staatsheiligthümer die orientalisch-griechische Sitte der Porträtanatheme [1]) auf besondere Fälle eingeschränkt worden sein. Desto häufiger aber sind ausgeführte Darstellungen von Berufshandlungen oder Einzelereignissen, insbesondere unter den Weihgeschenken der niederen Volksschichten. So führen uns die korinthischen Votivpinakes allerlei Töpfer-, Bergwerks- und Schiffahrtsscenen vor; so weihen Schiffbrüchige Gemälde ihrer Verunglückung und Rettung [2]), Kranke Bilder ihrer Krankheit und Heilung [3]), ganz wie noch heute die Marienkirchen der Wallfahrtsorte von Darstellungen wunderbarer Genesungen und Rettungen voll sind. Anathematischen Ursprungs sind die ältesten historischen Gemälde — man denke an den Pinax, den Mandrokles sich malen liess (Herod. IV 88) — insbesondere die Schlachtenbilder, an deren Spitze der mythische Pinax des Bularchos (Plin. 35, 55) steht. Die Schlacht in ihren Folgen, ein Viergespann, welchem gefangene Frauen folgen, scheint Ageladas in dem bronzenen Weihgeschenk der Tarentiner (Paus. X 10, 6) dargestellt zu haben; denn es liegt nach dem Sprachgebrauche des Pausanias näher, unter οἱ ἵπποι οἱ χαλκοῖ ein Viergespann, als Reiter (mit Brunn, K. G. I S. 73) zu verstehen. Der Idee nach entspricht dann die delphische Gruppe dem Weihgeschenk der Athener nach dem Siege über Boioter und Chalkidier, bei dem die neben dem Viergespann geweihten Fesseln die Stelle der Gefangenenstatuen vertreten [4]). In statuarischer Kunst sind solche ausgeführte Darstellungen natürlich selten; hier bedient man sich des willkommenen Auskunftsmittels, die Kämpfe von Stämmen und Völkern unter dem Bilde von Erlebnissen ihrer Heroen, Vorbilder oder Vorkämpfer darzustellen; so versinnbildlichen die Apolloniaten ihre Kämpfe gegen die Abanter durch die statuarische Darstellung von Einzelkämpfen hellenischer und barbarischer Männer (Paus. V 22, 2). Gemäss der dichterischen Naivetät griechischer Kunst werden vielfach

---

[1]) Ich erinnere nur an des Chares von Teichiussa und seiner Genossen Statuen an der heiligen Strasse von Milet, an die Bilder des Amasis und der Ladike im Heraion (Herod. II 182). Ueber Votivstatuen im eigentlichen Griechenland vgl. Kuhnert, Jahrb. f. Philol., Supplem. XIV S. 267.

[2]) So war z. B. das Heiligthum von Samothrake angefüllt mit derlei Pinakes, vgl. Diog. Laert. VI 2, 59 (Cic., de nat. deor. III 37).

[3]) Vgl. z. B. Strabo VIII 374; XIV 657, über die Asklepiosheiligthümer von Kos und Epidauros.

[4]) Auch das Viergespann auf der Akropolis wird wohl von Ageladas gefertigt gewesen sein, der zuerst oder doch zuerst in befriedigender Weise diese schwierige Aufgabe der statuarischen Kunst gelöst zu haben scheint, wie er ja auch die erste agonistische Viergespanngruppe in Olympia geschaffen hat (Paus. VI 10, 6); s. u.

reale und mythische Persönlichkeiten, Feldherren, Heroen und Götter
zusammen oder in parallelen Gruppen nebeneinander dargestellt, wie
wir dies in gleicher Weise bei der künstlerischen Ausschmückung der
Tempel beobachten. Wie sich hier symbolische und realistische Darstellung vermengen, so kann auch gleichsam als Sinnbild und Wahr-
zeichen das Bild eines Einzelnen gestiftet werden, der mittelbar oder
unmittelbar Hauptträger des betreffenden Geschehnisses gewesen ist.
So weiht man das Bild des siegreichen Feldherrn und seines Sehers
(z. B. Paus. X 1, 10), oder die Statue des Heros, welcher seinen Stamm
zum Siege geführt hat, oder auch das Bild des Gottes, der dadurch gleichsam selbst als Sieger gekennzeichnet wird, beziehungsweise als jene
Macht, deren Hilfe und Schutz der betreffende Erfolg allein verdankt wird.

Aber auch noch in anderer Weise wird in den Weihgeschenken die
Veranlassung, das zu Grunde liegende Geschehniss durch Symbole aus-
gedrückt. Man weiht einen Löwen als Symbol einer tapferen That [1]),
einen Stier als Symbol des erfolgreichen Ackerbaues [2]), eine Palme als
Symbol des Sieges [3]). Die grösste Allgemeingeltung unter den sym-
bolischen Gestalten hat Nike gewonnen, welche „die Thatsache des er-
langten vollendeten Sieges verständlich ausdrücken soll". Denn dass
Nike eben von Anfang an nichts Anderes ist als die Personification des
Sieges, sagt deutlich ihr Name, der von vornherein jede mythologische
Speculation abschneidet [4]); auch ist Nike in ihrer begrifflichen und
plastischen Gestaltung nicht erst an agonalen Centren geschaffen worden [5]),
wofür wenigstens die Waffenlosigkeit keineswegs beweisend ist, da ja
Nike nicht den Krieg, sondern des Krieges glückliches Ende personi-
ficiert, den Erfolg, dessen Lohn der Ruhmeskranz ist. Vielmehr legt
heute die Nike aus der Werkstatt des Archermos, welche die Chier
nach Delos geweiht haben, monumentales Zeugniss dafür ab, dass schon

---

[1]) So weihen die Eleaten nach der Befreiung ihrer Stadt durch Olympiodor
(Paus. X 18, 7) einen Löwen nach Delphi und ähnlich wird die Bronzelöwin auf der
athenischen Akropolis (Paus I 23, 2) zu verstehen sein; denn abgesehen davon, dass
die ältesten Zeugen von einer Hetäre Leaina, der Freundin des Aristogeiton, nichts
wissen, spricht gegen die Deutung der Bronzelöwin als Namenssymbol jener schon
der verschiedene Aufstellungsort der „Leaina" und der Tyrannenmörder.

[2]) Paus. X 10, 15; 16, 6; vgl. Curtius, Göttinger Nachr. 1861 S. 367.

[3]) Die Palme, welche die Athener nach der Schlacht am Eurymedon weihen,
erklärt Benndorf, Cultb. d. Athena Nike S. 38 für ein Symbol des Orients, weil Athena
auf ihr steht (vgl. Weisshäupl, Grabgedichte der Anthol. S. 71).

[4]) Die Verwendung der Nike als Mundschenkin der Götter kann demnach erst
secundär sein, begrifflich sowohl als zeitlich.

[5]) Dass Imhoof-Blumer (Wiener Numism. Zeitschr. 1871 S. 22 f.) mit Unrecht
aus dem Verhältniss der elischen und sicilischen Münzen den Ursprung der Nike in
der Agonistik Olympias erkennen wollte, hat schon Kieseritzky (Nike in d. Vasenm.
S. 34 ff.) gezeigt.

um 600 diese Personification zur Feier kriegerischer Erfolge verwendet worden ist.[1])

In noch einfacherer Art, gewissermassen nur andeutungsweise, wird die Stelle der ausdrücklichen Darstellung eines Geschehnisses vertreten durch die Weihung eines beliebigen Gegenstandes, beziehungsweise eines Abbildes, der im Leben des Donators oder bei dem die Weihung veranlassenden Ereigniss eine bezeichnende Rolle gespielt hat[2]). So weihen Schiffbrüchige die Kleider, in denen sie dem Tode entronnen sind, Theoren die Stlengides, den goldenen Hauptschmuck, den sie bei der Ceremonie getragen haben (Boeckh, Staatshaush.[2] S. 322), aus der Gefangenschaft Gelöste ihre Fessel (Paus. II 13, 3) u. s. w. Hieher gehören in gewissem Sinne auch die Abbilder von Körpertheilen, an denen der Gott seine Heilkraft erwiesen hat, die man von ihm gleichsam neu geschenkt erhalten hat.

Am häufigsten weiht man einen Gegenstand, der entweder Werkzeug des Erfolges oder Erträgniss des betreffenden Geschehnisses — gewissermassen die „Beute" — gewesen ist; wir haben also auch hier eine zweifache Beziehung auf die Handlung selbst oder auf deren Folgen. Dabei ist es für die ideelle Grundlage des Anathems ohne Belang, ob das betreffende Object selbst oder ein Abbild davon geweiht wird. So weihen Seeleute nach glücklich beendeter Fahrt ihre Schiffe, Antigonos II. Gonatas die Triere, auf der er bei Leukolla gesiegt hatte[3]), Krieger ihre Waffen, Handwerker und Musikanten am Ende ihrer Laufbahn oder nach Abschluss einer begrenzten Epoche ihr „Werkzeug" zur Erinnerung an vergangene Thätigkeit oder Lebensgewohnheit. Für all dies bieten die Epigramme der Anthologie Beispiele in Fülle; ebenso häufig ist die Weihung von Abbildern des „Werkzeuges": so stiftet ein Chirurg im athenischen Asklepieion ein Reliefbild seiner Werkzeuge (Bull. de corr. hell. I T. IX), eine Priesterin und deren Hypostatria Reliefdarstellungen von Toilettegegenständen, die bei religiösen Feierlichkeiten in Verwendung kamen (Friederichs-Wolters 1851 f.).

Von den Weihungen der „Beute" kommen hier jene nicht mehr in Betracht, deren Absicht ist, den Gott an dem materiellen Erfolge theilhaben zu lassen; doch spielt natürlich diese Rücksicht vielfach auch bei solchen Anathemen herein, die zunächst durch ihr gedankliches Substrat als dankbares Erinnerungszeichen an das betreffende

---

[1]) Vgl. darüber jetzt Six, Athen. Mitth. d. Inst. XIII S. 152 ff. Die ältesten Zeugnisse für die agonistische Verwendung der Nike — das sind, wenn ich nicht irre, die kyrenäischen Schalen (s. Puchstein, Arch. Zeit. 1881 XXXIX S. 233 f.), die aber Löschcke, Jahrb. d. Inst. II S. 277[5] anders deutet — gehören erst jüngerer Zeit an.

[2]) Vgl. Bötticher, Baumcultus d. Hellenen S. 57 ff.

[3]) Athen. V 209 e; vgl. Untersuchungen auf Samothr. II S. 76 f.; 84[1] (Benndorf).

Geschehniss zu gelten bestimmt sind. So vereinigen sich z. B. diese verschiedenen Beziehungen, wenn die Metapontiner, nachdem sie durch
Ackerbau reich geworden, ein χρυσοῦν θέρος weihen (Strabo VII 264;
vgl. Plut., De Pyth. orac. 16), oder wenn in den Uebergabsurkunden des
Parthenon (schon Ol. 86, 3) ληΐον περίχρυσον στάχυες AII erwähnt werden.
Rein ideell als μνήματα sollen dagegen wohl solche Votivgegenstände gelten,
die man als besonders charakteristisch für das Geschehniss aus der Beute
auswählt [1]), z. B. fremdländische Waffen, erbeutete Schiffe [2]) oder Schiffs-
theile [3]). Besonders häufig sind auch hier die „Abbilder", so weihen
Jäger Bilder ihrer Beute [4]), Krieger Abbilder der erbeuteten Waffen [5]),
der Trierarch Lykomedes nach der Schlacht von Artemision ein παρά-
στημον des erbeuteten Schiffes (Plut. Them. 15).

Dies sind in den Hauptzügen die Vorstellungskreise, in denen die
verschiedenen Anathemgattungen wurzeln, die ideellen Beziehungen
zwischen Geber, Geschenk und Empfänger, zwischen Veranlassung
und Ausdrucksform des Weihgeschenkes. Aber freilich kann eine derartige Systematik der Ideen nur die Hauptrichtungen in allgemeinen
Umrissen charakterisieren; denn die einzelnen Typen der Weihgeschenke
verdanken ja nicht verstandesmässiger Ueberlegung ihre Entstehung,
sondern haben ihre Grundlage in allgemeinen religiösen Anschauungen,
die in ihre Factoren logisch zu zerlegen nur bis zu einem gewissen
Grade gelingen kann. So wenig wir mit Bestimmtheit scheiden können,
inwieweit die verschiedenen Formen aus ursprünglicher „nationaler"
Denkweise innerhalb der Culturentwicklung des griechischen Volkes
erwachsen, inwieweit sie, in fremden Ideengebieten wurzelnd, fertig von
anderswo übertragen worden sind, ebenso wenig können wir auch bei
den Anathemen historischer Zeit den zu Grunde liegenden Ideenkreis
zergliedern in seine einzelnen Vorstellungen, die sich wechselseitig
berühren und durchkreuzen. Denn die ursprünglich wirkenden Gedanken
werden nur in der ersten Zeit ihres Auftretens voll empfunden; je länger
sie im Gange sind, desto seltener treten sie rein in Erscheinung, desto
mehr werden sie durch äussere Thatsachen und parallele Vorstellungen
modificiert. Auch können ja gleichartigen und gleichzeitigen Anathemen

---

[1]) So weihen die Athener nach der Schlacht von Platää den Sessel des Xerxes,
den Panzer des Masistios, das Schwert des Mardonios als werthvolle ἀκροθίνια.

[2]) Vgl. beispielsweise Herod. VIII 121; Thuk. II 84; Strabo VII 325.

[3]) Weihung von Schiffsschnäbeln erwähnt z. B. Paus. I 40, 5; X 11, 5.

[4]) Vgl. Ziemann, De anathematis Gr. S. 53.

[5]) Ueber geweihte Waffen im Allgemeinen vgl. Greenwell, Journ. of hell. stud.
II S. 65 f.) Wie in Olympia, so sind auch in Kreta die kaum 1 mm dicken Schilde
eigens zum Zwecke der Weihung gearbeitet (Mus. ital. de ant. class. II S. 695). Aehnliches gilt schon vom mykenischen Todtenapparat (Milchhöfer, Athen. Mitth. d. Inst.
I S. 320); vgl. Benndorf, Gesichtshelme und Sepulcralmasken S. 63.

je nach der verschiedenen Denkart und Geistesbildung der Geber
verschiedener Sinn und Absicht zu Grunde liegen, und so sind wir
bei der Erforschung der ideellen Beziehungen zwischen Anathem und
Donator nicht selten auf das Rathen und Wählen zwischen verschiedenen Möglichkeiten angewiesen.

Wenn es also darauf ankommt, die ungeheuere Masse der Weihgeschenke zum Behufe weiterer Untersuchungen über ihre locale Verbreitung, Art der Verwendung, zeitliche Entwicklung nach einheitlichen Gesichtspunkten zu gliedern, so werden wir als Eintheilungs-
grund nicht jene vieldeutigen, oft versteckten und unerforschbaren
gedanklichen Grundlagen, sondern vielmehr den thatsächlichen augen-
fälligen Gegenstand der Anatheme — ihre Typik im weitesten Sinne
des Wortes wählen müssen. Material und Kunstart spielen dabei keine
Rolle, sie hängen nur von dem persönlichen Geschmack und Reichthum
des Stifters ab, ohne an dem gedanklichen Inhalt des Weihgeschenkes
etwas zu ändern. So äusserlich also die Gruppirung der Anatheme nach
„Gegenständen" scheinen mag, so hat sie doch ihre innere Berechtigung
darin, dass ja auch nach der Anschauung der Geber ein Hauptgewicht
der Bedeutung auf Inhalt und Gegenstand der Weihung fällt.

Indem wir a potiori beginnen, können wir im Wesentlichen folgende
drei gegenständlich verschiedene Gruppen von Anathemen aufstellen:
erstens Anatheme, in denen die Gottheit allein oder im Verkehr mit
den Menschen dargestellt ist, zweitens Anatheme, die ihren Inhalt dem
Kreise des menschlichen Lebens entlehnen, drittens solche, welche Gegenstände des göttlichen oder menschlichen Besitzes oder Gebrauches
(Thiere, Gebäude, Geräthe, Schmuck u. s. w.) im Original oder Abbild
zum Objecte haben.

Die erste Gruppe umfasst natürlich die Darstellungen nicht allein
der oberen Götter, sondern auch der Heroen und heroisierten Verstorbenen[1]), die inhaltlich und typisch von jenen nicht zu trennen sind.
An erster Stelle sind als die einfachsten Darstellungen die Typen
der „handlungslos" thronenden oder stehenden Gottheiten zu nennen,
die seit ältesten Zeiten in massenhaften Terracottaidolen uns überliefert sind. Wenn diese zum Theil noch charakteristischer Attribute
entbehren, so legt ein reiferes Kunstvermögen besonderes Gewicht darauf, die Bilder der einzelnen Götter durch ihre Beizeichen möglichst
verständlich und kenntlich zu gestalten. Eine andere Art der Charakteristik ist es, wenn man den Gott in der seiner Natur und Vorliebe
entsprechenden Beschäftigung, in der ihm vertrauten Umgebung und

---

[1]) Ueber die sogenannten sepulcralen Anatheme vgl. zuletzt Milchhöfer, Jahrb.
d. Inst. II S. 26 ff.

Gesellschaft darstellt. So werden die Heroen auf oder neben ihren Pferden, die Chariten und Nymphen tanzend dargestellt, Apollo erscheint gesellt mit Leto und Artemis, Asklepios mit Hygieia und den Söhnen, Dionysos mit den Horen (Friederichs-Wolters 434), Hermes und Pan mit den Nymphen, Triptolemos mit Demeter und Kore, die Dioskuren mit Helena. Alle diese Darstellungen können durch Hinzufügung von Adoranten äusserlich erweitert werden, was auf den Reliefs des fünften Jahrhunderts schon häufig, im vierten Jahrhundert fast regelmässig geschieht. Seltener ist eine bestimmte That des Gottes dargestellt, in der sich gleichsam sein Wesen in hervorragender Weise geoffenbart hat. So wird z. B. Athene in einem auf der Akropolis durch zahlreiche Terracottareliefs vertretenen Typus dargestellt, wie sie bewaffnet den Kriegswagen besteigt, wohl um in den Gigantenkampf zu ziehen[1]). Zahlreicher sind solche Darstellungen von Einzelthaten bei Heroen; so wird z. B. Herakles als Bogenschütze (Rayet, Mon. de l'art ant. I T. 24) oder im Löwenkampf (Athen. Mitth. d. Inst. XII T. III) dargestellt.

Eine besondere Betrachtung verdienen hier noch die verschiedenen Typen der Nike, die in Votiven erscheinen; zunächst wird sie uns vorgeführt als Botin des siegverleihenden Gottes, die das Zeichen des Sieges herabbringt — eine Darstellung, an deren allmäliger Vervollkommnung das künstlerische Können von Jahrhunderten sich gemessen hat. Aber eine reichere Mannigfaltigkeit von Motiven eröffnet sich dadurch, dass Nike auch als Vertreterin des Siegers erscheinen kann[2]). So erscheint sie im Wagen nicht nur als Lenkerin agonistischer Gespanne, sondern auch als Personification kriegerischen Triumphes[3]) und siegreicher Herr-

---

[1]) Die Pferde sind auf diesen — erst in den letzten Ausgrabungen zu Tage gekommen — Platten nie mit dargestellt; ein schon vor Jahren gefundenes Fragment eines gleichartigen Exemplars ist publicirt bei Schöne, Gr. Rel. 136 f.

[2]) Vgl. Kieseritzky, Nike in d. Vasenmalerei S. 18 ff.

[3]) Vielleicht ist die Vermuthung erlaubt, dass auch bei dem erzenen Viergespann, das die Athener nach dem Sieg über Boeoter und Chalkidier weihten (Herod. V 77), Nike als Wagenlenkerin fungierte; das Epigramm spricht freilich nur von den Pferden, aber die müssen doch wohl einen Lenker gehabt haben. Wie z. B. in dem Weihgeschenk der Kyrenaier (Paus. X 11, 5) Zeus Ammon auf dem Viergespann dargestellt ist, so mag auch sonst die Auffahrt der Siegesgöttin als Symbol stolzer Herrschaft künstlerisch verwerthet worden sein. Nike auf dem Wagen erscheint als Personification agonistischer Siege im Allgemeinen beispielsweise auf der Vase mit Chrysos und Plutos bei Stackelberg, Gräber d. Hell. T. XVII (Élite céramogr. I 97). Aber für das höhere Alter dieser Vorstellung zeugt Simonides 145 B.: τοσσάκι δ' ἱμερόεντα διδαξάμενος χορὸν ἀνδρῶν εὐδόξου Νίκας ἀγλαὸν ἅρμ' ἐπέβης. Auch die „wagenbesteigende Frau", die jenem Viergespann auf der Burg etwa gleichzeitig sein könnte — aber natürlich kein selbstständiges Anathem, sondern Verkleidung einer (nicht agonistischen) Basis war (Benndorf, Gött. Gel. Anz. 1870 S. 1565 ff.) — wäre hier zu nennen, wenn sie mit Recht als eine ungeflügelte Nike erklärt worden ist (vgl. S. 48).

schaft[1]). Wie ferner Nike in dem Anathem des Demetrios Poliorketes als Verkünderin des Sieges erscheint[2]), so verrichtet sie auch selbst das Siegesopfer[3]), errichtet selbst die Siegeszeichen und Trophäen. [4]) So stehen die Darstellungen von Niken in menschlichen Handlungen gewissermassen auf der Grenze zwischen der ersten und zweiten Gruppe von Weihgeschenken.

Eine andere Reihe von Bildern göttlicher Personen entlehnt ihre Motive dem Culte, der Speisung und Tränkung der Götter. Die Gottheit wird dargestellt, wie sie das Opfer erwartet oder empfängt und geniesst; für ersteres geben einen Beleg die Typen der Gottheit, die mit der Schale oder dem Kantharos in der vorgestreckten Rechten gleichsam die Spende fordert[5]); für letzteres haben wir zahlreiche Beispiele an den „Todtenmahlreliefs", an den Darstellungen der Theoxenien[6]) und an den „Spendereliefs". Bei der Darreichung der „Spende" erscheinen naturgemäss regelmässig zwei Figuren, sei es, dass die Scene unter den Olympiern spielt, — wie denn Nike dem Zeus, Artemis dem Apollon, Hebe dem Herakles (Friederichs-Wolters 1203) einschenkt, — sei es, dass einem Heroisierten Mutter, Frau oder Schwester den Trunk darreicht[7]). Wie die Typen der „Spende" und des „Todtenmahles", so sind auch die Typen der die Culthandlung entgegennehmenden Gottheit durch Hinzufügung von Adoranten einer äusserlichen Erweiterung fähig, ohne dass die Statistik der Funde oder die Art der Compositionen immer eine bestimmte Entscheidung darüber erlaubte, ob der einfache oder der reichere Typus der ältere ist. So

---

[1]) So ist vielleicht der Pinax des Melanthios (Plut. Arat 13) zu fassen. Möglich ist freilich, dass das ἅρμα νικηφόρον des Aristratos auch hier einen Wagen, der im Agone gesiegt hat, bezeichne. Vgl. C. Th. Michaelis, Arch. Zeit. XXXIII 1876 S. 36.

[2]) Untersuchungen auf Samothrake II S. 55 ff., 82 f.

[3]) Vgl. Kekulé, Nikebalustrade S. 5, 23; Knapp, Nike in der Vasoum. S. 74 ff.

[4]) Vgl. die Nike von Brescia (Friederichs-Wolters 1453) und verwandte Reliefs.

[5]) Vgl. Gardner, Journ. of hell. stud. V S. 129; Furtwängler, Samml. Sabonroff I S. 24. Der Versuch, das Attribut der Schale natursymbolisch zu deuten (Petersen, Arch.-epigr. Mitth. aus Oesterr. IV S. 164) scheint mir durch die Analogie der spartanischen Kantharosmänner widerlegt zu werden; vgl. auch die Tarentiner Terracotten von gelagerten Männern mit Kantharos und Schale Arch. Zeit. XL (1882) S. 300 ff. (Wolters) Journ. of hell. stud. 1886 S. 8 f. (Evans).

[6]) Vgl. z. B. die spartanischen Dioskurenreliefs und das Relief aus Larisa (Wiener Vorl.-Bl. IV T. 9); Deneken, De theoxeniis S. 6 ff., 19.

[7]) Vgl. Furtwängler, Athen. Mitth. d. Inst. VI S. 117; VIII S. 369 ff.; Loewy, Jahrb. d. Inst. II S. 110 ff. Wo statt der sterblichen Frau Nike einem Krieger, beziehungsweise dessen Numen die Spende bringt, da soll dieser wohl als ein in siegreichen Kämpfen Gefallener charakterisiert werden; vgl. das Relief im Louvre Fröhner, S. 440, 486 (Müller-Wieseler, D. a. K. I T. 14, 48) und das Fragment im Münchener Antiquarium (Friederichs-Wolters 438); anders erklärt Benndorf, Cultb. d. Athena Nike S. 39.

zeigt uns schon eines der ältesten attischen Votivreliefs ('Εφημ. ἀρχ. 1886, T. IX) Athene, die einen Zug von Adoranten empfängt; desgleichen sehen wir auf den ältesten Exemplaren der Kantharosmännerreliefs[1]), der argivischen Eumenidenreliefs, der athenischen Asklepiosreliefs die Gottheit im Verkehr mit ihren Verehrern dargestellt[2]). Nur ganz im Allgemeinen lässt sich daher sagen, dass die einfacheren Typen, wo die Gottheit allein dargestellt ist, im fünften Jahrhundert sehr häufig, im vierten Jahrhundert selten sind, indem mehr und mehr die Sitte herrschend wird, die Gottheit im Verkehr mit den Menschen zu zeigen.

Aehnliche Gruppen lassen sich auch bei jener andern Classe von Weihgeschenken unterscheiden, welche ihren Inhalt den Vorgängen des menschlichen Lebens entnehmen. Auch hier sind an die Spitze zu stellen jene Anatheme, in denen der Einzelne in einer Haltung, die für seine gewohnte Beschäftigung oder eine bestimmte That bezeichnend ist, dargestellt wird. In Bewegungsmotiven und Attributen sucht die Kunst diese Bilder von Einzelmenschen, soweit sie es vermag, möglichst charakteristisch zu gestalten, um Sinn und Motiv der Weihung zum Ausdruck zu bringen. Die Priesterinnen werden mit bezeichnenden Attributen, die Staatsschreiber (Athen. Mitth. d. Inst. IV S. 175 ff.; XI S. 358 f.) mit ihren Schriftkästchen, die Agonisten in ihrer Kampfart dargestellt, und ein athenischer Bürger, der aus dem Stande der θῆτες in den der Ritter gelangt ist, lässt sich neben seinem Reitpferd stehend abbilden (Pollux VIII 131). Die mannigfaltigsten Typen von Einzelfiguren aller Art verdanken diesem Brauche ihre Entstehung, wobei es hier für uns gleichgiltig ist, ob der Dargestellte mit dem Stifter identisch ist oder nicht (vgl. S. 10). Noch häufiger fast als solche Einzelbilder — deren individualisierte Motive die spätere Genrekunst übernimmt und fortbildet — sind reicher ausgeführte Darstellungen von Berufshandlungen oder wichtigen Ereignissen des Lebens, wofür oben (S. 12) Belege genug gegeben sind.

Einförmiger in den Motiven und von geringerer Prägnanz der Individualisierung, aber darum auch von allgemeinerer Geltung und be-

---

[1]) Andernfalls könnte man aus dem Umstand, dass die Kantharosmänner nicht den Adoranten, sondern geradeaus dem Beschauer ihr Antlitz zukehren, etwa den Schluss ziehen, dass bei der ursprünglichen Feststellung des Typus jene kleinen Adorantenfiguren fehlten; vgl. Furtwängler, Samml. Sabouroff zu T. I.

[2]) In besonders charakteristischer Weise ist der Empfang des Opferzuges dargestellt auf dem Relief in Venedig (Friederichs-Wolters 1134), wo Herakles (vgl. Collignon, Monum. Grecs X S. 9) das Horn des Opferthieres erfasst; verwandt damit ist das Relief bei Schöne, Gr. Rel. 112. Auch das Erscheinen der Cultpersonen vor der Gottheit und die Entgegennahme der Weihung finden sich in Votiven dargestellt; vgl. das Relief aus der Tegeatis mit Hydrophoren vor Demeter, Kore und Hades (Milchhöfer, Athen. Mitth. d. Inst. V S. 69) und das Relief aus Gythion, Arch. Zeit. XLI 1883 T. XIII, 1.

sonders weiter Verbreitung ist die zweite Reihe hiehergehöriger Anatheme, welche den Menschen als Verehrer und Diener der Gottheit
zeigt, also in einer Haltung, die für seine Frömmigkeit und Gott-
ergebenheit bezeichnend ist. Der zahlreichen Terracotten und Statuen,
welche Priester oder Privatpersonen in Culthandlungen zeigen, ist schon
oben S. 10 Erwähnung geschehen. An die Spitze der Anatheme, welche
Opfernde darstellen, ist wohl der Kalbträger auf der Akropolis, das
Weihgeschenk des Kombos (Winter, Athen. Mitth. d. Inst. XIII S. 113)
zu stellen; aus späterer Zeit gehören hieher nicht nur die *sacrificantes*
zahlreicher Künstler (Plin. 34, 91), sondern wohl auch Statuen, wie des
Lykios *puer sufflans languidos ignes*[1]) und Bronzen, wie der Apollon von
Piombino und der Idolino von Pesaro[2]). Aber auch das Gebet selbst, die
Adoration, ist ein beliebtes Motiv anathematischer Darstellungen; ich erinnere nur an das von Kalamis gearbeitete Weihgeschenk der Akragantiner,
Paus. V 25, 5 und an den Typus des betenden Knaben, den zuletzt
Conze, Jahrb. d. Inst. I S. 1 ff. behandelt hat[3]). Ungezählt oft sind dann
die Typen der Adoranten und Opfernden in jenen Votivreliefs behandelt
worden, welche, da die künstlerische Betonung dem Bilde des Gottes
zufällt, oben unter den Darstellungen aus dem Kreise der Götter behandelt worden sind.

Ueber die dritte Gruppe von Anathemen wird es erlaubt sein,
kurz zu sein. Hieher gehören, wie wir oben erwähnt haben, die geweihten Thiere, die als Hausthiere, als Lieblingsthiere der Götter, als
Opferthiere, endlich auch als Symbole dargebracht werden können. Hieher
gehören ferner die consecrierten Bäume und Haine, die heiligen Häuser,
Tempel und Altäre und alle die tausendfältigen Gegenstände des täglichen
Lebens (und ihre Abbilder), deren jeder unter gewissen Verhältnissen
Werth und Bedeutung als Anathem gewinnen kann. In dieser ein-
leitenden Uebersicht, wo es nur darauf ankam, in allgemeinen Zügen
die Hauptarten der Anatheme in ihrer gegenständlichen Verschiedenheit
zu kennzeichnen, brauchen wir auf das ermüdende Detail umsoweniger
einzugehen, als eine vollständige Aufzählung aller einschlägigen Fälle
ebenso unmöglich als werthlos wäre.

---

[1]) Vgl. Klein, Arch.-epigr. Mitth. aus Oesterr. VII S. 71.

[2]) Vgl. Friederichs, Kleinere Kunst S. 453; Heydemann, Pariser Antiken S. 28.

[3]) So erscheinen unter den Weihgeschenken im athenischen Asklepieion zahlreiche τύποι καταπακτοί πρὸς πιναχίω · ἔνι κατευχόμενος (Bull. de corr. hell. II S. 421 ff.);
einmal auch θεὸς καὶ κατευχόμενος (S. 423 Z. 31); vgl. auch L. Gurlitt, Athen. Mitth. d.
Inst. VI S. 154 ff.

II.

Agonistische Weihgeschenke.

Nachdem wir im vorigen Abschnitte die allen Weihgeschenken gemeinsamen ideellen Grundlagen, sowie ihre gegenständliche und formale Verschiedenheit darzulegen versucht haben, soll im Folgenden an einer Gruppe von Anathemen, welche einem bestimmten Kreise von Veranlassungen, den agonistischen Siegen, ihren Ursprung danken, gezeigt werden, wie jene allgemeinen Formen charakteristische Umbildungen erleiden, und wie auch innerhalb eines solchen gemeinschaftlichen Rahmens individuelle Neuschöpfungen möglich sind.

Als „agonistisch" bezeichnen wir zunächst jene Anatheme, welche gelegentlich eines in musischem oder gymnischem Wettkampfe von „Athleten" oder Liturgen[1]) errungenen Sieges gestiftet sind. Dann sind aber auch solche Weihgeschenke hier einzureihen, die nicht sowohl einen einzelnen Sieg, als eine ganze Kette von Erfolgen zu feiern, beziehungsweise dafür zu danken bestimmt sind. Denn wie nach einer glücklich vollendeten Meerfahrt zwar der ungewohnte Fahrgast gerne bereit ist, seiner dankbaren Freude über das Gelingen des einmal gewagten Versuches sichtbaren Ausdruck zu geben, nicht aber der Schiffsherr, der den Kampf mit den Elementen gewohnt ist, so fühlt auch nach sieggekröntem Wettkampfe wohl der Dilettant, der selten die aufregenden Wechselfälle des Wettbewerbes durchzukosten in die Lage kommt, nicht aber der gewerbsmässige Künstler, der, von Agon zu Agon ziehend, seinen Beruf erfüllt, sich verpflichtet, jedesmal dem Festgotte ein μνημόσυνον δῶρον νίκης zu stiften. Während also z. B. die Choregen ihre einzelnen Siege durch eine ununterbrochene Kette von Weihgeschenken verewigten, hat der Dichter Simonides, wenn das Epi-

---

[1]) Ausgeschlossen sind also Anatheme, welche Festordner und Beamte aus Anlass und zum Andenken ihrer Amtsführung stiften, ohne am Wettkampf selbst betheiligt gewesen zu sein (vgl. z. B. die Weihinschriften Keil, Syll. Inscr. Boeot. S. 71, n. XI; Athen. Mitth. d. Inst. III S. 161; Le Bas, Asie min. 269, 484, 1243). Dagegen sind ja die Preisdreifüsse in Athen auch zur Zeit der Agonotheten wenigstens der Idee nach Anatheme der siegreichen Chöre. Aus praktischen Gründen sind die Anatheme der scenischen Choregen einer gesonderten Behandlung in Capitel IV vorbehalten worden.

gramm 145 (Anth. Pal. VI 213)[1]) echt ist, erst zum Andenken an 56 Siege, der Wagenfahrer Damonon νικάις ταῦτα, ἐπ' εὐθὺς πήποκα τῶν νῦν (Roehl, IGA 79) einen Pinax geweiht, und ebenso tragen ja die Weihgeschenke von Athleten vielfach lange Siegesverzeichnisse. In Inhalt und Form sind aber derartige Anatheme nicht verschieden von den gelegentlich eines einmaligen Sieges gestifteten und können daher auch von diesen nicht getrennt werden.

Endlich musste in dem Rahmen dieses Abschnittes noch manches Monument besprochen werden, das seinem Inhalte nach mit Wahrscheinlichkeit als agonistisches Anathem betrachtet werden darf, ohne dass doch literarische oder inschriftliche Belege dafür sich beibringen liessen.

Was nun die Vorbilder der agonistischen Anatheme im Allgemeinen betrifft, so ist es natürlich, dass, wie der friedliche Wettkampf ein Abbild des kriegerischen ist, so auch die diesen verwandten Veranlassungen entstammenden Weihgeschenke einander vielfach genau entsprechen, beziehungsweise die agonistischen den durch ihre grössere Bedeutsamkeit reicher entwickelten Anathemen der Waffensiege nachgebildet sind. So weiht man, wie nach einem kriegerischen Erfolg, auch nach Siegen im Wettkampf gerne (im Original oder Abbild) einen Gegenstand, der bei dem Kampfe eine Rolle gespielt hat (vgl. S. 13), sei es nun ein „Werkzeug" des Erfolges, wie Flöte und Leier, Halteren und Fackeln, Wagen und Bilder der siegreichen Pferde, sei es die errungene Beute, d. h. den Siegespreis, Schalen und Dreifüsse, Tänien und goldene Kränze. Ja einmal weihte in scherzhafter Nachahmung kriegerischer Vorbilder der Kitharist Stratonikos nach einem musischen Siege in Sikyon ein Tropaion mit der Aufschrift: Στρατόνικος ἀπὸ τῶν κακῶς κιθαριζόντων (Athen. VIII 351 f.). Wie ferner neben diesen Anathemen, welche gewissermassen andeutungsweise den Sieg versinnbildlichen, die Sieger im Waffenkampfe häufig Darstellungen ihrer Kämpfe weihen, so stiften auch Agonisten oft Bilder des Wettkampfes, die natürlich in den meisten Fällen auf Darstellung der eigenen Person sich beschränken. Hier wie dort wird nicht selten Nike selbst in mannigfachen Motiven dargestellt.

Neben diesen Gruppen von eigentlichen Siegesanathemen finden sich ferner jene allgemeinen Formen, in denen zunächst keine Beziehung zu Kampf und Sieg liegt, die aber doch gelegentlich in charakteristischer Weise modificiert werden können, wie die Weihung von Götterbildern, von gottesdienstlichen Darstellungen, von handlungslosen Porträts.

---

[1]) Während Welcker, Alte Denkm. V S. 167, das Epigramm als Fälschung nach der Grabschrift bei Tzetzes, Chil. I 24, 636 ansah, nehmen die Neueren mit Bergk das umgekehrte Verhältnis an. Aber die Anrede des Donators in zweiter Person ist in einem Votivepigramm doch sehr auffallend. Eine gewisse Analogie bietet Anth. Pal. VI 144.

Beginnen wir gemäss der S. 16 befolgten Anordnung mit den anathematischen Darstellungen aus dem Kreise der Götter, so sind zuerst die Bilder der Festgötter zu erwähnen, welche natürlich, sei es allein, sei es im Verkehre mit Adoranten, am häufigsten den Gegenstand der aus Anlass der betreffenden Feste gestifteten Anatheme bilden mussten. Soweit dabei Typen, die jeder Veranlassung gleichmässig entsprechen, gewählt sind[1]), bedürfen sie hier keiner eingehenderen Behandlung; sie gewinnen für uns erst dort ein grösseres Interesse, wo in dem allgemeinen Schema durch besondere Charakteristik das jeweilige Motiv der Weihung oder der Stand der Weihenden deutlich gemacht ist. Ein derartiges Beispiel bietet für den Typus der „Gottheit mit Adoranten" das Relief aus dem Piräus, Athen. Mitth. d. Inst. VII T. 14 (Robert, S. 392 ff.; Friederichs-Wolters 1135). Wir sehen hier eine jugendlich männliche Figur mit Rhyton in der Rechten, Schale in der Linken auf einer Kline gelagert, auf deren Fussende ein junges, mit Chiton und Nebris bekleidetes Weib sitzt. Von links her nahen drei Jünglinge, die durch ihr Gewand, den langen Aermelchiton mit breitem Gürtel und die Masken (in den Händen der beiden ersten) als Schauspieler der Tragödie deutlich gekennzeichnet sind[2]). Dass in dem gelagerten Manne hier nicht ein heroisierter Todter, etwa ein Dichter oder Dionysospriester zu erkennen sei, beweist mehr als der Mangel jedes Heroisierungsattributes die Nebris seiner Gefährtin. Mit Recht hat daher Wolters hier eine Darstellung des Dionysos und demnach in dem Relief ein Votivrelief von Schauspielern an diesen Gott erkannt[3]). Jeden Zweifel

---

[1]) So weiht z. B. ein gymnischer Sieger in Argos, wenn Roehl's Ergänzungen zu IGA 37 richtig sind, Reliefbilder der Dioskuren. Anatheme musischer Sieger sind vielleicht auch das Relief im Louvre, Fröhner, n. 16 (Clarac 122, 342), wo Apollon Kitharodos, gefolgt von Artemis und Leto, singend zu seinem Götterbilde emporsieht, und das Relief von Sparta aus dem Ende des V. Jahrhunderts, Athen. Mitth. d. Inst. XII T. XII, S. 378 (Wolters), wo Artemis dem Apollon spendet (vielleicht Anathem eines Karneensiegers). Ebenso mögen manche Darstellungen von Herakles' und Theseus' kraftvollen Thaten Weihgeschenke von Athleten sein, die in jenen Heroen ihre Vorbilder verehrten. Ob in ähnlicher Weise das Relief mit „Orpheus unter den Satyrn" in Ince Blundell Hall (Michaelis, Anc. marbles S. 394, n. 290; Petersen, Arch. Zeit. XXXV 1877 S. 124, T. XII) als Anathem eines Kitharoden gefasst werden kann, muss zweifelhaft bleiben; s. u.

[2]) Diese Deutung hat Dierks, De histrion. trag. habitu S. 14 mit Unrecht bezweifelt, weil die Männer keine Kothurne trügen. In dem tympanon- oder scheibenartigen runden Gegenstande, den der erste Schauspieler in der gehobenen, die zwei anderen in der gesenkten Rechten tragen, will Robert (Hermes XXII S. 336) Spiegel erkennen, mit denen die Schauspieler den Sitz der Maske prüfen und regulieren.

[3]) In einem ähnlichen Schema ist Dionysos auf dem Relief in Cagliari (Bullet. archeol. sardo VII S. 129) vorauszusetzen, worauf Furtwängler, Samml. Sabouroff I S. 32 aufmerksam macht; erhalten ist nur die linke Hälfte, der Oenochoos neben einer

beseitigen meines Erachtens die Inschriften; unter dem gelagerten Manne steht ΔΙΟΝΥΣΟΣ, unter der weiblichen Gestalt Γ𝄞ΡΙΛΙΑ, was, wie C. Schuchhardt erkannt hat (Athen. Mitth. d. Inst. XIII S. 221), nichts Anderes heissen kann als ΠΑΡΑΛΙΑ[1]). Die Buchstabenformen mögen etwa dem Anfang des dritten, vielleicht auch noch dem Ende des vierten Jahrhunderts angehören; sie mit Robert und Furtwängler für später zugesetzt oder gar mit Wolters für modern zu erklären, sehe ich keinen genügenden Grund. Mir scheint im Gegentheil der Stil des Reliefs, das allerdings Furtwängler (Samml. Sabouroff I S. 31) den letzten Decennien des fünften Jahrhunderts zuweisen will, die durch die Inschrift gegebene Datirung zu empfehlen. Dafür spricht nicht nur die lockere, nachlässige Art der Composition und die Flauheit der Arbeit, sondern auch die Behandlung und Haltung der weiblichen Gestalt und der Typus des kurzhaarigen jugendlichen Dionysos, der in eine Zeit weist, welcher die jugendliche Bildung dieses Gottes schon in mannigfachen Varianten geläufig war.

Was endlich die Deutung der Frau betrifft, so hat Robert (Hermes XXII S. 336) in ihr „die Nymphe der siegreichen Phyle" gesehen, „mit welcher der Gott der Festeslust an den grossen Dionysien sich vermähle, wie an den Anthesterien mit der βασίλισσα als Vertreterin des gesammten Staates"; aber wir wissen nichts von derartigen Nymphen der Phylen, und bei scenischen Aufführungen haben überdies die Phylen keine Bedeutung (vgl. Capitel IV). Die Beischrift „Paralia" enthebt uns nun des Rathens. Ursprünglich natürlich eine Personification der Landschaft (vgl. Schuchhardt a. a. O. S. 222), ist Paralia in userm Relief vielleicht eher als mythologische Figur zu fassen, die in einer dionysischen Localsage in nähere Beziehung zu Dionysos getreten und in der Paralia als dessen Genossin verehrt worden sein mag. Auch die Nebris, die sie trägt, könnte in einem solchen Mythus ihre besondere Begründung haben, wie ja auch in der Sage des Semachidengaues Dionysos gelegentlich seiner Einkehr bei Semachos der Tochter eine Nebris zum Geschenke gibt (Euseb. Chronic. I S. 30).

Wie wir in diesem Relief ein modificiertes Beispiel des Schemas der „Adoration" vor uns haben, so finden wir den Typus der „Spende durch Nike" vertreten durch eine Gruppe von Reliefs, die sogenannten

---

Amphora, ober der drei (komische?) Masken hangen, und eine nach rechts sitzende Frau mit einer Maske auf dem Schooss. Die Beziehung auf scenische Spiele ist klar; die Inschrift ΗΡΑΕΣ ΔΙΟΝΥΣΩΙ ΑΝΕ gibt über Absicht und Person des Stifters keine verständliche Erklärung und ist vielleicht verlesen.

[1]) Derlei Beischriften sind seit dem dritten Jahrhundert wieder häufig verwendet worden; ich erinnere beispielsweise an die Reliefs Schöne, Gr. Rel. 109 und Ἐφημ. ἀρχαιολ. 1886 T. 3.

„kitharodischen", [1]) deren Deutung und Bestimmung viel umstritten sind. Stephani hat bekanntlich (Compte-rendu für 1873 S. 220) die Behauptung aufgestellt, dass auf der langen Reihe von Kunstwerken, in denen Apollon von einer Göttin „Spende" empfängt, durch diese σπονδή des Gottes die an die übrigen Götter gerichtete Bitte um Fernhalten jeder Missgunst ausgedrückt sei, und dass demnach in unseren Reliefs, auf denen Nike als „Spendehelferin" erscheint, die Erfüllung dieser Bitte proleptisch angedeutet sei. Man darf wohl sagen, dass diese Erklärung so viel Unwahrscheinlichkeit und Künstelei in sich schliesst, dass sie einer besonderen Widerlegung nicht bedarf; vgl. Overbeck a. a. O. S. 265. Auch hat Stephani ganz mit Unrecht in allen diesen „Credenzscenen" das Hauptgewicht auf die Spende gelegt; vielmehr ist der Grundgedanke, wenigstens in den meisten Fällen, die Darreichung eines labenden Trankes, [2]) dem ja allerdings der Sitte gemäss die Spende vorausgeht. Wenn hier nicht Leto oder Artemis, sondern Nike dem Apollon einschenkt, so werden wir wohl die Scene nicht rein genrehaft fassen dürfen, sondern in dem Auftreten der Nike eine besondere Beziehung suchen müssen. [3]) Der Gedanke an einen mythischen Sieg des Apollon als Kitharoden ist ausgeschlossen, da nirgends etwas Derartiges überliefert ist. Daher haben denn zuerst Visconti, dann in modificierter Weise O. Müller und O. Jahn Apollon als Vertreter des siegreichen Kitharoden gefasst, der nach dem Siege libieren will, wozu Nike ihm einschenke. [4]) Aber mit Recht hat Stephani eine derartige Vertretung für unstatthaft erklärt. Wenn Apollo hier wirklich als Sieger zu fassen ist — und das ist ja in derartiger Gruppierung mit Nike allerdings das Nächstliegende — so könnte nur der Gedanke zu Grunde liegen, dass Apollon in der Person des Siegers, den er unterstützt hat, selber gesiegt hat, dass ihm die eigentliche Ehre des Sieges gebühre. Aber grössere

---

[1]) Sie sind zusammengestellt von Welcker, Alte Denkm. II S. 38 ff.; Jahn-Michaelis, Griech. Bilderchr. S. 45 ff., Overbeck, Griech. Kunstmythol. III 5 (Apollon) S. 259 ff.

[2]) Luckenbach, Jahrb. f. Phil. XI S. 549; Furtwängler, Athen. Mitth. d. Inst. VI (1881) S. 117.

[3]) Nike, die dem Apollon eingiesst, sehen wir z. B. auf der Vase Élite céramogr. II 47 (Ann. d. Inst. 1833 T. 13; Luynes, Descr. d. vas. T. 26).

[4]) Welcker's Meinung, dass in unseren Reliefs die Ueberreichung einer weingefüllten Schale (als Preis der Pythien) an Apollon als das Urbild und Vorbild der menschlichen Kitharoden dargestellt sei, hat Friederichs a. a. O. als unhaltbar erwiesen. Auch für die Annahme, dass Apollon herankomme, um vor seinem eigenen Götterbild zu libieren, wird man kaum eine passende Analogie nachweisen können; die Säule mit dem archaistischen Götterbilde, die sich auf drei Exemplaren findet, wird daher nur als Beiwerk zur Charakteristik des Locals gefasst werden können (Overbeck a. a. O. S. 264).

Wahrscheinlichkeit hat wohl die von Friederichs aufgestellte Erklärung
(Friederichs-Wolters 427), derzufolge nicht Apollon, sondern Nike die
Rolle des siegreichen Kitharoden vertrete. Wie Nike an des Siegers
statt auf der Nikebalustrade Thiere zum Opfer herbeiführt, wie sie in
Vasen dionysischen Kreises die Opfervorbereitungen besorgt und auf
der athenischen Dreifussbasis (Friederichs-Wolters 2147) dem Dionysos
die Spende bringt, so überreicht sie hier dem Festgott als Dank für
den Sieg ein Trankopfer, dessen Genuss ja nicht anders anschaulich
gemacht werden konnte.[1])

Mag man aber der einen oder der andern Deutung den Vorzug
geben, jedenfalls ist es ein friedlicher Sieg, dem die Darstellung gilt; dies
zeigt die feierlich-ruhige Haltung des Gottes, der die Kithar, nicht
Bogen oder Aegis führt, also als Festgott und Beschützer musischer
Künste erscheint. Auch hat die herkömmliche Auffassung, wonach in
unseren Reliefs die Darstellung des delphischen Apollon beabsichtigt
sei, gewiss ihre volle Berechtigung, vgl. Overbeck a. a. O. S. 267. Auf
Delphi weist nicht nur die enge Verbindung des Apollon mit Artemis
und Leto — für die z. B. Delos ebenso in Betracht kommen könnte —,
die Andeutung eines grossen (natürlich nicht treu wiedergegebenen)
Tempels und eines ausgedehnten Heiligthumes, sondern besonders der
bindengeschmückte Omphalos[2]), vielleicht auch die Platane hinter der
Peribolosmauer, die Welcker mit der von Agamemnon in Delphi ge-
pflanzten (Plin. XVI 238) identificiert, und das Wagenrennen am
Tempelfriese.

Alle bisher erwogenen Momente stimmen gut zu der von O.
Müller und Anderen verfochtenen Annahme, dass die „kitharodischen"
Reliefs agonistische Anatheme seien. Dass sie von musischen Siegern
an den Pythien gestiftet sind, scheint die Darstellung des Gottes und
seiner Umgebung zu beweisen; und die Annahme, dass gerade Kitharoden die Donatoren waren, legt der Umstand nahe, dass der Festgott
eben in seiner Eigenschaft als Kitharode charakterisiert ist und so in
der Gestalt erscheint, in der er als Schutzpatron jener Künstler ver
ehrt werden mochte.

Ich sehe demnach keinen Grund, die ursprünglich anathematische
Bestimmung unserer Composition zu leugnen, wie dies neuerdings Overbeck S. 259 ff. gethan hat. Mir scheint vielmehr schon allein der archaistische Stil der Reliefs ein wichtiges Beweismoment für diese Deutung
zu sein. Denn die archaistische Kunstübung der älteren Zeit wird

---

[1]) So wird ja auch in den „Todtenmahlreliefs" der Genuss des Opfers durch
den Heros ganz nach der Art von Mahlzeiten Lebender dargestellt.

[2]) So auf dem Relief im Louvre (Fröhner, n. 15), in Capua (Bull. Napol. N. S.
III T. 1) und auf dem Fragment in Bologna (Guida del mus. civ. 1887 S. 27).

nicht, wie dies später der Fall ist, von decorativen Principien hervor-
gerufen und dominiert, sondern vom religiösen Bedürfniss. Indem die
Schöpfungen der zu völliger Formenfreiheit entwickelten Kunst im
Widerspruch mit den Ansprüchen strenger, gebundener Frömmigkeit zu
stehen schienen, zog man es vor, in Werken religiöser Bestimmung an
den längst überwundenen archaischen Formen festzuhalten. Denn dass die
Erfindung unserer Composition nicht erst, wie Stephani wollte, römischer
Zeit angehört, wird man heute wohl allgemein einräumen, wenn auch
wirklich das Elgin'sche Exemplar im Brit. Mus. (Anc. marbles IX 36, 2)
nicht aus Attika stammen und die Arbeit aller Exemplare, was ich nicht
glaube, erst römisch sein sollte. Freilich fehlen ja noch zur genaueren
Zeitbestimmung archaistisch stilisierter Reliefs objective und allgemein
giltige Anhalte und Vergleichungspunkte; doch sind in unseren Reliefs,
auch abgesehen von dem Gesammtcharakter der Composition und der
reichen Detailbehandlung des localen Hintergrundes, einige Motive, die
uns mit einiger Zuverlässigkeit an die Wende des vierten Jahrhunderts
verweisen. So hat wohl Stephani Recht, wenn er das Motiv der aus
hoch erhobener Kanne einschenkenden Nike auf praxitelische Kunst
zurückführt[1]). Ebenso gehört auch der Typus des Apollon Kitharodos,
der, wie Overbeck a. a. O. S. 89 f. gezeigt hat, ohne entscheidenden Grund
auf Skopas zurückgeführt worden ist, der zweiten Hälfte des vierten
Jahrhunderts an. Wie weit übrigens der Schöpfer unseres Bildes ältere
Votivreliefs gleichen Inhalts nachgeahmt hat, können wir vorläufig nicht
entscheiden; die Einfachheit des Motives legt es nahe, in demselben nur
die Umbildung, beziehungsweise Erweiterung eines älteren Typus zu
erkennen.

. Wir schliessen hieran die Besprechung der Ikariosreliefs, die in
mehr als einer Beziehung Verwandtschaft mit den kitharodischen
zeigen[2]). Wie diesen das Motiv der Spende zu Grunde liegt, so jenen

---

[1]) Es findet sich ebenso auf dem spätgriechischen archaistischen Relief Friederichs-Wolters 437 (Ancient marbles of the Brit. Mus. II 41), und eine Vorstufe dazu
bildet die einschenkende Frau eines hellenistischen Reliefs in Leiden, Athen. Mitth.
d. Inst. VIII T. XVIII, S. 386 (Furtwängler).

[2]) Dieselben sind zusammengestellt von O. Jahn, Arch. Beitr. S. 198 ff. und
von Deneken, De theoxeniis S. 47 ff. Doch hat Deneken drei von Jahn später nach-
getragene Repliken (Philol. XXVI S. 239, Anm. 158) übersehen, nämlich die im Mus.
Chiaramonti (Beschreib. Roms II 2 S. 78, 594), die in Petersburg (Köhler, Ges. Schr.
VI S. 29), die in Schloss Altichiero (Mad. J. W. C. D. R. Altichiero S. 3, d. h. J(ustine)
W(inne) C(omtesse) D(e) R(osemberg), gedruckt zu Padua 1787). Das Exemplar in Al-
tichiero, über dessen stilistischen Charakter die Abbildung S. 3 kein Urtheil erlaubt,
zeigt vor einem Parapetasma eine Kline mit zwei gelagerten Figuren, links einen
Candelaber (?), vorne den speisebesetzten Tisch, rechts den bärtigen, von einem
Satyr gestützten Dionysos, dem ein Satyrknabe die Sandalen zu lösen im Begriff ist.

das der Theoxenien; wie bei jenen, so ist auch bei diesen die Deutung
als agonistische Anatheme von der einen Seite behauptet, von der andern bestritten worden.

Die ältere Deutung, dass hier des Dionysos Einkehr bei Ikarios
dargestellt sei, hat noch Jahn (Arch. Beitr. S. 206) mit der Modification
festgehalten, dass ein von Dionysos Begnadigter unter dem Bilde des
allgemein giltigen Mythos in diesen Reliefs seinen Dank ausgesprochen
habe. Göttling hat dann die mythische Deutung ganz beseitigt und in
den einzelnen Reliefs des Dionysos zu verschiedenen Veranlassungen
erfolgte Einkehr bei gewöhnlichen Sterblichen, in der Pariser Replik
(Bouillon III Basreliefs T. 6; Clarac T. 133, 111) die Einkehr des Dionysos ἰατρός bei Sophokles erkennen wollen. So wenig die letztere Deutung
haltbar ist, so richtig ist doch der erstere Gedanke, wie denn auch
Fröhner (Not. de la sculpt. ant. du Louvre S. 277) und Dencken (De theoxeniis S. 49 ff.) als Grundgedanken der Reliefs dionysische Theophanien,
beziehungsweise Theoxenien bei gottbegnadeten Menschen nachdrücklich
betont haben. Dennoch erblickt Dencken in dem Prototyp unserer Reliefs
nicht eine anathematische, sondern eine rein decorative Composition, die
von einem Schauspieler zur Decoration seines Zimmers bestellt worden

---

Die Petersburger Replik befindet sich auf einem Marmorgefäss und stimmt im Wesentlichen mit der Basis Negroni (Mus. Pio Clem. IV 25; Friederichs-Wolters 2149) überein, doch zählt das Gefolge des Dionysos zwei Satyrn weniger. Typengeschicht-
liche Wichtigkeit hat das Relief Chiaramonti, von dem nur die linke Hälfte erhalten
ist (neben dem Tisch lagert ein halbnackter Jüngling, zu dessen Füssen eine Frau
sitzt, die ihm eine Schale reicht; links befindet sich der Oenochoos neben dem Krater,
rechts ist nur noch der nach rechts gebückte Satyrknabe erhalten, der dem Dionysos
die Schuhriemen löste; den Hintergrund bildet ein Vorhang). Durch die Bewegungs-
richtung der Handlung und den Vorhang als Hintergrund steht dieses Relief den reicher
entwickelten „Ikariosreliefs" (vgl. S. 31) ungleich näher als das Louvrerelief; leider wissen
wir nicht, wie der Gott dargestellt war. Die sonderbare Replik in V. Pamfili (Beschr.
Roms III 3, S. 632), die mir nicht zu Gesichte gekommen ist, wird wohl mit Zoega
(Abhandl. S. 369 f.) für eine Fälschung zu halten sein; Matz-Duhn verzeichnen sie
nicht. Viel Aehnlichkeit damit hat ein in den Probedrucken zur zweiten Centurie
von Gerhard's Ant. Bildwerken (die sich im Besitze des kais. d. arch. Institutes
zu Rom befinden) zu Tafel CIC gestochenes Relief, das ganz einer Carricatur gleicht.
Das Fragment, das in den unter der Kathedrale von Catania befindlichen sogenannten bagni baccauali gefunden worden ist (43 Cm. hoch, 31 br., abgeb. Houel, Voy.
pittor. de Sicile II S. 137, T. 137), befindet sich noch gegenwärtig in dieser Stadt im
(jetzt städtischen) Museo dei Benedittini. Ein Fragment von dem mittleren Stücke der
Reliefdarstellung (Theil der Kline, Tisch und Satyr rechts davon) befindet sich im
Besitze des Bildhauers Kopf in Rom. Ein Fragment einer weiteren Replik unseres
Typus hat Benndorf 1885 zu Rom im sogenannten Auditorium des Maecenas gesehen,
wo ich es nicht vorgefunden habe. Ein wohl ebenfalls hiehergehöriges Terracotta-
fragment mit dem bärtigen, von einem Satyr gestützten Dionysos befindet sich im
Museo Civico zu Bologna (VII. Saal, Vetrine N.).

sei, um so schon durch die äussere Ausstattung seiner Wohnräume sein
nahes Verhältniss zu Dionysos zu documentieren (Arch. Zeit. XXXIX
1881 S. 276). Dagegen hat Wolters (Friederichs-Wolters 1844) unsere
Reliefs für Weihgeschenke von Dichtern oder Schauspielern erklärt,
welche die gnädige Gesinnung, mit der Dionysos ihr Dankopfer aufgenommen hat, nun in der Form ausdrückten, dass sie den Gott an
ihrer Opfermahlzeit theilnehmen lassen. Neuerdings hat dann Furtwängler (Samml. Sabouroff 1 S. 32) den Ursprung der Composition
einem Collegium von Schauspielern zugeschrieben, „die einen Dichter
nach dem Tode heroisierten und ihn ebenfalls den Besuch des Dionysos
empfangen liessen", wie ja schon früher auch Milchhöfer (Arch. Zeit.
XXXIX 1881 S. 299) die Ikariosreliefs als eine „locale Gattung sepul-
craler Anatheme" in Anspruch genommen hatte.

Für alle diese jüngsten Deutungen ist von massgebendem Einflusse
gewesen die Beziehung unserer Composition zu dem aus dem Piräus
stammenden Relief des Louvre, Arch. Zeit. XXXIX 1881 T. 14, das
Dencken veröffentlicht hat (Friederichs-Wolters 1843). Auf diesem sehen
wir auf einer Kline neben speisenbesetztem Tisch einen älteren glattrasierten
Mann mit ausgeprägten Porträtzügen, den ein Epheukranz im Haar wohl
als Dionysospriester oder Dichter kennzeichnen soll. Zu seinen Füssen
sitzt ein junges Weib, zu seinen Häupten steht der Oenochoos; um den
Tischfuss windet sich eine Schlange, um von dem Brote zu fressen, das
der Mann in der Linken hat. Von links her naht der Kline der jugendliche Dionysos weinschweren Hauptes, indem er sich mit der Linken
auf den Thyrsos, mit der Rechten auf die Schulter eines kleinen Satyrs
stützt. Von entscheidender Wichtigkeit für die Deutung des Reliefs ist
die Schlange. Die früher beliebte Erklärung derselben als „Hausschlange"
wird man heute nicht mehr vertheidigen wollen, nachdem diese Sitte
durch Zeugnisse guter Zeit nicht belegt, durch eine Reihe von Monumenten vielmehr als unhaltbar erwiesen wird (vgl. Wolters, Arch. Zeit.
XL 1882 S. 303). Ebensowenig aber kann ich andererseits Wolters
beistimmen, wenn er die Schlange als heiliges Thier des Dionysos fasst,
die sich mit ihm zu gemeinschaftlichem Schmause einfinde, eine Deutung,
für die Analogieen fehlen [1]. Vielmehr werden wir mit Dencken hier
die Todtenschlange zu erkennen haben, wie sie nicht selten bei „Todten-
mahlen" sich findet, vgl. z. B. Friederichs-Wolters 1058, 1062, 1067.
Wenn der Verfertiger des Reliefs die Schlange aus jenem Schema mit
herübernahm, so kann er dies nicht in gedankenloser äusserer Nach-

---

[1] Auch Darstellungen wie das Votivrelief des Argenidas Maffei, Mus. Veron.
T. XLVII, 7 (Wiener Vorl.-Bl. IV T. 9, 8a; Dütschcke, a. a. O. IV S. 237, n. 638), auf das
man sich vielleicht berufen könnte, können nicht als genügende Parallele gelten.

ahmung gethan haben; denn auch in jüngerer Zeit müsste es als sinnloser Widerspruch empfunden worden sein, wenn der lebende Donator sich hätte darstellen lassen in Verbindung mit der Schlange, die nur heroisierten Verstorbenen zukommt. Demnach werden wir in dem Louvrerelief nicht das Weihgeschenk eines dramatischen Dichters, sondern vielmehr mit Deneken ein Anathem für einen heroisierten Dionysospriester erkennen müssen, von dem im Leben eine ähnliche Sage gehen mochte wie von dem heroisierten Sophokles, der des Asklepios Besuch empfangen haben sollte.

Aber die Deutung dieses Reliefs kann für die Erklärung der „Ikariosreliefs" umsoweniger massgebend sein, als Deneken's Annahme, dass das Original des Reliefs im Louvre eben das Prototyp der Ikariosreliefs gewesen sei, gewichtigen Bedenken unterliegt. Denn das Relief des Louvre zeigt uns eine gewaltsame und wenig glückliche Verquickung zweier ursprünglich getrennten Motive, des „Todtenmahles" und des „trunkenen von einem Satyr gestützten Dionysos", eine Contamination, die vielleicht nicht viel älter ist als das Louvrerelief selbst, das dem dritten Jahrhundert anzugehören scheint [1]). Dagegen ist wohl die Annahme erlaubt, dass Epiphanieen des Gottes (bei Lebenden) schon viel früher künstlerische Darstellung gefunden haben. Denkbar wäre, dass unsere Ikariosreliefs wirklich von einer Darstellung der Einkehr des Dionysos bei Ikarios, wo Ikarios und Phanothea [2]) in ähnlicher Weise den Dionysos empfangen hätten, ihr Compositionsschema entlehnt haben. Leider können wir nicht entscheiden, ob die ἀγάλματα ἐκ πηλοῦ, βασιλεὺς Ἀθηναίων Ἀμφικτυὼν ἄλλους; τε θεοὺς ἑστιῶν καὶ Διόνυσον [3]) in einem ähnlichen Schema oder mit Deneken a. a. O. S. 32 nach Art des Reliefs Arch. Zeit. XXXVII 1879 T. 49, zu denken seien. Dagegen ist wenigstens das charakteristische Element dieser Epiphaniebilder, „der Zug des trunkenen Dionysos", nachweisbar schon von der Kunst des fünften Jahrhunderts ausgebildet; so sehen wir auf einer Vase mit der Rückführung des Hephaistos (Élite céramogr. I 47) hinter Hephaistos einen flötenblasenden Silen, dann den bärtigen, von einem kleinen Silen gestützten Dionysos, dahinter eine Mänade mit Fackel. Aehnlich zeigt ein dem Ende des fünften Jahrhunderts entstammender Krug des athenischen Polytechnion (3434) den

---

[1]) Wolters setzt das Relief, das nicht, wie Deneken will, aus praxitelischer Zeit stammen kann, spätestens in den Anfang des dritten Jahrhunderts, Furtwängler dagegen verweist es a. a. O. frühestens in das zweite Jahrhundert.

[2]) Erigone ist ja, wie es scheint, erst später in die Sage eingedrungen; vgl. Maass, Anal. Eratosthen., S. 135 f.

[3]) Etwa Dionysos Lenaios und die Horen; im Heiligthum der letzteren soll ja Amphiktyon dem Dionysos ὀρθός (d. i. der Lenaios) einen Altar errichtet haben (Athen. II 38 c).

bärtigen Dionysos von einem Silen mühsam gestützt, vor ihm eine Mänade, hinter ihm einen Satyrknaben mit Fackel und Kanne[1]). Indem also die Ikariosreliefs den Typus des bärtigen Dionysos, wenn auch in jüngerer Umbildung festhalten, stehen sie dem älteren Typus näher als das Louvrerelief mit dem jugendlichen Dionysos[2]). Ihr Original mag etwa in der zweiten Hälfte des vierten Jahrhunderts entstanden sein; in diese Zeit weist der Typus des milchtigen bärtigen Dionysos, der durch den Sardanapal im Vatican, den Dionysos von Posilipp im Brit. Mus. (abgebildet in Roscher's Lexikon, S. 1118) und einen Torso in Athen (Sybel 292) statuarisch vertreten ist. Eine Grenze nach oben gibt der genrehafte Hintergrund, der aber noch nicht jene etwas complicierte Perspective und jene Ueberladung mit Details zeigt, die wir an jüngeren alexandrinischen Reliefs manchmal beobachten. Vielmehr verräth die durchaus einheitliche und in sich inhaltlich und formell vollendete Composition die Hand eines ebenso erfindungsreichen wie geschmackvollen Künstlers, den wir uns am liebsten in Athen selbst und unter dem Einflusse praxitelischer Kunstrichtung denken werden.

So wenig also die scheinbar einfachere Composition des Louvrereliefs formell als Vorläufer der Ikariosreliefs gelten darf, so wenig kann sie ihrer Idee nach für älter und einfacher angesehen werden. Denn des Dionysos Einkehr erfolgt der Sage und dem Glauben nach bei Lebenden; es ist eine etwas gesuchte und gewiss erst jüngere Verwendung des Motivs, wenn die Beziehung eines heroisierten Verstorbenen zu Dionysos im Louvrerelief auf solche Weise ausgedrückt wird. In jener Gruppe von Ikariosreliefs, die durch die Exemplare in London, Paris, Neapel und einige Fragmente vertreten ist und hier allein für uns in Betracht kommt[3]),

---

[1]) Die Mittelgruppe ist jetzt nebst dem Gegenstücke von einem gleichartigen Kruge (Polytechnion 3433) abgeb. bei Herzog, Studien z. Gesch. d. gr. Kunst T. III 2.

[2]) Vgl. Thraemer in Roscher's Lexikon S. 1116, 1144.

[3]) Ich benütze die Gelegenheit, noch einige kleine Nachträge und Berichtigungen zu Deneken's Verzeichniss zu geben. Der Stich bei Ciacconius, De triclinio Romano (Rom 1588) p. 123 *(U)* reproduciert nicht, wie Gerhard (Neapels Bildw. S. 135 n. 515) berichtet, das Neapler Exemplar *(N)*, sondern entweder das Londoner *(Br)* oder ein demselben ganz Ähnliches; denn er zeigt nicht nur auf der Peribolosmauer den mit der Schmückung beschäftigten Satyr, hinter derselben die Palme und den hohen Votivpfeiler, sowie den Gorgonenschild im Giebel — Dinge, die auf *N* später weggebrochen sein könnten, da die rechte obere Ecke ergänzt ist — sondern auch den Guirlandenschmuck am Hause, die Biga auf der Votivtafel hinter Dionysos, die Masken auf dem Scabellum, lauter Details, die auf *N* immer gefehlt haben müssen. Auch darin, dass die Köpfe der beiden letzten Silene des Zuges nicht mehr vorhanden sind, stimmt *U* mit *Br* (und auch mit *N*) überein, von dem es sich nur unterscheidet durch das Fehlen der Platane hinter dem Hauptgebäude (ein nebensächliches Detail, das leicht vernachlässigt werden konnte), und durch die Erhaltung der Frau auf der Kline und des Obertheils der Mänade, die jetzt auf *Br* weggemeisselt, beziehungsweise

fehlt jeder Grund, von vorneherein in dem gelagerten Mann einen Verstorbenen zu erkennen; dass ein ähnliches Schema, wo übrigens die Frau nicht liegt, sondern sitzt[1]), beim „Todtenmahl" verwendet wird, kann für die Deutung nicht massgebend sein, da in den Darstellungen der Verstorbenen ja eben die Sitte der Lebenden nachgebildet ist. In unserer Composition ist in jeder Weise frohe Lebensfreude und heiteres Festtreiben betont; selbst der Manes zum Kottabosspiel fehlt nicht;[2]) auch der reiche architektonische Hintergrund, die Scenerie eines grossen Heiligthums, ist für ein „sepulcrales Anathem" ohne Analogie. Die Möglichkeit ist ja allerdings zuzugeben, dass ein heroisierter Verstorbener, der in Verbindung mit Dionysos und in dessen Heiligthum wohnend gedacht wurde[3]), einmal dargestellt worden sei, wie er, im Genusse schwelgend, des Gottes Besuch bei sich empfing. Aber es ist nichts in der Darstellung, was gerade für Todte charakteristisch wäre, und es giebt, wie mir scheint, eine passende Erklärung unserer Reliefs, wenn wir sie als Anatheme an Dionysos fassen, aus dem Ideenkreise der Theoxenien. Trinkgeschirr und Guirlandenschmuck zeigen, dass ein Fest gefeiert wird. Der Gott ist dazu geladen; denn eine Kline steht für ihn bereit.

weggebrochen sind. Entweder hat also Ursinus aus Versehen statt des Farnesianischen Exemplars das von ihm im Text erwähnte Relief „in aedibus Maffeiorum" abgebildet, „quod Farnesiano nulla re alia differt, nisi quod duos illos lectos distinctius ponit", oder in der Zeichnung beide mit einander contaminiert. Denn gewiss ist das Relief Maffei identisch mit Br, das aus V. Montalto stammt, wohin durch Sixtus V., wie mich Chr. Hülsen belehrt, zahlreiche Monumente aus Pal. Maffei gelangt sind. Der Stich von Br bei Bartoli-Bellori, Admiranda Rom. ant. (Rom 1643) T. 43 gibt das Relief im Gegensinn und zeigt ebenfalls noch die Frau auf der Kline und den Obertheil der Mänade, beides war also damals noch erhalten oder ergänzt, wie ja auch die Köpfe der beiden letzten Silene vorhanden sind. Diesen Stich wiederholen dann Montfaucon (Ant. expl. II 1, 89) und Müller-Wieseler (Denkm. a. K. II 60, 624, obwohl im Text als Quelle Combe, Anc. marbles II 4 — die einzig verlässliche Abbildung von Br — angegeben wird). Die Zeichnung im Codex Pighianus fol. 322 (Jahn, Ber. d. sächs. Ges. d. W. 1868 S. 187, n. 59) stimmt nach einer freundlichen Mittheilung Hülsen's ebenfalls mit Br überein.

[1]) Auch fehlen hier überall Oenochoen und Krater.

[2]) Jahn (Philol. XXVI S. 239) hat nach Becker's Vorgang vermuthet, dass in der Herme links, deren Schaft aus dem Becken hervorragt, der Manes des Kottabosspieles zu erkennen sei; auf dessen Haupt wäre dann die Plastinx aufgelegt worden. Ob neben den schlanken, beweglichen bronzenen Kottabosvorrichtungen, die neuerdings Helbig, Röm. Mitth. d. Inst. I S. 222 f., 234 f. nachgewiesen hat (vgl. Robert, Jahrb. d. Inst. II S. 181) auch solche feststehende steinerne sich belegen lassen, weiss ich nicht. Möglich allenfalls wäre auch, dass die Herme als hinter dem Becken befindlich zu denken ist.

[3]) Furtwängler a. a. O. S. 32 erinnert an das von Köhler, Athen. Mitth. d. Inst. IX S. 288 ff. besprochene Dionysiastendecret, worin verfügt wird, dass der Vereinspriester (nach seinem Tode) heroisiert und sein Bild neben dem Gotte in das Heiligthum geweiht werden solle. Vgl. Milchhöfer, Jahrb. d. Inst. II S. 28.

Wie der Pherüer Iason nach einem Siege die Dioskuren zu einem
glänzenden Schmause zu laden verspricht (Polyaen. Strateg. VI 1, 3),
so mochten dionysische Techniten beim Festmahl zur Feier ihrer Siege
ihren Schutzgott zu Gaste laden, wie ja solche Theoxenien gerade für
Dionysos auch sonst bezeugt sind. Und wie derartige gelegentlich eines
Sieges den Dioskuren bereitete Xenien auf einem Relief des Louvre
(Heuzey, Mission archéol. de Macédoine T. XXV, 1; Wiener Vorl.-Bl.,
Ser. IV, T. 9, 2) in der Weise dargestellt sind, dass das Götterpaar in
Anwesenheit von Nike, durch die Luft reitend, sich naht,[1] so ist auf den
Ikariosreliefs Dionysos dargestellt, wie er zum Festmahle in der für ihn
charakteristischen Weise herankommt. Denn wenn auch philosophische
Geister sich gelegentlich darüber aufhielten, dass Dionysos bei öffent-
lichen Aufzügen in trunkenem Zustande dargestellt ward (Athen. X,
428 e), so gingen doch gewiss nach der populären Vorstellung die Epiphanieen des Gottes regelmässig in solcher Form vor sich. Der Fest-
schmaus aber, den die Ikariosreliefs schildern, ist natürlich zu Ehren
eines dionysischen Sieges veranstaltet; die Masken auf dem Schemel
neben der Kline machen es wahrscheinlich, dass wir in dem gelagerten
Mann einen dramatischen Dichter zu erkennen haben, der ja eher als
Schauspieler oder Choregen, sich eines directen Verkehrs mit Dionysos
berühmen darf, von dem er seine Inspirationen empfängt. Und so naht
denn jetzt der Gott, um den Erfolg seines Lieblings mitzufeiern, wie
wir ihn ja auch sonst freudigen Antheil nehmen sehen an der Feier
choregischer Siege.[2] Demnach wird also die Deutung unserer Reliefs
als Anatheme siegreicher Dichter zu Recht bestehen dürfen; ob freilich
ein oder das andere Exemplar — etwa das Londoner — jemals wirklich
als Weihgeschenk verwendet worden ist, oder ob sie alle nur decorative
Copien späterer Zeit sind, vermag ich nicht zu entscheiden. In jenen
einfacheren Formen der Theoxenienreliefs aber, welche des charakteristischen Hintergrundes entbehren und den gelagerten Mann nicht
näher als Dichter kennzeichnen, kann das Motiv der Epiphanie des
Gottes in verschiedenen Bedeutungen verwendet sein.[3]

---

[1] Vgl. Deneken a. a. O. S. 6 ff.

[2] Müller-Wieseler, Denkm. a. K. II 50, 625; Arch. Zeit. XXXVIII 1880 T. 16.

[3] So mag das Original des Terracottareliefs des Brit. Mus. (Combe, Terrac.
T. XXV 47) ähnlich wie das oben besprochene Louvrerelief als „sepulcrales Anathem"
gedient haben. An eine Epiphanie des Dionysos als Heilgottes könnte man bei der
Darstellung des Thoureliefs im Louvre (Campana, Op. in plast. T. XXIX) und bei dem
Pamfili'schen Relief — wenn es echt sein sollte — denken; nach Fröhner, Not. de la
sculpt. ant. du Louvre S. 227 beruht aber das krankhafte Aussehen der auf der Kline
gelagerten Männer nur auf Ungenauigkeit der Zeichnungen.

Wir haben bisher solche agonistische Anatheme betrachtet, in denen die oberen Götter und ihr Verkehr mit den Menschen dargestellt ist;[1]) herabsteigend kommen wir jetzt zu anathematischen Bildern der Nike. Diese bildet durchaus nicht so oft das Anathem agonistischer Sieger, als man nach der herrschenden Ansicht, dass ihre Schöpfung und Ausgestaltung in agonistischen Kreisen vor sich gegangen ist, erwarten sollte. Doch sind vielleicht die kleinen Bronzeniken auf der athenischen Akropolis (vgl. Petersen, Athen. Mitth. d. Inst. XI S. 373) solche Votive siegreicher Agonisten.[2]) Auch die in Statuen und Reliefs häufig wiederkehrenden Gruppen der stieropfernden Niken sind vielleicht ursprünglich agonistische Anatheme (etwa für einen dionysischen Sieg); inhaltlich verwandt sind die schönen Reliefs mit den stiergeleitenden Frauen in den Uffizien (Dütschke III 521) und im Vatican (Pio-Clem. V T. 9; Pistolesi IV 99; Friederichs-Wolters 809), die schon Kekulé, Nikebalustrade S. 19 auf dionysische Festfeier bezogen hat. Wie hier Nike die Stelle des Siegers vertritt, so erscheint sie auch sonst oft in menschlichen Rollen, oder sie tritt als Ueberbringerin des Siegeslohnes in Bildern menschlicher Handlungen auf (vgl. S. 17), Darstellungen, die an späterer Stelle behandelt werden sollen.

Noch seltener als Nike werden andere allegorische Gestalten in agonistischen Anathemen selbstständig verwendet. Schöpfungen wie der Ἀγὼν φέρων ἀλτῆρας (Paus. V 26, 3; vgl. V 27, 12) — also im Typus des Pentathlonsiegers (vgl. unten) — und vielleicht auch der Kairos[3]) mögen hier ihren Ursprung genommen haben.[4]) Auch Personificationen der Festspiele, beziehungsweise Festorte, finden wir ein oder das andere Mal als Gegenstand anathematischer Darstellungen gewählt. Ein derartiges Weihgeschenk ist wohl das Bild des Nikias, von dem Plin. 35, 27 berichtet: *(fecit) Nemeam sedentem supra leonem palmigeram ipsam adstante cum baculo sene, cuius supra caput tabula bigae dependet;* der *senex* bedeutet hier wohl den Kampfrichter und die *tabula bigae* bezeichnet entweder die Veranlassung der Weihung oder das agonistische Festtreiben im allgemeinen[5]); vgl. Brunn, K. G. II S. 194. Deutlicher, aber auch anmassender

---

[1]) Dem Kreise gymnischer Agonisten gehört vielleicht noch an das Mantheosrelief in Wiltonhouse (Friederichs-Wolters 239), dessen Inschriften Michaelis (Anc. Marbles S. 681) für unecht erklärt hat, und die fragmentierte Replik desselben im Conservatorenpalast zu Rom (Bull. d. commiss. arch. d. Roma XII T. 23).

[2]) Eine Bronzefigur im Laufschema aus Dodona erklärt Rayet zu Monuments de l'art ant. I T. 17, 3 für eine flügellose Nike.

[3]) Vgl. zuletzt Benndorf in der Festschrift f. Sprenger (Leipzig 1885) S. 265.

[4]) Ob hieher auch Bilder wie des Aetion Tragoedia und Comoedia (Plin. 35, 78; vgl. Brunn, K. G. II S. 245) gehören mögen, muss dahingestellt bleiben.

[5]) So ist ja auf den Ikariosreliefs der Pinax mit der Biga typisch für ein agonistisches Anathem verwendet.

ist die Sprache der von Alkibiades in die Pinakothek geweihten Bilder: ὧν ὁ μὲν εἶχεν Ὀλυμπιάδα καὶ Πυθιάδα στεφανούσας αὐτόν, ἐν δὲ θατέρῳ Νεμέα ἦν καθημένη καὶ ἐπὶ τῶν γονάτων αὐτῆς Ἀλκιβιάδης καλλίων φαινόμενος τῶν γυναικείων προσώπων (Athen. XII 534 e; vgl. Paus. I 22, 6).[1]) Aehnlich wie in der Bildersprache Pindar's der Sieger als Νίκας ἐν γούνασι oder ἐν ἀγκώνεσσι πιτνών (Nem. V 42; Isthm. II 26) bezeichnet wird, liegt hier Alkibiades im Schooss der Nemea.

Schon diese Anatheme des Alkibiades gehören, da bei ihnen das Hauptgewicht auf die eigene Darstellung fällt, mehr zur zweiten Classe von agonistischen Anathemen, die ihren Gegenstand dem menschlichen Kreise entlehnen. Nach dem Erhaltenen zu urtheilen, bilden hier die Darstellungen von Siegern weitaus die zahlreichste Gruppe. Indem wir aus praktischen Gründen zuerst die hiehergehörigen Weihgeschenke gymnischer Sieger besprechen, müssen wir noch eine — im Grunde rein theoretische — Vorfrage über Bedeutung der olympischen Siegerstatuen beantworten. Bekanntlich scheidet Pausanias in seiner Exegese der Altis zwischen ἀνδριάντες und ἀναθήματα (V 21, 1): ἀναμίξαι δὲ οὐκ ἀρεστά ἦν μοι τὸν ἐπ' αὐτοῖς λόγον · ἐν ἀκροπόλει μὲν γὰρ Ἀθήνῃσιν οἵ τε ἀνδριάντες καὶ ὁπόσα ἄλλα, τὰ πάντα ἐστὶν ὁμοίως ἀναθήματα · ἐν δὲ τῇ Ἄλτει τὰ μὲν τιμῇ τῇ εἰς τὸ θεῖον ἀνάκειται, οἱ δὲ ἀνδριάντες τῶν νικώντων ἐν ἄθλου λόγῳ σφίσι καὶ οὗτοι δίδονται; vgl. V 25, 1: εἰκόνας δὲ οὐ τιμῇ τῇ πρὸς τὸ θεῖον, τῇ δὲ ἐς αὐτοὺς χάριτι ἀνατεθείσας τοὺς ἀνθρώπους, λόγῳ σφᾶς τῷ ἐς τοὺς ἀθλητὰς ἀναμίξομεν. Furtwängler hat nun (Athen. Mitth. d. Inst. V S. 29) mit Hinweis auf diese Stellen die Meinung verfochten, dass die olympischen Siegerstatuen nicht im Sinne von Weihgeschenken, sondern in Ausübung eines Siegerrechtes lediglich zur Verkündigung des eigenen Ruhmes aufgestellt worden seien; beweisend hiefür scheint ihm, dass in den Baseninschriften bis zum ersten Jahrhundert v. Chr. — abgesehen von metrischen Epigrammen — niemals der Weihung Erwähnung geschehe. Diese Ansicht, die fast allgemeine Nachfolge gefunden hat,[2]) scheint mir aber weder durch innere Gründe, noch durch äussere Thatsachen genügend empfohlen zu werden. Was zunächst die Baseninschriften betrifft, so erklärt sich das Fehlen von ἀνέθηκε zur Genüge aus der oft beklagten Wortkargheit griechischer Aufschriften. Freilich an den Anathemen auf der athenischen Akropolis ist in der Regel die Weihung ausdrücklich oder doch an-

---

[1]) Ueber den Maler derselben vgl. Brunn, K. G. II S. 14; Bursian, Jahrb. f. Phil. 73, 517; Robert, Archäol. Märchen S. 66.

[2]) So z. B. von Seiten Kuhnert's (a. a. O. S. 257, Anm. 7) und Flasch's (Olympia in Baumeister's Denkm. S. 1096). Widersprochen hat R. Schöll, Hermes XIII S. 437[2]; Zweifel äussert auch Ziemann, De anathematis S. 54.

deutungsweise vermerkt [1]) — und daran scheint Pausanias sich erinnert zu haben —, aber an einer anderen Classe von Anathemen zum Beispiel, den choregischen Dreifüssen, finden wir auch auf attischem Boden wenigstens in vormakedonischer Zeit niemals einen Hinweis auf deren anathematische Bedeutung. Was im heiligen Bezirke aufgestellt ist, wird dadurch von selbst als Anathem gekennzeichnet, wie ebenso der Name des beschenkten Gottes als selbstverständlich häufig unausgesprochen bleibt. So lassen denn die olympischen Sieger für gewöhnlich sich daran genügen, Namen und Kampfart auf der Basis zu vermerken.[2]) Wo aber sie — oder ihre Poeten — Gelegenheit nehmen, sich in gebundener Rede ausführlicher auszulassen, da wird auch der Gedanke der Weihung ausdrücklich hervorgehoben, vgl. die Epigramme Arch. Zeit. XL S. 88, n. 424; XXXV S. 190, n. 91 (Roehl, IGA 98); XL S. 110, n. 436 (Loewy, Inschr. gr. Bildh. 50); XXXIX S. 169, n. 393; Paus. VI 8, 2; 10, 7.[3]) Man wird gewiss nicht behaupten wollen, dass in diesen Inschriften, die etwa ein Fünftel aller aus der bezeichneten Periode erhaltenen ausmachen und mit zu den ältesten gehören, aus blosser Versnoth das Motiv der Aufstellung verkehrt worden sei. Ebensowenig konnte auch auf der Basis des Euthymos (Loewy, Inschr. gr. Bildh. 23) der Zusatz ἀνέθηκε (Z. 3), der zwar anderer Hand, aber gewiss nicht viel jüngerer Zeit entstammt, eine principielle Scheidung dieser Siegerstatue von den anderen begründen oder beabsichtigen. Vielmehr sind wir berechtigt, auf Grund der ausführlicheren Aufschriften die kürzere Fassung der anderen zu ergänzen, die in localer Gewöhnung und der vornehmen Knappheit der älteren Zeit ihre Erklärung findet. Mit der wachsenden Breite der epigraphischen Urkunden werden auch die olympischen Basenaufschriften weitschweifiger. Schon Glaukon fügt in der ersten Hälfte des dritten Jahrhunderts seinem Anathem die Bestimmungsangabe Διῒ Ὀλυμπίῳ bei,[4]) und so wird dieser Zusatz, zu dem oft noch ἀνέθηκε, manchmal auch allerlei anderes Beiwerk tritt, in späterer Zeit allgemein üblich. Dieser formelle Unterschied beruht aber durchaus nicht auf einer plötzlichen Wandlung in der religiösen Geltung dieser

---

[1]) Doch fehlt ein solcher Zusatz auf dem Stein des isthmischen Siegers Diophanes (CIA II 3, 1301) und beruht in den Inschriften des Panathenäensiegers (CIA II 1302) und des Kallias (CIA I 419) nur auf nicht ganz sicherer Ergänzung.

[2]) Ja nicht selten fehlt auch diese letztere Angabe, so auf den Basen des Pentathlonsiegers Pythokles und der Faustkämpfer Eukles, Aristion, Kritodamos, Damoxenidas, alle aus dem IV. Jahrhundert (Loewy, Inschr. gr. Bildh. 91, 86, 92, 96, 98). Dagegen wird auf jüngeren Inschriften (z. B. Arch. Zeit. XXXVI S. 40, n. 121) wohl auch ausdrücklich vermerkt, dass der Betreffende in Olympia gesiegt habe.

[3]) Vgl. noch das Fragment Arch. Zeit. XL S. 90, n. 429.

[4]) Vgl. Purgold, Arch. Zeit. XXXIX (1881) S. 89.

Stiftungen. Wie sollte auch im dritten und zweiten Jahrhundert, einer Zeit der religiösen Verflachung, plötzlich in Olympia ein Umschwung dahin eingetreten sein, dass jene Siegerstatuen nicht mehr, wie früher, als persönliche Ruhmesdenkmäler, sondern als pietätvolle Weihgeschenke zu gelten begannen, während wir sonst überall beobachten, wie der religiöse Gehalt der Anatheme, mehr und mehr schwindend, nur noch dem äussern Schein nach fortbesteht, und wie insbesondere Porträtstatuen, mögen sie nun mit dem Titel von Anathemen innerhalb des Heiligthums oder ohne einen solchen auf offenem Marktplatz stehen, in Wahrheit immer nur als Ehrenstatuen empfunden werden. In diesem Ideenkreise steht denn auch Pausanias, wenn er die olympischen Siegerstatuen Ehrenstatuen nennt; er überträgt so seine moderne Auffassung in die alte Zeit und gibt nicht etwa eine von Alters her giltige Anschauung wieder. Er hat ja eine Scheidung zwischen Siegerstatuen und anderen Anathemen zunächst nur aus praktischen Gründen getroffen, und darin sind ihm gewiss seine Quellen vorangegangen; dann aber hat er noch aus Eigenem der Sache ein Mäntelchen religionsphilosophischer Betrachtungen umgehängt, so gut er es vermochte. Was demnach dem Satze, die Siegerstatuen wurden ἐν ἄθλου λόγω gegeben, für eine Bedeutung beizumessen sei, mag dahingestellt bleiben. Vielleicht war den Siegern von vornherein das Recht ertheilt, Anatheme, beziehungsweise diese besondere Gattung von Anathemen aufzustellen, während sonst diese Erlaubnis wohl von der Erfüllung gewisser Bedingungen abhängig war, und die Weihgeschenke von der staatlichen und priesterlichen Behörde als Gott genehm anerkannt sein mussten.[1]) Und es sind ja Bilder agonistischer Sieger in ganz besonderer Weise Gott wohlgefällige Anatheme gemäss der oben berührten Vorstellung, dass die ἱεροὶ ἀγῶνες neben Opfer, Spende, Gesang, Tanz und Pompe einen Theil des Cultus bilden und daher auch Darstellungen aus diesem Kreise der Gottheit besonders lieb sind (vgl. S. 9). Noch im dritten und zweiten Jahrhundert wird in den choregischen Inschriften von Delos von den an dem Agon betheiligten Techniten gesagt: οἵδε ἀπεδείξαντο τῷ θεῷ, οἵδε τῷ θεῷ ἠγωνίσαντο. Ebenso wie Priester, Kanephoren, Hydrophoren und Opferknaben tragen auch die Agonisten zur Verherrlichung der Gottheit bei; und ihre Bilder sind ihr ein willkommener Schmuck des Heiligthums, mögen sie vom Sieger selbst oder von anderen gestiftet sein. Es kommt dabei nicht so sehr auf die Person, das Porträt, als auf den Beruf, das Motiv an; in der That ist ja die

---

[1]) Wir wissen nichts Genaueres über dieses Capitel der Religionsalterthümer; dass gewisse Bestimmungen und Beschränkungen existierten, geht aus einigen Nachrichten (wie Pausan. V 16, 2; VI 3, 6; 13, 10) hervor; eine genaue ἐξέτασις τῶν ἀνδριάντων wird durch Lukian, Imagg. 11 bezeugt.

überwiegende Zahl der Siegerstatuen nicht ikonisch, und auch schon aus diesem Grunde ist ihre Auffassung als Ehrenstatuen unwahrscheinlich. Aber andererseits verwischt sich natürlich bei solchen regelmässig wiederkehrenden usuellen Weihungen leichter als bei Anathemen, die besonderen Veranlassungen entspringen, das religiöse Motiv der Aufstellung, und die Vorstellung der thatsächlichen dauernden Ehrung, die dem Agonisten aus der Weihung erwuchs, musste bald den anathematischen Grundgedanken aus dem Bewusstsein der Mit- und Nachwelt verdrängen. Der häufige Brauch, Statuen der olympischen Sieger auch in ihrer Heimat zu weihen, ebenso wie die Sitte, an den olympischen Siegerstatuen alle anderwärts erworbenen Siege zu verzeichnen, verlieh diesen Standbildern früh den Charakter von Ehrenmonumenten; und schon die Festsetzung, dass bei dreimaligem Siege ein ikonisches Bild geweiht werden dürfe, legt einen so bedeutenden Ton auf die Persönlichkeit des Siegers, dass es begreiflich ist, wie in Olympia früher als anderswo die Siegerstatuen als Ehrenstatuen betrachtet werden konnten. Ihrer ursprünglichen Idee nach sind aber die olympischen Statuen nicht verschieden von anderen agonistischen Weihgeschenken.

Auch ausserhalb Olympia finden wir statuarische Anatheme agonistischer Sieger. Für Delphi bezeugt dies ausdrücklich Pausanias X 9, 7; schon Pythagoras von Rhegion hat für Delphi eine Pankratiastenstatue gefertigt und unter den Werken des Myron erwähnt Plinius 34, 57 *Delphicos pentathlos, pancratiastas.*. Von einer delphischen Statue des Waffenläufers Telesikrates hören wir durch eine zufällige Notiz im Scholion Pind. Pyth. IX p. 401 B.; von der Statue eines Siegers im Knabenringen ist uns die Inschriftbasis erhalten (Arch. Zeit. 1873 XXXI S. 57).[1]) Desgleichen sind uns durch Pausanias II 1, 7 Siegerstatuen auf dem Isthmos bezeugt und sind solche gewiss auch in Nemea vorauszusetzen, natürlich entsprechend der geringeren Bedeutung der Spiele in geringerer Zahl.

Auf der Akropolis von Athen haben wir Kenntniss von Statuen des Hoplitodromen Epicharinos (Loewy, Inschr. gr. Bildh. 39), der Pankratiasten Kallias (CIA I 419) und Hermolykos (Paus. I 23, 3), des Wagensiegers Hermokrates (Rangabé, Ant. hell. 984; CIA II 3, 1309), des παῖς κέλης Isokrates (Plut. Vit. X orat.) und einiger anderer gymnischer Sieger (CIA II 3, 1300 ff.); doch sind diese Statuen wenigstens zum Theil auf Veranlassung auswärtiger Siege gestiftet worden.[2]) Vielleicht

---

[1]) Bei Justin XXIV 7, 10 werden zur Zeit der Gallierinvasion „statuae cum quadrigis (quarum ingens copia procul visebatur)" erwähnt, worunter zum Theil wohl Anatheme von Wagensiegern zu verstehen sind.

[2]) Vgl. Furtwängler, Athen. Mitth. d. Inst. V S. 27 ff. Für die nackten Jünglingsstatuen, die auf der Akropolis gefunden worden sind, lässt sich eine agonistische

ist auch die Statue des Kleoitas κρίνος ἐπικείμενος ἀνήρ (Paus. I 24, 3,
vgl. VI 20, 14) als Bild eines Hoplitodromen aufzufassen; ganz ähnlich
charakterisiert ja das Scholion Pind. Pyth. IX p. 401 B. die delphische
Statue des Hoplitodromen Telesikrates als ἀνδριὰς ἔχων κρίνος. Auch anderweitig werden in Athen agonistische Siegerstatuen aufgestellt gewesen
sein; so hat wohl die Statue des Pankratiasten Autolykos (Plin. 34, 79)
agonistische Veranlassung und auch αἱ Κίμωνος ἵπποι χαλκαῖ, die Aelian,
V. H. IX 32 in Athen erwähnt, sind wohl ein Weihgeschenk des
ältern Kimon, Sohnes des Stesagoras gelegentlich seiner drei olympischen
Wagensiege (Herod. VI 103). Ebenso kennen wir derartige statuarische
Anatheme von Athleten, die bei böotischen Spielen (besonders den Basi-
leia) gesiegt haben (vgl. Loewy a. a. O. 120. 133. 148) und lernen aus
vereinzelten Nachrichten, dass — namentlich in späterer Zeit — Siegerstatuen, die dann natürlich schon den Charakter von Ehrenstatuen haben,
auch in zahlreichen anderen agonistischen Centren üblich waren, z. B. im
Didymaion (CIG II 2888).[1])

Natürlich aber konnten und mochten durchaus nicht alle Sieger
statuarische Anatheme errichten oder errichten lassen; von ältester Zeit
her haben oftmals die Agonisten sich begnügt, kleine Bronzestatuetten
als Andenken ihrer Erfolge zu weihen. Derartige Weihgeschenke sind
wohl die Tux'sche Bronze eines Hoplitodromen (Hauser, Jahrb. d. Inst.
II S. 95 ff.), die Statuette eines παῖς κέλης aus Dodona (Karapanos, T. XIII,
1), und die in unseren Museen zahlreich vertretenen Statuetten von Diskobolen[2]) und anderen Athleten.

Ebenso werden auch Pinakes und Reliefs als agonistische Anatheme verwendet, welche ja oft eine grössere Ausführlichkeit der Darstellung ermöglichen. Sie hatten vor statuarischen Weihgeschenken auch
den Vortheil grösserer Billigkeit voraus und werden daher namentlich
bei Agonen zweiten Ranges häufig geweiht worden sein. Besonders
von Wagensiegern scheinen Votivreliefs bevorzugt worden zu sein,
so bei den Panatheneen und den diesen nachgebildeten oropischen
Spielen; vereinzelte Beispiele finden sich auch in Delphi und Sparta
(s. u.). Gemalte ikonische Pinakes weihen die elischen Wettläuferinnen

---

Beziehung mit Sicherheit allerdings nicht erweisen, ist aber doch sehr wahrscheinlich.

[1]) Aus älterer Zeit gehören hieher wohl noch die Statueubasen, die Pausanias
VIII 38, 5 auf dem Lykaion in der Nähe des Hippodroms und des Stadions erwähnt.

[2]) Vgl. Sacken-Kenner, Die antiken Bronzen im k. Münzcabinet in Wien T. 37,
4; 35, 1 und dazu Waldstein, Journ. of hell. stud. I S. 177. Dagegen hat für die früher
als Diskobolen gedeuteten Bronzestatuetten aus Olympia (Ausgrabungen V S. 17)
Purgold, Ann. d. Inst. 1886 S. 168 f. tektonische Verwendung nachgewiesen.

(Paus. V 16, 2); und so sehen wir auch auf einer attischen Vase (München 51; Benndorf, Gr. und sic. Vasenb. I T. IX, S. 13 ff.) einen jugendlichen Sieger mit einem ikonischen Votivpinax in Händen. So ist wohl auch, worauf Benndorf verweist, des Timainetos Bild eines hydriatragenden Knaben in der Pinakothek (Paus. I 22, 7) das Anathem eines Panathenäensiegers, wie denn überhaupt unter den in der Pinakothek bewahrten Votivbildern die agonistischen Anatheme keinen geringen Bruchtheil gebildet haben werden. Ein derartiges Weihgeschenk siegreicher Fackelläufer mag wohl auch für Polemon die Veranlassung gewesen sein, in seinem Buch περὶ τῶν ἐν τοῖς προπυλαίοις πινάκων über den Fackellauf zu handeln (Harpokr. s. v. λαμπάς). Ebenso sind gewiss manche Werke der grossen Meister wie des älteren Aristeides *currentes quadrigae* [1]) oder des Eupompos *victor certamine gymnico palmam tenens* (Plin. 35, 75) als agonistische Anatheme geschaffen worden; auch Bilder wie die „Athleten" des Zeuxis und Protogenes, die Hoplitodromen des Parrhasios, der *luctator tubicenque* des Antidotos, der *se inunguens* des Theoros (Plin. 35, 63; 106; 71; 130; 138) und manche andere Gemälde mit ähnlichen Motiven dürfen vielleicht in gleichem Sinne erklärt werden.[2])

Was nun die Typen der Siegerdarstellungen im Allgemeinen betrifft,[3]) so können wir zwei grosse Gruppen unterscheiden: Siegerbilder in Motiven von allgemeiner Geltung und Bilder in Motiven, die der speciellen Veranlassung der Weihung entlehnt sind.

Zur ersten Gruppe gehören zunächst die ältesten Siegerstatuen. Zur Zeit, als die Kunstübung noch über keine Mehrzahl von Typen verfügte, wurden die menschlichen Sieger natürlich auch in dem Schema jener Statuen, die wir als Apollonbilder zu bezeichnen gewohnt sind, gebildet. Dies bezeugt ausdrücklich Pausanias VIII 40, 1 für die Statue des Pankratiasten Arrhachion in Phigalia (um 560), und so hat man ja auch einen Theil jener archaischen Figuren als Athletenbilder in Anspruch genommen,[4]) eine Streitfrage, zu deren Entscheidung die Mittel fehlen. Auch die nach Ol. 62 von Dameas aus Kroton gefertigte Statue des Krotoniaten Milon hatte noch geschlossene Beine, aber gelöste Arme

---

[1]) Plin. 35, 99; vgl. Kroker, Gleichnam. gr. Künstler S. 35; Klein, Arch.-epigr. Mitth. aus Oesterr. XI S. 229.

[2]) Ein Theil dieser Bilder mag natürlich auch in das Gebiet des „athletischen Genre" und der Portrátmalerei fallen. Beachtenswerth ist noch die Nachricht Plin. 35, 138: Alcimachus Dioxippum (pinxit), qui pancratio Olympiae citra pulveris iactum, quod vocant aconiti, vicit (Zeitgenosse Alexanders d. Gr.); vgl. auch Furtwängler, Dornausszieher S. 46; 92 f.

[3]) Vgl. O. Müller, Handb.[3] S. 740; Scherer, De Olympionicarum statuis (Göttingen 1885), S. 21 ff.

[4]) Vgl. Conze und Michaelis, Ann. d. Inst. 1861 S. 133.

(Paus. VI 14, 6; Philostr. V. Apollon. IV 28). Und so sind natürlich alle die Fortschritte, die die Kunstübung in der Ausbildung freierer Standmotive machte, sofort auch auf die Athletenbilder übertragen worden, wobei wohl Ageladas und seiner Schule das Hauptverdienst zufällt. Doch sind auch in späterer Zeit solche „handlungslose" Statuen vielfach errichtet worden, sei es in Folge der Schulrichtung des betreffenden Künstlers, sei es aus praktischen Gründen, wie denn mancher hippische Sieger, der ein Reiter- oder Wagenbild nicht erschwingen konnte, sich mit einem einfachen Standbild begnügte, so beispielsweise die Wagensieger Timon (Paus. VI 2, 8) und Telemachos (Paus. VI 13, 11; Loewy a. a. O. 142).

Ein anderes Motiv von allgemeiner Geltung, das auch bei Siegerstatuen verwendet wurde, ist das Motiv der Adoration, des Gebetes, wobei zunächst an ein dem Kampf vorausgehendes Gebet um den Sieg zu denken ist (vgl. S. 20); für archaische Siegerstatuen in Olympia ist uns dieses Motiv mehrfach bezeugt, so für den Wagensieger Anaxandros (Paus. VI 1, 7) und die Faustkämpfer Diagoras und Akusilaos (Schol. Pind. Olymp. VII). [1] Jüngerer Zeit entstammt wohl das Motiv der Ruhe nach dem Kampf, des ἀναπαυόμενος, wovon uns die doch wohl hellenistische Statue des ruhenden Faustkämpfers vom Esquilin (Alte Denkmäler I T. IV) ein Beispiel vor Augen stellt.

Bei Verwendung solcher allgemein giltiger Motive musste sich natürlich umsomehr das Bedürfniss herausstellen, die Siegerbilder durch ihr Beiwerk als solche zu charakterisieren und so von den nackten Götter- und Heroenbildungen, denen die anikonischen Bilder in ihrer Typik besonders nahestanden, zu unterscheiden. Zunächst mochte man den Wunsch haben, den Sieger als solchen zu kennzeichnen; so hatte, wie es scheint, schon die Statue des Milon eine Tänie um das Haupt, [2] und der Wagensieger Polykles trug eine Tänie in Händen (Paus. VI 1, 2). Auch die Darstellung des Siegers mit der Palme in der Rechten, wie wir sie beispielsweise aus dem Pinax des Eupompos (Plin. 35, 75) und einer abbozzierten Statue vom athenischen Dipylon (Sybel 411) kennen, ist gewiss häufig in Verwendung gekommen. Zu einem selbständigen Motiv entwickelt ist dann die Darstellung des Siegers als solchen in den schönen Typen der Diadumeni. [3]

[1] Aehnliches Motiv vermuthet Furtwängler (Arch. Zeit. XXXVII 1879 S. 151) für die Statue der Kyniska in Olympia (Loewy, a. a. O. 99) unter Hinweis auf die feminae adorantes des Apelleas (Plin. 34, 86).

[2] Den Oelkranz im Haar trägt der bekannte olympische Bronzekopf (Friederichs-Wolters 323); doch ist der Siegeskranz durchaus kein allgemein übliches Attribut der athletischen Siegerstatuen gewesen.

[3] Ueber den „Anadumenos des Phidias" vgl. zuletzt R. Schöll, Sitzungsber. der Münchener Akademie 1888 S. 37 ff., und dagegen Robert, Hermes XXIII S. 446.

War aber das Bild des Agonisten auch ohne besondere Kennzeichen schon durch seine Aufstellung im Heiligthume als Siegerstatue charakterisiert, so war doch die Art des Kampfes, welche auch die Inschriften häufig verschweigen, damit noch in keiner Weise zum Ausdruck gebracht. Diesem Mangel musste nun dort, wo in den Statuen allgemeine Motive verwendet waren, durch beigefügte Attribute abgeholfen werden, was bei einer Reihe von Kampfarten leicht möglich war.

So werden denn Hoplitodromen mit ihren charakteristischen Schutzwaffen dargestellt, wie uns dies für die von Eutelidas und Chrysothemis verfertigte Statue des Damaretas (Paus. VI 10, 4; Olymp. 65), für des Pythagoras Mnascas (Paus. VI 13, 7) und für Telesikrates in Delphi (Schol. Pind. Pyth. IX p. 401 B.) ausdrücklich bezeugt ist.[1] Pentathlonsieger konnten durch die Geräthe gekennzeichnet werden, welche in den nur ihnen eigenthümlichen Kampfarten (Sprung, Diskos, Akontion) eine Rolle spielten. So hielt eine vom Sikyonier Kleon gefertigte Statue des Pentathlonsiegers Hysmon Halteren in Händen (Paus. VI 3, 10; vgl. V 27, 2); und eine Bronze im Berliner Antiquarium zeigt einen Jüngling, der die Rechte adorierend erhebt, in der Linken einen Halter hält.[2] Ebensowohl konnte aber, wofür allerdings keine ausdrücklichen Zeugnisse vorliegen, der Pentathlonsieger durch Diskos oder Speer gekennzeichnet werden, und es ist an sich durchaus möglich, dass der Doryphoros des Polyklet eine solche Siegerstatue gewesen sei.[3] Der Faustkämpfer war durch seine Riemen genügend charakterisiert; er trug sie entweder in der Hand, wie die Statue des Akusilaos in Olympia (Schol. Pind. Olymp. VII p. 156 B.), oder hatte damit die Arme umschnürt, wie die schöne Statue im Palazzo Albani (Matz-Duhn 1096; Journ. of hell. stud. I S. 342); auf einer nebenbefindlichen Stütze sind sie, wenn Waldstein (Journ. of hell. stud. I S. 180) richtig gedeutet hat, bei dem sogenannten Apollon Choiseul-Gouffier angebracht. Auch die zerschlagenen Ohren, die ja schon der aus Rayet's Besitz nach Kopenhagen gekommene Kopf (Monuments grecs VI 1877 T. 1) zeigt, mögen früh bei der Charakteristik des

---

[1] Gegen die scharfsinnige Combination Treu's, dass der in der Altis gefundene behelmte archaische Marmorkopf mit den zugehörigen Statuenfragmenten (Ausgrabungen V T. XVIII f., S. 12) von der Statue des Hoplitodromen Eperastos (Paus. VI 17, 6) herrühren, hat Flasch in Baumeister's Denkm. des class. Alterth. S. 1104 V gewichtige Bedenken geltend gemacht.

[2] Inv. 6306; beschrieben Athen. Mitth. d. Inst. VI S. 158.

[3] Auf die Schwierigkeiten dieser Deutung hat Furtwängler, Athen. Mitth. d. Inst. III S. 292 hingewiesen. Aber der von Plinius vertretenen kunstschriftstellerischen Richtung, welche die Kunstwerke nach ihren Motiven (nicht immer glücklich) benennt (vgl. Furtwängler, Dornauszieher S. 21) konnte für eine solche Statue, die den Wurfspeer trug, kaum eine andere Bezeichnung näher liegen als die des Doryphoros. Ueber die Bedeutung der Doryphoroi des Kresilas und Aristodemos wissen wir leider noch weniger.

Faustkämpfers eine Rolle gespielt haben, können aber ebensowohl zur Kennzeichnung von Pankratiasten und von Athleten überhaupt (vgl. Plato Gorg. 515 e) gedient haben.[1]) Als Attribut der Ringer hat Scherer a. a. O. S. 26 den Aryballos nachzuweisen gesucht, indem er den Granatapfel, den die Ringer Milon und Theognet (Paus. VI 9, 1) in Händen hielten, als Salbgefäss deutet. Man kann die Möglichkeit eines derartigen Missverständnisses zugeben, welches ja bei einer archaischen Statue sehr nahe liegt, bei der vom Aegineten Ptolichos (etwa in der zweiten Hälfte des fünften Jahrhunderts) gefertigten Statue des Theognet weniger leicht begegnen konnte. Jedenfalls war aber ein solcher kleiner Aryballos ein wenig sprechendes Unterscheidungsmal für Ringer.[2]) Für diese sowohl, wie für Pankratiasten und Läufer reichte die Bezeichnung durch Attribute nicht aus, und so sahen sich die Künstler früh vor die Aufgabe gestellt, in der statuarischen Wiedergabe der Bewegungsmotive die Charakteristik der Kampfart zu suchen. Wann dieser kunstgeschichtlich so wichtige Schritt geschehen, lässt sich noch mit einiger Genauigkeit feststellen.[3]) Nachdem man einmal die athenischen Tyrannenmörder in Ausfallstellung gegen einen Gegner, den die Phantasie des Beschauers ergänzen musste, gebildet hatte, mochte es naheliegen, auch auf agonistische Kämpfer die lebhaft bewegte Haltung und das Motiv des σκιαμαχεῖν zu übertragen.

Ein solches charakteristisches Schema ist uns für die vom Aegineten Glaukias (etwa 490—470) gefertigte Statue des Faustkämpfers Glaukos ausdrücklich von Pausanias VI 10, 1 bezeugt. Die weitere Ausbildung und Anwendung bewegter Athletenmotive dürfen wir dann wohl der genialen Gestaltungskraft eines Pythagoras und Myron zuschreiben. Zwar hat Pythagoras gewiss auch noch Siegerstatuen in einfachen Standmotiven geschaffen; dies darf man wohl für die Statue des Mnaseas[4]) voraussetzen, die Pausanias einfach als ὁπλίτης ἀνήρ bezeichnet. Sicherer ist es noch für zwei andere Athletenstatuen, über die Plinius berichtet

---

[1]) So hat ja auch der borghesische Fechter ein solches „Pankratiastenohr"; ebenso zahlreiche Herakles- und Dioskurenköpfe. Der olympische Marmorkopf (Ausgrabungen V T. 20) gehört wohl eher der Originalstatue eines Herakles als der Copie eines erzenen Athletenbildes an.

[2]) Ein Attribut irgendwelcher Art hielt auch die Bronze Sciarra in der vorgestreckten Rechten (Studniczka, Röm. Mitth. d. Inst. II S. 100, T. IV), die man wohl mit Recht als Siegerstatue erklärt hat. Auch der Idolino (Zannoni, Gall. di Firenze IV T. 93 f.) gehört vielleicht hieher; vgl. S. 20.

[3]) Die Angabe bei Cornelius Nepos Chabrias 1, wonach man erst zur Zeit des Chabrias begonnen hätte, die Athleten in solchen charakteristischen Bewegungsmotiven darzustellen, ist längst als irrthümlich erkannt.

[4]) Sie gehört wohl zu den ältesten Werken des Pythagoras, der noch für des Mnaseas Sohn, Kratisthenes, ein Weihgeschenk geschaffen hat.

44

(34, 59): *(fecit) et Libyn, puerum tenentem tabellam eodem loco* (in Olympia) *et mala ferentem nudum.* Den nackten Mann mit den Aepfeln hat jüngst Urlichs Archäol. Anal. S. 9 als pythischen Sieger gedeutet mit Hinweis auf Luk. Anach. 9; und gewiss ist die Deutung der Plinianischen Nachricht in dem Kreise der Athletenstatuen zu suchen; vielleicht darf man aber eher an olympische Statuen wie die des Ringers Theognetos erinnern, welcher πίτυος τῆς γ' ἡμέρου καὶ ῥοιᾶς καρπόν in Händen trug, was ein in oberflächlicher Kürze zusammenfassender Berichterstatter (Paus. VI 9, 1) wohl als *mala* wiedergeben konnte. Die Knabenstatue aber kann man als Bild eines siegreichen Agonisten deuten, der eine *tabella*, d. i. ein ikonisches πινάκιον hielt, dergleichen jener athenische Jüngling auf der Münchner Vase (vgl. S. 40) eines in Händen trägt. So gewiss aber diese beiden Statuen in ruhig stehender Haltung zu denken sind, so wenig wird man bezweifeln dürfen, dass der Künstler, dessen *claudicans* ein schwieriges statuarisches Problem in Bewunderung erregender Weise gelöst hatte, auch in seinen agonistischen Statuen später kühnere Bewegungsmotive zur Darstellung gebracht habe. So ist sicherlich die delphische Pankratiastenstatue, mit der er myronischen Werken den Rang abgelaufen haben soll[1]), in einem dem Pankratiastenkampfe, beziehungsweise der Auslage zum Kampfe entlehnten Schema dargestellt gewesen[2]). Dies beweist schon der Umstand, dass Plinius, der die Statuen nach ihren Motiven benennt, das Werk als *pancratiastes* bezeichnet, diese Kampfart aber eben nicht durch Attribute, sondern nur durch die Bewegung und Haltung der Figur veranschaulicht werden konnte. So darf man wohl auch voraussetzen, dass der Faustkämpfer Euthymos, ein ἀνδρίας θέας ἐς τὰ μάλιστα ἄξιος, nicht in handlungsloser Ruhe dargestellt war, und möchte bei der Statue des Ringers Leontiskos vermuthen, dass dessen eigenthümliche Kampfart in irgend einer Weise zum Ausdruck gebracht war. Mit noch grösserer Sicherheit können wir aber, wie die Statuen des Diskobolen und des Ladas lehren, für die Mehrzahl der myronischen Athletenstatuen Motive annehmen, welche die charakteristisch-entscheidenden Momente der betreffenden Kampfart wiedergaben.[3])

---

[1]) Leider kennen wir für dieses Werk kein näheres Datum; es wird wohl unter die späteren Arbeiten des Pythagoras (485—460?) gehören. Bemerkenswerth ist, dass noch die von Mikon gefertigte olympische Statue des Pankratiasten Kallias (Ol. 77) nach den Fussspuren der Basis zu schliessen (Arch. Zeit. XXXIV 1876 S. 227, n. 32; Loewy a. a. O. 41) in ruhig stehender Haltung gebildet war.

[2]) Vgl. Benndorf, Anz. d. Wiener Akademie 1887 S. 92; Sybel, Weltgesch. der Kunst S. 139.

[3]) Bezeugt sind für Myron Statuen von Läufern, Pankratiasten, Pentathlonsiegern und Faustkämpfern. Löschcke's Verbesserung „pyctae" statt „pristae" bei Plin. 34, 57 trifft doch wohl das Richtige; anders Urlichs Beitr. z. Kunstgesch. S. 8.

Diese bewegten Typen sind gewiss für die Künstler der Folgezeit mit entsprechenden Modificationen vorbildlich geblieben. Besonders hat natürlich auch die seit Lysipps Zeit in neue Bahnen gedrängte naturalistische Richtung sich jener charakteristischen Motive bemächtigt und sie in ihrer Weise umgebildet; dies bezeugen einige Inschriftbasen von Siegerstatuen des IV./III. Jahrhunderts, wie die Basis des Faustkämpfers Athenaios, Arch. Zeit. XXXVII (1879) S. 206, n. 326, und die Epigramme der Pankratiastenstatue des Teisikrates, Loewy a. a. O. 120 und der von einem jüngeren Myron gefertigten Statue des Philippos, Loewy 126.[1]) Dass daneben für einen Theil der Siegerstatuen noch die allgemeinen Typen ruhig stehender Figuren in Gebrauch blieben, ist schon oben bemerkt; insbesondere scheint dies für die Athletenbilder Polyklets und seiner Schule zu gelten. So zeigte des Polyklet Statue des Faustkämpfers Kyniskos dasselbe Standmotiv, das wir an den übrigen Polykletischen Figuren beobachten (vgl. Purgold, Arch. Zeit. 1882 S. 189, n. 436; Loewy 50); desgleichen scheinen auch die Figuren des jüngeren Polyklet, soweit die Basen Loewy a. a. O. 90 ff. einen Schluss erlauben,[2]) in ruhigem Stande gebildet gewesen zu sein. Auch da war ja einem bedeutenden Künstler noch Gelegenheit genug geboten, im gesammten Habitus der Figur die in verschiedenen Kampfarten geschulten Athleten in ihrer Eigenart zu kennzeichnen.[3])

Von der reichen Mannigfaltigkeit der Siegerstatuen in charakteristischer Haltung geben uns die spärlichen Trümmer litterarischer und monumentaler Ueberlieferung nur ein dürftiges Bild.[4]) Was die einzelnen Kampfarten betrifft, so sind gewiss bei den Statuen der Ringer mannigfache Variationen in der Wiedergabe der reich bewegten Situationen dieses Kampfes statuarisch verwendet worden. Plinius berichtet von *luctatores* zahlreicher Künstler, ohne nähere Angaben; einmal wird ein *luctator anhelans* von Naukeros erwähnt, eine Notiz, die auch keine sichere Vorstellung über die Art des Werkes ermöglicht.[5]) In lebhafter Bewegung haben wir uns gewiss die berühmte, von Naukydes ver-

---

[1]) Vgl. Curtius' Arch. Zeit. XXXVI (1878) S. 84, n. 130; Scherer a. a. O. S. 37.

[2]) Die Statuen des Pythokles und Xenokles (Loewy a. a. O. 90, 91) hat neuerdings Robert, Arch. Märchen S. 106 dem älteren Polyklet zugesprochen.

[3]) Vgl. Xen. Memor. III 10, wo unter Kleiton mit Klein, Arch.-epigr. Mitth. aus Oesterr. VII (1883) S. 75 Polyklet zu verstehen ist.

[4]) Inwieweit auch Kämpfergruppen, wie die Pankratiastengruppe in den Uffizien oder die Bronze Clarac V 802, 2014 auf solche anathematische Vorbilder zurückgehen mögen, vermag ich nicht zu entscheiden.

[5]) Vielleicht die Darstellung eines Ringers nach siegreich beendetem Kampf; vgl. Plin. 35, 71: hoplites . . . arma deponens, ut anhelare sentiatur.

fertigte Statue des Ringers Cheimon zu denken, von der sich eine Replik in dem Concordiatempel zu Rom (Paus. VI 19, 3) befand. Eine ungefähre Vorstellung von der Art solcher Statuen geben uns die Ringer im Conservatorenpalast (Bull. munic. d. comm. archeol. IV T. IX, X), schlechte Copien, deren Originale etwa aus dem Anfang des vierten Jahrhunderts stammen mögen, und die Bronzen aus Herkulaneum (Antichità di Ercolano V T. 30; Mus. Borbon. V T. 54), die man doch wohl mit Recht in diesem Sinne erklärt hat. Auch die Typen der sich salbenden Athleten[1]) und der Apoxyomenoi[2]) mögen gerade zur Darstellung von Ringern verwendet worden sein, für die ja das Oelen von besonderer Wichtigkeit ist. Den Typus des Pankratiasten in der Ausfallslage hat kürzlich Benndorf an dem Grabstein von Halimus nachgewiesen (Anz. der Wiener Akademie 1887 S. 86 ff.); auf ein ähnliches Motiv bezieht sich das Epigramm einer Pankratiastenstatue des Teisikrates, Loewy a. a. O. 120.

Für Statuen der Läufer mag der myronische Ladas,[3]) der den Augenblick der höchsten Anstrengung vor Augen führte, vorbildlich geworden sein. Den Moment des Ablaufs zeigt uns die Wettläuferin im Vatican.[4]) Gewiss waren auch Dauer- und Schnellläufer in ihrem Habitus und ihren Bewegungsmotiven, die ja bei Stadion- und Dolichoslauf durchaus verschieden sind, auch statuarisch von einander unterschieden. Bei der besonderen Schwierigkeit aber, die gerade der charakteristischen Wiedergabe laufender Figuren sich entgegenstellen, mochte man hier gerne auch nebensächliche Umstände statuarisch verwerthen; daher hat denn die neuerdings wieder von Rayet (Monum. de l'art ant. I T. 35) und Zielinski (Rhein. Mus. XXXIX S. 116) verfochtene Ansicht, dass der Dornauszieher das Bild eines im Wettlauf sieghaften Knaben wiedergebe, grosse Wahrscheinlichkeit für sich, wie ja auch manches andere Genremotiv in agonistischen Anathemen seinen Ursprung hat.[5]) Auch

---

[1]) Vgl. Brunn, Ann. d. Inst. 1879 S. 201 ff.; Friederichs-Wolters 462 f.

[2]) Hieher gehören auch die „puori destringentes se" des Sikyoniers Daidalos (Plin. 34, 76) und vielleicht auch die „perixyomeni" des Antignotus und Daippos (Plin. 34, 86; 87).

[3]) Anth. Pal. XVI 54; vgl. Benndorf, De anthol. Gr. epigr. S. 15; Bruun, Sitzungsber. der Münchner Akademie 1880 S. 479.

[4]) Die Vermuthung, dass diese Statue eine olympische Wettläuferin darstelle, wird durch die Nachricht des Pausanias V 16, 2 wenig empfohlen (vgl. S. 39). Es gab ja auch an anderen Orten Agone von Wettläuferinnen, z. B. an den Dionysien in Sparta (Schol. Aesch. Tim. 43).

[5]) Als Epheben, der sich vor oder nach der Uebung des Laufes die Sandalen bindet, haben — ohne entscheidende Gründe — Göttling und Fröhner den „Sandalenbinder" zu deuten versucht, von dem sich vier Repliken, in Paris (Louvre 183),

auf Hoplitodromen sind die bewegten Motive übertragen worden; den
Typus des in entscheidender Wendung begriffenen Waffenläufers hat
Hauser an der Tux'schen Bronze nachgewiesen (Jahrbuch II S. 95 ff.)
und ein ähnliches Motiv nach Löschcke's Vorgang für den Epicharinos
des Kritios und Nesiotes mit grosser Wahrscheinlichkeit vorausgesetzt;
das stimmt nicht nur im Allgemeinen mit der Kunstart der Verfertiger
der Tyrannenmörder, sondern auch mit den Worten des Pausanias I
23, 9: Ἐπιχαρίνου μὲν ὁπλιτοδρομεῖν ἀσκήσαντος τὴν εἰκόνα ἐποίησε Κριτίας,
womit gerade auf jene für die Kampfart entscheidende Uebung hingewiesen zu werden scheint. Leider erlaubt die erhaltene Basis[1]) keinen
sicheren Schluss. Als Bild eines im Laufe befindlichen Hoplitodromen
hat neuerdings, einem Gedanken Quatremère de Quincy's folgend, Rayet
(Monum. de l'art ant. T. 64) den borghesischen Fechter des Agasias
zu erweisen versucht, dessen Original etwa ein Siegerbild lysippischer
Zeit sein musste.

Besonders beliebt sind Statuen in charakteristischer Haltung bei
der Darstellung von Faustkämpfern gewesen; hier ist man, wie das
σχῆμα σκιαμαχοῦντος der Statue des Glaukias zeigt, schon frühe von den
einfachen Stellungsmotiven ruhig stehender Figuren abgegangen. Dies
beweist auch eine interessante und wohl richtig als Faustkämpfer er-
gänzte Statue aus dem Louvre (Bouillon, Musée du Louvre II T. 1; Ann.
d. Inst. 1874 T. L; Monum. X T. II), welche Brizio auf Ageladas
zurückführen wollte,[2]) gewiss mit Unrecht. Der Torso eines Faustkämpfers, der mit dem rechten Arm zum Schlage ausholt, den linken
abwehrend vorgestreckt hielt, befindet sich in Berlin (Verz. der Sculpt.
469); bei einer Reihe anderer Athletenstatuen, die als Faustkämpfer
ergänzt worden sind, ist in Folge der starken Verstümmelungen und
Ergänzungen eine Entscheidung über das ursprüngliche Motiv nicht
möglich. In Ausfallstellung war der Faustkämpfer Athenaios in Olympia
dargestellt, wie die wiedergefundene Basis zeigt, vgl. Treu, Arch. Zeit.
XXXVII (1879) S. 206, n. 326. In der Auslage zum Faustkampf zeigte
nach den Worten des Epigramms eine Statue aus dem Anfang des dritten
Jahrhunderts, als deren Verfertiger Pausanias VI 8, 5 Myron nennt (vgl.
S. 44), den arkadischen Knaben Philippos.

München (Glyptothek 151), London (Lansdowne House 85; Michaelis, Anc. marbles
S. 464) und Athen (Studniczka, Athen. Mitth. d. Inst. XI S. 363, T. IX) und ein etwas
abweichendes Exemplar im Vatican (Mus. Pio-Clem. III 48) erhalten haben. Vgl. Lauge,
Motiv des aufgestützten Fusses S. 9 f.

[1]) Loewy a. a. O. 39 (abgeb. Ἐφημ. ἀρχ. 1838, n. 46).

[2]) Flasch hat die Statue in Verbindung mit Glaukias bringen wollen. Die Abbildung erlaubt kein sicheres Urtheil über den Stilcharakter der Statue, die man etwa
dem zweiten Drittel des fünften Jahrhunderts zuschreiben möchte.

Dass man, nachdem einmal der Bann gebrochen war, auch bei Pentathlonsiegern sich nicht mehr mit der Bildung stehender Figuren mit Halteren begnügte, ist an sich vorauszusetzen. Zwar der Sprung bot, etwa abgesehen vom Moment des Absprunges,[1] dem Bildhauer keine zur statuarischen Wiedergabe geeigneten Momente; um so verlockender musste einem formgewaltigen Künstler die Aufgabe erscheinen, einer andern Uebung des Pentathlon, dem Diskoswurf, das Motiv für die Schöpfung eines Pentathlonsiegers zu entlehnen. Und so haben wir gewiss ebenso in dem myronischen Werke, das den Diskobol in dem Augenblick der höchsten Spannung zeigt, wie in der auf Alkamenes zurückgeführten Statue eines Diskobols in prüfender Vorbereitung solche Beispiele von „pentathli" zu erkennen; vgl. Kekulé, Arch. Zeit. XXIV 1866 S. 169 f. Ob auch der Akontionwurf in ähnlicher Weise statuarisch verwerthet worden sei, lässt sich bei dem Mangel monumentaler Zeugnisse mit Sicherheit nicht entscheiden.

Mannigfach waren in ihren Motiven variiert die Weihgeschenke der Wagensieger, die als vermögende Männer meist in der Lage waren, hervorragende Künstler zu kostspieligen Arbeiten zu dingen. Die Bigen und Quadrigen des Kalamis, Aristeides, Euphranor sind gewiss ebenso wie die Viergespanne des Lysippos, Euthykrates, Pyromachos, Menogenes und des Aristodemos *bigae cum auriga* alle oder doch grösstentheils solche agonistische Anatheme. In Olympia hat sich zuerst Kleosthenes mit seinem Wagenlenker und Viergespann durch Ageladas darstellen lassen (Paus. VI 10, 7). Ein gleichartiges Weihgeschenk hat der Aeginete Glaukias für Gelon gefertigt (Paus. VI 9, 4); dass die Gruppe in Lebensgrösse war, beweist die wiedergefundene Basis (Arch. Zeit. XXXVI S. 142, n. 186; Loewy a. a. O. 28), und das Gleiche dürfen wir auch für die von Pausanias in den folgenden Capiteln erwähnten Viergespanne schliessen, die vermuthlich auf den grossen Basen im Südosten des Zeustempels standen, vgl. Treu, Arch. Zeit. XXXVII (1879) S. 213. Ueber die Art der Gruppierung gibt Pausanias leider keine nähere Nachricht. Gewöhnlich wurden wohl der Sieger, d. i. der Besitzer der Pferde, und der Wagenlenker nebeneinander im Wagen stehend dargestellt, oder der Wagenlenker war eben im Begriffe aufzusteigen gebildet, ein schon in archaischer Kunst beliebtes Motiv. Auch stand manchmal die Statue des Besitzers neben dem Wagen, wie wir dies von dem Weihgeschenk der Kyniska wissen, die ihr Bild neben das Viergespann mit dem Lenker hatte aufstellen lassen (Paus. VI 1, 6; Loewy a. a. O. 99). Manchmal wurde auch der Sieger allein, manch-

---

[1] Vgl. etwa den Springer auf dem Bronzediskos des British Museum, A guide to the bronce room (1871) S. 35, n. 5, abgeb. Schreiber, Culturhist. Bilderatlas T. XXII 15.

mal bei dem von Onatas gefertigten Weihgeschenk zum Andenken an
Hierons Sieg, der Wagenlenker allein dargestellt (Paus. VI 12, 1).

Nicht selten vertritt Nike die Stelle des Lenkers, um so den Gedanken des erreichten Sieges glänzender hervorzuheben. Sie war, soviel
wir hören, zuerst auf dem Viergespann, das um Ol. 79 Pythagoras für
Kratisthenes gearbeitet hatte, neben dem Sieger dargestellt (Paus. VI
18, 1; vgl. Urlichs, Archäol. Anal. S. 5). Zweifelhaft sind einige andere
Fälle; von dem Wagen, den der Eleer Timon geweiht hatte, berichtet
Pausanias VI 12, 6: ἐπ' αὐτὸ δὲ ἀναβέβηκε παρθένος, ἐμοὶ δοκεῖν Νίκη, und
ähnlich beschreibt er das Anathem des Makedoniers Lampos VI 4, 10:
ἀνήρ τε ἱπποτρόφος καὶ τὸ ἅρμα, ἀναβεβηκυῖα δὲ ἐπὶ τὸ ἅρμα παῖς παρθένος; einen
dritten parallelen Fall berichtet Plinius 34, 89: *Tisicratis bigae Piston
mulierem imposuit.* Wir stehen also hier vor einem ähnlichen Dilemma,
wie bei der Deutung der „wagenbesteigenden Frau", in der die Einen
den männlichen Wagenlenker, die Andern — wie ich glaube mit Recht
— eine Göttin erkannt haben[1]); am nächstliegenden scheint dann hier
wie dort der Gedanke an eine „ungeflügelte Nike"[2]). So lange freilich
über das athenische Relief, das noch heute vorliegt, keine Einigung
erzielt werden kann, wird man auch über jene nur literarisch überlieferten Fälle keine Entscheidung treffen können, die auf allgemeine
Zustimmung rechnen dürfte.

Von noch grösserem kunstgeschichtlichen Interesse wären uns die
mannigfachen Bewegungsmotive der Viergespanne selbst, welche die
verschiedensten Momente, Ablauf, Rennen und Ankunft werden dargestellt haben. Eine Reihe Reliefs können uns diesen Reichthum von
Motiven einigermassen veranschaulichen. Zunächst gehören hieher Darstellungen agonistischer Gespanne auf einigen athenischen Basen, welche
die Statuen des betreffenden Siegers in ruhiger Haltung oder ein ander-
weitiges Weihgeschenk trugen; hier war also das Anathem gewissermassen
in zwei Theile zerlegt, und die Basis diente dazu, die Veranlassung der
Weihung, die Art des Wettkampfes vor Augen zu führen. So zeigt eine
archaische Basis von der Akropolis einen das Zweigespann besteigenden
Lenker (Le Bas 61, 3; Schöne, Gr. Rel. 73; Sybel 6741), die fragmentierte Basis Sybel 6739 eine Biga in Relief, die Basis eines grösseren

---

[1]) Vgl. Bursian, Allg. Encyklop. 82, S. 418; Knapp, Nike in d. Vasenm. S. 10;
Friederichs-Wolters 97.

[2]) Vgl. die Reliefs S. 51. Sicher weiblich ist der Wagenlenker des Viergespanns
auf dem schönen (aber stark ergänzten) Relief in der Statuengallerie des Vatican
(Pistolesi V T. 40; Beschr. Roms II 2, S. 183, n. 64), wo die Deutung auf Artemis, die
sonst nur als Gefährtin Apollons auf pferdebespanntem Wagen erscheint (so bei Plin.
36, 36 und auf Münzen von Selinunt), durch den gänzlichen Mangel von Attributen
wohl ausgeschlossen ist; vielleicht ist aber hier Eos zu erkennen.

Weihgeschenkes in Aegina ein in eiligstem Wettlauf begriffenes
Viergespann sammt Lenker (vgl. Furtwängler zu Samml. Sabouroff
T. XXVI), ebenso die Basis einer Bronzestatue Sybel 308 ein sprengendes Viergespann mit seinem Lenker, dahinter einen hohen Dreifuss;
hieher gehört endlich auch noch die Basis mit der Darstellung eines
Apobaten Bull. de corr. hell. VII T. XVII S. 458 f.[1]) Diese Basenreliefs
entlehnen, wie wir dies auch sonst beobachten, ihre Motive selbstständigen Votivreliefs, von denen uns ebenfalls noch eine ziemliche
Anzahl erhalten ist. Ein prächtiges, etwa dem Anfang des fünften Jahrhunderts entstammendes Relief aus Delphi (Ann. d. Inst. 1861 S. 64,
T. B)[2]), zeigt das Viergespann in mässiger Bewegung, desgleichen ein
jüngeres Relief aus Theben Le Bas T. 92, 2 (vgl. Körte, Athen. Mitth.
d. Inst. III S. 414, n. 194). Auf der Siegerstele des Lakoners Damonon[3])
und einem attischen Relieffragment im Conservatorenpalast zu Rom[4])
sehen wir das Viergespann im vollen Laufe, auf einem schönen Relief
in Palermo[5]) in feierlichem Gange begriffen. Als Anathem eines Wagensiegers diente wohl auch ein fragmentiertes archaisches Relief von der
Akropolis, das nur noch die acht Pferdehinterbeine eines Viergespanns
zeigt (Sybel 5128; Furtwängler, Athen. Mitth. d. Inst. III S. 184[2]) und ein
Flachrelief in den Uffizien zu Florenz, auf dem nur noch die zwei Pferde
und die linke Hand des Lenkers erhalten sind (Dütschke III n. 354;
Gall. di Firenze IV vol. II T. 86). Auch das griechische Relief im Mus.
Egizio zu Turin (Marm. Taurin. II T. XXXIII; Dütschke IV S. 92, n. 174),
welches ein sprengendes Viergespann (nur die Vordertheile der Pferde
sind erhalten), das von einem Jüngling aufgehalten wird, und links
dahinter einen Pfeiler mit einer Amphora zeigt (Zielsäule oder Votiv),
wird wohl als Votiv-, nicht als Sepulcralrelief zu fassen sein. Wie in
dem Palermitaner Relief durch die Siegesbinde des Lenkers und den

---

[1]) Nach dem Vorgange von Bohn, Propyläen S. III bei Friederichs-Wolters 1836
und Schreiber, Culturhist. Bild. XXV 6 irrthümlich als Votivrelief bezeichnet.

[2]) Das Stück befand sich Herbst 1887 noch in Delphi; jetzt in Lichtdruck
abgebildet bei Pomtow, Beiträge zur Topographie von Delphi T. XII 32, S. 107.

[3]) Dressel und Milchhöfer, Athen. Mitth. d. Inst. II S. 318; Roehl IGA 79. Dass
die Stele nicht archaisch, sondern etwa dem Ende des V. Jahrhunderts zuzuweisen sei,
hat Furtwängler (Samml. Sabouroff I zu T. XXVI) bemerkt; sie ist vielleicht noch jünger.

[4]) Im Jahre 1875 am Esquilin gefunden (Bull. d. comm. archeol. III S. 247).
Mittelmässige Arbeit; an der linken Ecke seitlich und unten Rand erhalten; grösste
Länge 78 Cm., ursprüngliche Höhe etwa 80 Cm. Von dem Wagenlenker ist nur der
untere Theil, von dem nach rechts sprengenden Viergespann ist das Pferd im Vordergrund fast vollständig, von den anderen, die weit vorausspringend zu denken sind,
sind nur Reste der Hinterbeine erhalten.

[5]) n. 769 (aus Museo Astuto) 40 Cm. lang, 28 hoch; hinter dem Viergespann ist
ein Altar (oder Zielsäule) angedeutet; vgl. Furtwängler a. a. O.

ruhigen Gang der Pferde, so wird auch durch directes Eingreifen der Siegesgöttin der Moment des Sieges angedeutet; so fliegt auf einem attischen Relief im Brit. Museum Nike mit dem Kranz dem auf seinem Viergespann dahinsprengenden Lenker entgegen [1]), und auf einem Relief zu Madrid [2]) sehen wir Nike, die eine Biga besteigt, eine „proleptische" Darstellung eines Siegers mit der Biga.

Typisch und inhaltlich sind den Anathemen der Sieger im Wettfahren die Votivreliefs siegreicher Apobaten verwandt; ein schönes Exemplar davon, das aus Oropos stammt und gelegentlich der dortigen Spiele geweiht war, befindet sich jetzt in Berlin (Verz. d. Sculpt. 725; Samml. Sabouroff I T. XXVI); das Fragment eines andern ähnlichen Apobatenreliefs wurde vor Kurzem im Amphiareion gefunden (Athen. Mitth. d. Inst. XII S. 146). Auch ein vorzüglich gearbeitetes Relieffragment, das auf dem Esquilin zu Tage gekommen ist (Bull. d. comm. archeol. III S. 247) [3]), wird einem Votiv gleicher Veranlassung angehören; vor einem fragmentierten Viergespann ist der rechte Fuss eines Mannes erhalten, der nur mit den Zehen den Boden berührt; es scheint also hier ein Moment aus dem Wettlauf der Viergespanne und Apobaten dargestellt (vgl. Krause, Gymnastik S. 571, 804).

Dieselbe Mannigfaltigkeit, die wir bei den Anathemen der Wagensieger beobachten, dürfen wir auch bei hippischen Siegern voraussetzen. Schon Kanachos, Hegias und Kalamis haben solche Statuen von *celetizontes* gefertigt (Plin. 34, 19; 75; 78; Paus. VI 2, 8; 12, 1). Aus jüngerer Zeit kennen wir, abgesehen von einigen olympischen Beispielen, die Statue des παῖς κέλης Isokrates auf der Akropolis. Auch die Basis des Onatas auf der Akropolis CIA IV (2) 373 ⁹⁹ scheint einen ἵππος κέλης getragen zu haben; vgl. Studniczka, Ἐφημ. ἀρχ. 1887 S. 146. Dagegen ist die archaische Marmorgruppe eines Reiters mit Handpferd auf der Akropolis (Athen. Mitth. d. Inst. XII S. 107; 144) wohl ein Weihgeschenk anderer Art. Verschiedene Typen der *celetizontes*, die ja auch in der Grabsculptur ausgebildet wurden, veranschaulicht uns beispielsweise die dodonäische Bronzestatuette eines Epheben, der sein galoppierendes Pferd antreibt (Karapanos T. XIII, S. 183) und ein Thon-

---

[1]) Anc. marbles of the Brit. Mus. IX 38, 2; Weil, Die Künstlerinschriften der sicil. Münzen S. 32, 26, Anm. 3.

[2]) Ann. d. Inst. 1862 tav. G, S. 103; Hübner, Bildw. in Madrid S. 241, 559.

[3]) Etwa aus dem Anfang des IV. Jahrhunderts; Gesammtlänge 105, grösste Höhe 52 Cm.; pentel. M.; rechts ist Rand erhalten. Es fehlen der Oberköper des Wagenlenkers, die Köpfe aller vier (nach links sprengenden) Pferde, die Vordertheile der beiden im Hintergrunde und der grösste Theil der Pferdebeine. Das gegenwärtig in demselben Rahmen damit verbundene Relieffragment (Kopf und Oberleib eines mit Chlamys bekleideten Jünglings, der in der Linken einen krummen Stab hält; H. 27, Br. 26 Cm.) kann jedenfalls nicht dem Wagenlenker angehören; vgl. Nachträge.

4*

relief aus Thera (Bull. de corr. hell. V 1881 S. 436 ff.). Auch das
schöne (etwa um 400 gefertigte) Relief des Museo Gregoriano im Vatican
(Friederichs-Wolters 1206) mit der Darstellung eines Reiters, der sein
Pferd mit der Peitsche antreibt, wird man als derartiges Weihrelief
auffassen dürfen. Anderer Art ist das Votivrelief Schöne, Gr. Rel. 80
(Friederichs-Wolters 1142), auf dem das Ross allein dargestellt ist, dem
Nike mit dem Kranz entgegenfliegt.

Darstellungen jener gymnischen Wettkämpfe, an denen grössere
Gruppen sich gemeinschaftlich betheiligen, sind natürlich viel seltener
zum Gegenstand des Anathems gewählt worden[1]); nur als Schmuck
von Basen, welche Weihgeschenke unbekannter Art trugen, kennen
wir Bilder von Pyrrhichistenchören; vgl. Sybel 6569 (Beulé, L'acropole
d'Athènes II T. IV; Schreiber, Culturhist. Bilderatl. T. XX 8). Aus
dem Kreise der Lampadedromen besitzen wir ein Votivrelief, das die
Bekränzung eines siegreichen Fackelläufers durch den Preisrichter darstellt; es trägt die Inschrift λαμπάδι νικήσας γυμνασιαρχῶν [ἀνέθηκε ὁ δεῖνα]
(CIG 257; Hicks, Inscr. of the Brit. Mus. I n. XLI) und bezieht sich
vermuthlich auf Wettkämpfe der Epheben.

Wenig zahlreich und mannigfaltig sind Darstellungen der eigenen
Persönlichkeit unter den Anathemen musischer Sieger. Es ist fraglich,
inwieweit man hier berechtigt ist, von Siegerstatuen zu reden. Doch
sagt Pausanias X 9, 2 in seiner Periegese von Delphi: ἐθλητ̣αὶ μὲν οὖν
καὶ ὅσοι ἀγωνισταὶ μουσικῆς τῶν ἀνθρώπων τοῖς πλείοσιν ἐγένοντο μετὰ οὐδενὸς
λογισμοῦ, οὐ πάνυ τι ἡγοῦμαι σπουδῆς ἀξίους und scheint damit anzudeuten,
dass neben den Ehrenstatuen hervorragender Männer auch Bilder minder
bekannter Künstler, also vielleicht pythischer Virtuosen existierten[2]).
Wenn irgendwo, können wir in Delphi solche Statuen erwarten, da ja
die Pythien für Kitharoden und Auleten dieselbe Bedeutung hatten, wie
die Olympien für gymnische Agonisten. Hoffentlich bringen die Ausgrabungen in Delphi in Bälde auch Aufklärung über diese Frage. Ein
Weihgeschenk war wohl die delphische Statue des lokrischen Kitharoden Eunomos (Clem. Alex. Protrept. I 1, 1; Anth. Pal. IX 584 Lemma),
der ja auch in seiner Vaterstadt ein solches Anathem stiftete (Strabo
VI 260).[3]) Von Bildern musischer Künstler auf dem Helikon hat uns
Athen. XIV 629 a aus des Amphion Buch περὶ τοῦ ἐν Ἑλικῶνι Μουσείου
ein Beispiel in folgendem alten Epigramm überliefert:

---

[1]) Häufig sind derartige Darstellungen auf späten Urkundenreliefs (Sybel 3300—3311).

[2]) Mit derselben Kürze gedenkt Paus. II 1, 7 der Athletenstatuen auf dem Isthmos.

[3]) Auch Eunomos ist als Träger eines bedeutungsvollen Namens dem Verhäng-
niss nicht entgangen, dass ihn die neueste Literaturgeschichte (Sittl I S. 17) für
den mythischen Vertreter des Nomos erklärt hat — und doch verzeichnet Benselers
Lexikon noch über ein Dutzend homonymer Personen.

'Αμφότερ', ωρχεύμαν τε και εὐμώσως ἐδίδασκον
ἄνδρας· ὁ δ' αὐλητὰς ἦν Ἄναχος Φιαλεύς.
εἰμὶ δὲ Βαχχείας Σιχωώνιος· ἢ ῥα θεοῖσι
τοῖς Σιχυῶνι καλὸν τοῦτ' ἀπέχειτο γέρας.

Der Chormeister, der im fünften Jahrhundert ja identisch mit dem Dichter ist, hat also sein eigenes Bild (Statue?) geweiht, und zwar, worauf die Nennung des Auleten deutet, gelegentlich eines einmaligen Ereignisses, also wohl auf Veranlassung eines Sieges an den Museen. Ob von den sonstigen Weihinschriften musischer Sieger einige auf ikonische Anatheme zu beziehen seien, lässt sich nicht bestimmen [1]). Auch die Stele des Auleten Pythokritos in Olympia (ἀνὴρ μιχρὸς αὐλοὺς ἔχων ἐχτετυπωμένος ἐπὶ στήλη Paus. VI 14, 9) kann nicht als agonistisches Weihgeschenk betrachtet werden. Die meisten Statuen von Dichtern und Musikern, von denen die Kunstgeschichte berichtet, sind sicher Grab- oder Ehrenstatuen.[2]) Dies gilt auch nach dem Wortlaut des Epigramms bei Athen. I 19 b von der von Pythagoras gefertigten Statue des thebanischen Kitharoden Kleon (Plin. 34, 59), ebenso wie von der (noch dem fünften Jahrhundert entstammenden?) Statue des Anakreon auf der athenischen Akropolis (Paus. I 25, 1)[3]). Auf die Typik aller dieser Statuen brauchen wir hier nicht einzugehen; es sind im Wesentlichen einfache Motive, wie wir sie an den Statuen „lyrischer Dichter" sehen, die hier zur Anwendung gekommen sein werden[4]). Die Siegerstatuen von Herolden und Bläsern[5]) sind aber gemäss der Einrichtung antiker Agone eigentlich schon den Bildern der gymnischen Sieger zuzuzählen.

[1]) Die Basis des Kitharoden Alkibios (CIA 1 357) scheint ihrer Form nach ein Sitzbild (wohl kaum sein eigenes) getragen haben. Ganz ohne Anhalt zur Bestimmung des geweihten Gegenstandes sind wir bei den Anathemen des epischen Dichters Aristeides, der an den Museen (Keil, Jahrb. f. Phil. u. Pädag., Supplem. IV S. 529, u. XXII), des Enkomienschreibers Julianos, der an den Pythien (Wescher-Foucart, Inscr. rec. à Delphes 469), des Kitharisten Derkon (Bull. de corr. hell. VIII S. 179, De mus. Gr. certam. S. 66), der in Delos den Sieg davongetragen hat.

[2]) So wohl auch die Bilder des Sakadas zu Delphi (Paus. IX 30, 2), des Pronomos zu Theben (vgl. Dio Chrysost. VII 263 R.), der Korinna zu Tanagra (Paus. IX 22, 3), des Pindar zu Athen (Paus. I 8, 4; Aeschin. Ep. 4 p. 669 R.), des Aristonikos in Delphi (Plut. De Alex. virt. II 2), des Nikokles im athenischen Theater (CIA II 3, 1367), des Pythokles zu Hermione (Kaibel, Epigr. Gr. 926).

[3]) Aus der Verbindung mit Xanthippos hat Brunn (Ann. d. Inst. 1859 S. 183) einen Schluss auf die Epoche der Statue zu ziehen gesucht; vgl. zuletzt Wolters, Arch. Zeit. XLII (1884) S. 150 f.

[4]) Die „comœdi" des Kaikosthenes und Anderer (vgl. Helbig, Unters. z. camp. Wandm. S. 188 f.) sind jedenfalls ebenso Ehrenstatuen, wie die Porträtstatuen dramatischer Dichter.

[5]) Hieher gehört vielleicht der tubicen des Epigonos (Plin. 34, 88; vgl. Urlichs, Pergam. Inschr. S. 24) und Loewy, Inschr. gr. Bildh. 119 (Anfang des dritten Jahr-

Häufiger als statuarische Portraits scheinen die Dichter, Schauspieler und Choregen Pinakes mit Darstellungen ihrer Thätigkeit oder
ihrer Persönlichkeit in charakteristischer Situation geweiht zu haben.
Ein Votiv dieser Art ist wohl, wie schon Benndorf und Schöne (Lateran,
n. 245) angedeutet haben, das Relief im Lateran (n. 487; Garrucci Mon.
Lateran. T. XLII 4; Wieseler, Denkm. d. Bühnenw. IV 9)[1]). Wir sehen
hier links auf einem Lehnstuhl einen unbärtigen Mann mit deutlichen
Porträtzügen sitzen, der in der erhobenen Linken eine Maske hält; vor
ihm liegen auf einem Tisch zwei (komische?) Masken und eine halb auf-
gewickelte Schriftrolle; rechts steht, dem Manne zugewendet, eine weibliche Gestalt, die wie declamierend die Rechte erhebt, während sie die
Linke in die Seite stützt. Eine mit Disken, Gefässen und Guirlanden
geschmückte hohe Mauer bildet den Hintergrund, dessen übrige Details
nicht vollkommen klar sind. Schreiber hat in seinem culturhistorischen
Bilderatlas T. V 4 unserem Relief die Unterschrift *Philiscus tragoe-
diarum scriptor meditans* gegeben und es so als Nachbildung des
bekannten Bildes des Protogenes (Plin. 35, 106) bezeichnet[2]), — soviel ich
sehe, ohne zureichenden Grund. Denn abgesehen davon, dass wenigstens
eine der dargestellten Masken der Komödie anzugehören scheint, haben
wir auch keinen Grund, unser Relief für die Copie eines Gemäldes zu
halten; es ist vielmehr ein (attisches?) Original aus dem Anfang der
hellenistischen Zeit. Auch die von Benndorf (Beitr. z. Kenntniss d.
att. Theaters S. 36) vorgeschlagene Deutung auf Menander und Glykera
scheint durch die allerdings in einigen Zügen vorhandene Aehnlichkeit
des sitzenden Mannes mit dem Menander im Vatican nicht hinlänglich
gestützt zu werden. Vielleicht ist die Situation des Reliefs noch mehr als
für einen Dichter, der in der Betrachtung der Masken kaum die Anregung zu poetischem Schaffen suchen wird, für einen Schauspieler
geeignet, für den ja das Studium der Masken ein wichtiges Hilfsmittel
zu vollständiger Beherrschung seiner Rollen werden konnte[3]). Die
Frau aber, die in ihrer vornehmen, feierlichen Haltung grosse Ver-

hunderts); die übrigen Basen von Herold- und Bläserstatuen stammen alle erst aus
der Kaiserzeit, vgl. Arch. Zeit. XXXV (1877) S. 100, n. 68 (138 n. Chr.); XXXVIII
(1880) S. 53, n. 337; S. 165, n. 369; CIA III 120; Athen. Mitth. d. Inst. VII S. 142 f.
(vgl. Brinck, Dissert. philol. Halens. VII S. 248). Hier wie überhaupt bei Porträtstatuen
der Kaiserzeit lässt sich eine Scheidung zwischen anathematischen und Ehrenstatuen
nicht mehr vornehmen.

[1]) Ueber die, wie es heisst, moderne Replik in Lansdowne House (n. 72) vgl.
Michaelis, Anc. Marbles S. 457.

[2]) Vgl. jetzt Schreiber, Wiener Brunnenreliefs S. 8 und unten die Nachträge.

[3]) Vgl. Fronto S. 147 Nab.: *tragicus Aesopus fertur non prius ullam suo induisse
capiti personam, antequam diu ex adverso contemplaretur, pro personae vultu gestum sibi*

wandtschaft mit gleichzeitigen Musentypen zeigt, werden wir doch wohl für eine allegorische Figur halten müssen. Vielfache Uebereinstimmung im Gesammtcharakter zeigt die Eutaxia auf dem bekannten Relief bei Schöne, Gr. Rel. 63 (Friederichs-Wolters 1181), und so sind ja überhaupt in Urkundenreliefs, Votivreliefs und -gemälden auch schon in einer früheren Epoche allegorische Gestalten sehr häufig. Hier freilich wie anderswo ist es schwer, einen bestimmten Namen zu nennen. Auch sind wir ausser Stande, die ganze Situation näher zu präcisieren; es ist eben die Darstellung eines Schauspielers, der in Meditation, also in jener Beschäftigung begriffen ist, die seine Erfolge vorbereiten hilft. Die unmittelbare Beziehung des Reliefs auf einen einzelnen Sieg muss demnach blosse Hypothese bleiben. Ob des Protogenes *Philiscus meditans* in ähnlicher Weise als Anathem zu fassen ist, oder, was wahrscheinlicher ist, ein blosses Porträt war, wie des Apelles Gorgosthenes (Plin. 35, 93), lässt sich mit Bestimmtheit nicht entscheiden.

Eine gewisse Analogie zu dem lateranensischen Relief böte ein Bild des Parrhasios, wenn die Worte des Plinius (35, 70): *et Philiscum et Liberum patrem adstante Virtute* mit Sillig und Urlichs auf ein Bild zu beziehen wären; vgl. aber Welcker, Alte Denkm. III S. 315, Anm. 15, Brunn, K. G. II S. 100. Bessere Parallelen bieten zwei andere Relieftypen, die wohl in ähnlicher Bedeutung und Verwendung geschaffen sind wie das lateranensische Relief. Der eine, der uns einen Dichter in Gesellschaft einer Muse zeigt — man denke an das Sophoklesbild beim jüngeren Philostratos — lässt sich, wenn ich nicht irre, gegenwärtig nur noch an Sarkophagplatten nachweisen[1]), die aber gewiss hier, wie anderswo, selbstständige Reliefs copieren. Der andere Typus zeigt uns einen sitzenden Mann in den Anblick einer Maske versunken, die bald auf einem Kästchen oder einem Cippus vor ihm liegt, wie auf den Reliefs in Neapel (Mus. Borbon. XIII T. XXI) und in Villa Albani (Zoega, Bassir. T. XXIV), bald er selbst vor sich hinhält, wie auf dem Relief 951 des Berliner Museums in „hellenistischem Geschmack". Auf dem Relief in Villa Albani ist diese Scene durch eine zweite, der ersten gegenübersitzende Figur erweitert. Auch bei diesen Anathemen muss unentschieden bleiben, ob Dichter oder Schauspieler dargestellt sind und ob eine directe Beziehung zu musischen Agonen obwaltet.

---

capessere ac vocem; Quint. XI 3, 73: *in eis quae ad scenam componuntur fabulis artifices pronuntiandi a personis quoque affectus mutuantur.* Auch aus Erzählungen, wie Plin. VII 183 und den Maskenweihungen (vgl. Helbig, Wandgem. 1457; s. u.) geht die grosse Bedeutung und der Affectionswerth hervor, den die Maske für den Schauspieler hatte.

[1]) So gehören die Reliefs Mus. Capitol. IV T. 26 ff. und im Brit. Mus. (Anc. Marbles X T. 34) gewiss Sarkophagen an; vgl. Welcker, Alte Denkm. I S. 482.

Deutlicher ist dies bei einem andern Relief aus Cab. Pourtalès (T. XXXVIII; Mus. Pio Clement. II T. bIV; Wieseler, Denkm. d.
Bühnenw. IV 10), das nach dem Charakter der Abbildung und Panofka's
Zeugniss allerdings erst römischer Zeit anzugehören scheint, aber gewiss
auf eine Erfindung hellenistischer Zeit zurückgeht. In der Mitte sitzt auf
prächtigem Thronsessel ein epheubekränzter Mann in Theatercostüm
und reichgestickten Kothurnen, mit dem Scepter in der Rechten; links
hinter dem Sessel halb versteckt steht ein flötenspielender Knabe[1]), rechts
ist nur noch der untere Theil der Beine einer in lebhafter Bewegung
befindlichen Frauengestalt sichtbar. Die starke Ergänzung macht die
Deutung des Ganzen unsicher; bei der weiblichen Figur könnte man
zunächst an eine Tänzerin denken; doch ist die von O. Müller (Handb.
S. 747) und Visconti a. a. O. S. 194 f. vorgeschlagene Deutung als Victoria nicht ohne Wahrscheinlichkeit, und würde dadurch die Verwendung
unseres Reliefs als Anathem eines siegreichen Tragöden sichergestellt.

Eine andere Gruppe von Weihreliefs mit Darstellungen musischer
Sieger nimmt ihren Gegenstand aus der Zutheilung und Aufstellung
der Festespreise.

Hieher gehört wohl ein noch dem vierten Jahrhundert entstammendes Relieffragment in Athen, das, wie sich aus dem Giebelabschluss
oben ergibt, die rechte obere Ecke einer Votivtafel bildete (Schöne,
Gr. Rel. 82; Wiener Vorl.-Bl. Ser. VIII T. X[2]); Friederichs-Wolters
1196). Wir sehen hier neben einem hohen Dreifuss einen bärtigen Mann
in grossem Himation, der, wie es scheint, auf einen starken Stab sich
stützt (nach Art des Asklepiostypus); in Gewandung und Haltung
gleicht er dem Manne auf dem Eutaxiarelief (Friederichs-Wolters
1181), der auch in ähnlicher Weise vor einer Dreifusssäule steht. In
Form und Grösse entspricht der Dreifuss ganz den in Attika üblichen
choregischen, und so liegt es am nächsten, in dem bärtigen Mann den
siegreichen Choregen zu erblicken; allenfalls könnte er der Dichter des
siegreichen Dithyrambus selbst sein, wie ja z. B. Simonides in dem
bekannten Epigramm die durch seine Chöre gewonnenen Dreifüsse sich
selbst als Gewinn anrechnet[3]). Auf der linken Hälfte der Tafel könnte

---

[1]) Insoweit könnte unser Relief zur Veranschaulichung eines Bildes des Aristeides — tragoedus et puer (Plin. 35, 98) — dienen, das freilich auch anders gedeutet
werden kann; vgl. Cap. IV. Einigermassen vergleichbar ist das bekannte herculanen-
sische Wandgemälde, Mus. Borbon. I 1 (Helbig 1460).

[2]) Irrthümlich ist im textlichen Beiblatt als Quelle der Zeichnung Le Bas, Mon.
fig. T. 37 angegeben, wo vielmehr das Eutaxiarelief abgebildet ist.

[3]) Die Wiederkehr unserer Gruppe auf dem etwa zwei Jahrhunderte jüngeren
Relief des Archelaos (Friederichs-Wolters 1629; Reinach, Gaz. Arch. 1887 S. 132 ff.),
worauf zuerst Kekulé aufmerksam gemacht hat, giebt keinen Anhalt für die Deutung.

dann allenfalls das Stieropfer dargestellt gewesen sein, wie wir dies
öfter auf Vasen mit dem Bilde der Dreifussaufrichtung verbunden sehen.
Ein Anathem ähnlicher Art war, wie schon O. Müller (Arch. Mitth.
aus Griechenl. S. 86, 96, n. 85) vermuthet hat, wohl das Arch. Zeit.
XXV T. 226, 2 abgebildete Relief aus dem athenischen Dionysosheiligthum (Sybel 3983), wenn es nicht vielleicht als Verkleidung einer
grösseren Basis diente, was übrigens für die Deutung der dargestellten
Situation ohne Belang ist. Links sehen wir einen in langes Himation
gehüllten Mann mit eingestemmter Rechten in Vorderansicht; rechts ist
auf etwas erhöhtem Terrain ein kleiner, bärtiger Satyr beschäftigt, einen
grossen Dreifuss, dessen einen Fuss er mit der Rechten oben, mit der
Linken unten dicht über der Löwenklaue gefasst hat, auf eine zwei-
stufige Basis aufzustellen. Wie sonst Nike die Errichtung des Sieges-
monumentes besorgt, so thut es hier ein Satyr, in dem wir entweder
eine Personification des Dithyrambus sehen können, wie ja ein Satyr mit
Leier auf einem Vasenfragment bei Welcker, Alte Denkm. III T. X 2
(S. 125 f.) den Namen Διθύραμφος führt, oder schlechtweg einen Diener
des Dionysos, der im Auftrag und zu Ehren seines Gottes bei der Aufstellung des Weihgeschenkes mitwirkt. In der Mantelfigur links ist
aber offenbar ebenso wie in der entsprechenden Figur auf dem vorhererwähnten Relief der Chorege oder allenfalls der Dichter des Dithyrambus zu erkennen[1].

Die Mitdarstellung des Dreifusses auf diesem Relief leitet uns über
zur dritten Classe von Anathemen, deren Object Gegenstände bilden,
die in irgend einer Beziehung zum errungenen Erfolge stehen und die
sich im Wesentlichen auf die Begriffe „Werkzeug" und „Beute" zurückführen lassen (vgl. S. 14).

Die „Beute" bei den Agonen ist der Preis, der dem Sieger ausgesetzt ist; so verschieden diese Preise sind, so verschieden sind dem-
gemäss auch die Weihgeschenke. In ältester Zeit sind ja die Preise
Werthpreise[2], Gegenstände mannigfaltiger Art, die dem Wettkämpfer ein

---

[1] Ein von Milchhöfer, Katalog. d. Mus. Athens S. 49, Arch. Zeit. XXXVIII 1880
S. 182 auf die Errichtung eines choregischen Monuments gedeutetes Relief hat unterdessen
Robert, Athen. Mitth. d. Inst. VII S. 59 (T. I 1) als Fragment eines Hippolytossarko-
phages erwiesen. Dagegen gehört hieher vielleicht das Stelenfragment, das Benndorf,
Beitr. z. Kenntn. d. athen. Theaters S. 87 veröffentlicht und als choregisches Anathem
erklärt hat, ohne dass sich freilich entscheiden liesse, ob der Dreifuss ursprünglich
allein dargestellt war oder nur einen Bestandtheil einer grösseren Composition bildete.

[2] Z. B. eine Chlaina in Pellene (Pind. Nem. X 43; Boeckh, Explic. ad. Olymp.
IX 402 p. 194), Oel in Athen, vielerlei Geräthe an anderen Orten (s. u.), aber auch
Schalen von Gold (Pind. Isthm. I 19) und Silber (an den sikyonischen Pythien Pind.
Nem. IX 50 f.; X 43 f.; bei den Herakleen in Marathon Pind. Ol. IX 98).

lockender Lohn sein sollen und die er als willkommene Beute mit nach
Hause nimmt, vgl. Pind. Isthm. I 19. Die Sitte, den Preis zu weihen, scheint
erst allmälig an Verbreitung gewonnen zu haben, einerseits in Gemässheit
jenes idealen Zuges des Agonalwesens, der sich im siebenten und sechsten
Jahrhunderte in der Umwandlung von Werthpreisagonen in ἀγῶνες στεφανίται
äussert, andererseits im Zusammenhang mit der factischen Entwerthung
früher praktisch verwendbarer und werthvoller Preise. Bei der grossen
Mehrheit von Agonen waren ja ursprünglich, entsprechend der oben
(S. 6) dargelegten Rolle, welche die Bronze in den ältesten Zeiten als
Werthmetall spielt, Geräthe von Erz[1]), Kratere, Kessel[2]), Dreifüsse,
Schilde[3]) als Preise ausgesetzt worden und wurden dann bis in spätere
Zeit herab als solche beibehalten. Die Dreifüsse sind also auch hier
ursprünglich ohne jede Beziehung zu Apollon, werden für die verschiedensten Kampfarten[4]) und an den Festen verschiedenster Veranlassung[5]) als Preise ausgesetzt und können demnach auch verschiedenen Göttern geweiht werden. Die Sieger an den Triopien natürlich
müssen ihre Dreifüsse dem Apollon weihen (Herod. I 144); aber Hesiod

---

[1]) Von den Spielen in Arkadien und Achaia bezeugt es Pind. Nem. X 45, Ol.
VII 88, vgl. Schol. Ol. VII 153.

[2]) Kratere an den Aiakeen auf Aigina Schol. Pind. Ol. IX 156; Kessel mit der
Aufschrift: ἐπὶ τοῖς Ὀνομάστου τοῦ Φειδίλεω ἄθλοις aus einem Grab zu Cumae, Roehl,
IGA 525; ein Erzlebes als Preis ἐκ δολιχοῦ in dem Epigramm des Theodoridas Anth.
Pal. XIII 8.

[3]) So in Argos, Pind. Ol. VII 88; s. Boeckh z. d. St. und Welcker, Alte
Denkm. III S. 512 ff.; vgl. Nachträge.

[4]) Bei Wagenrennen: Il. XI 701; XXIII 264; Hesiod. Ἀσπίς 312 (vgl. Verg.
Aen. V 201); auf der Dipylonvase Mon. d. Inst. IX T. 39, 2; auf der korinthischen Vase
mit den Leichenspielen des Pelias Mon. d. Inst. X T. 4, 5; auf der Françoisvase, auf der
Vase Ann. d. Inst. 1874 T. HI; u. ö. Bei Wettreiten: Il. XXII 164 (Wagenrennen?)
auf den Vasen Berlin 1712; Gerhard A. V. IV T. CCXLVII. Beim Wettlauf Berlin
1655; A. V. IV T. CCLVI. Beim Faustkampf auf der Amphora des Nikosthenes 31
Klein. Für Ringer Il. XXIII 702. Vgl. auch den korinth. Pinax 797 (Dreifuss zwischen zwei
Kriegern). Ob auf der Dipylonvase bei Conze, Anf. d. gr. Kunst T. V 4 der Dreifuss zwischen
zwei Pferden als Preis des Wettrennens oder als Bestandtheil eines Ornamentsystems
zu fassen sei, mag zweifelhaft scheinen; auch für die an der Aussenseite der Dipylon-
schale Mon. d. Inst. IX T. 39. 2 befindlichen Dreifüsse leugnet Kroker (Jahrbuch I S. 122)
die Beziehung auf den Reigentanz im Innern, entgegen der Meinung Helbig's (Hom.
Epos S. 55) und Dumont-Chaplain's (Céramique de la Grèce propre I S. 98).

[5]) Also nicht nur an apollinischen Festen, wie den Thargelien, den Triopien,
den Panionien auf Mykale (Ion bei Paus. VII 4, 10), sondern auch an den Dionysien
von Athen und Rhodos (Aristid. I p. 841 Dind.), den Herakleen von Theben und sonst
(Polemon beim Schol. Pind. Ol. VII 153). So erscheint der Dreifuss als Preis auch
schon bei den mythischen Leichenspielen des Patroklos (in der Ilias und auf der
Françoisvase), des Pelias auf der Kypseloslade (Paus. V 17, 11) und der korinthischen
Vase, Mon. d. Inst. X T. 4, 5, des Amphidamas bei Hesiod (Ἔργα 654 ff.; vgl. Rohde,
Rhein. Mus. XXXVI S. 419 Anm.).

weiht der Sage nach seinen in Chalkis erkämpften Dreifuss am Helikon
(Paus. IX 31, 3)[1]) und der Aulode Echembrotos bringt einen Dreifuss,
der wohl das Athlon bei den Pythien von Ol. 48, 3 war, dem thebanischen Herakles dar (Paus. X 7, 6; Bergk, PLG³ S. 972). Verwandt
hiemit ist es, wenn der Rhapsode Terpsikles den bronzenen dreibeinigen
Untersatz eines grossen Gefässes — d. i. wohl den Siegespreis — dem
Zeus Naios in Dodona weiht [2]) oder der Tausendkünstler Philon einen
Tripodiskos — vielleicht die Nachbildung des als Preis gewonnenen Gefässes — auf der athenischen Akropolis aufstellt[3]). In späterer Zeit
sind die Dreifüsse auch hier seltener und namentlich bei Agonen Einzelner fast gar nicht mehr in Verwendung gekommen, blieben aber, da
sie zugleich ein passendes Weihgeschenk waren, als Preise dort ge-
bräuchlich, wo grössere Körperschaften mit einander concurrierten, also
z. B. in den chorischen Wettkämpfen der athenischen Phylen, worüber
im folgenden Capitel ausführlich gehandelt werden soll.

Das Gleiche gilt von anderen Bronzegeräthen; es scheint, dass in
Athen und zwar wiederum bei einen Phylenwettkampf, dem der panathenäischen Lampadedromien, ein Bronzegefäss als Preis auch in späteren
Zeiten üblich geblieben ist. Wenigstens liegt es nahe in den Worten der
Panathenäeninschrift CIA II 965: ΛΛΛ λαμπαδηφόρῳ νικῶντι ὑδρία diese wohl
bronzene Hydria[1]) nicht als Preis eines Einzelnen, der ja bei der διαδοχή
der Fackelläufer ohne besonderes Verdienst ist, sondern als Preis der
ganzen Phyle zu fassen, für die sie als Weihgeschenk wohl geeignet
wäre. Die wenigen uns erhaltenen Basen mit Weihinschriften siegreicher
Lampadarchen gestatten leider hierüber keinen sicheren Schluss [5]).

---

[1]) Vgl. Anth. Pal. VII 53 und Kubitschek, Arch.-epigr. Mitth. aus Oesterr. VIII S. 102.

[2]) Karapanos a. a. O. T. XIII 2; S. 40, 229; Roehl, IGA 502. Die Inschrift stammt
aus der Mitte des fünften Jahrhunderts. Vgl. Kirchhoff, Alphabet⁴ S. 22; Usener, Altgr.
Versbau S. 37.

[3]) Mit der Inschrift: Τόνδε Φίλων ἀνέθηκε ᾿Αθηναίαι τριποδίσκον, θαύματα νικήσας (ἐ)ς
πόλιν ὁ ᾿Αρισίου (᾿Εφημ. ἀρχ. 1883 S. 36; CIA IV 2, 373⁷⁰). Die Inschrift steht auf einer
unscheinbaren, nach oben sich stark verjüngenden Säule, deren Höhe etwas über 1 M.
betrug und deren oberer Durchmesser nur 13½ Cm. misst. Dass schon in der ersten
Hälfte des sechsten Jahrhunderts — in diese Zeit gehört die Inschrift — ein Agon
für Tausendkünstler in Athen existierte, zeigt uns, dass die Freude an den κυβιστῆρες
seit der homerischen Zeit ununterbrochen fortdauerte; vgl. auch die Kameirosvase
(Salzmann T. 37).

[4]) Wecklein's Auffassung (Hermes VII S. 441), jeder der Theilnehmer habe eine
thönerne Hydria bekommen, hat Fränkel bei Böckh, Staatshaush.³ II S. 31, Anm. 191,
mit Recht verworfen.

[5]) Die Basis mit der Inschrift des Gymnasiarchen Xenokles aus dem Jahre
346/5 (CIA II 1229) hat nach Pittakis' Angaben eine Tragfläche von 95 Cm. im
Quadrat und zeigt in der Mitte eine runde, 3½ Cm. tiefe Eintiefung von 24 Cm. im
Durchmesser; an die Stütze eines Dreifusses darf man bei dem Mangel sonstiger Ein-

Gewiss aber wurden, wie die zahlreichen Fragmente panathenäischer Vasen auf der Akropolis beweisen, auch die Thongefässe, in denen der Wettpreis an den Panathenäen, das Oel, seit den ältesten Zeiten bis in die makedonische Periode herab[1]) gefüllt war, häufig der Burggöttin als Mnema an die gewonnene Siegesbeute geweiht.

Häufiger noch scheinen die Preiskränze, welche ja oft aus werthvollem Metall bestanden, im Original oder Abbild, der Festgottheit geweiht worden zu sein[2]). So bringen die gymnischen Sieger ihre Kränze bei Xenoph. Hell. III 4, 18 der Landesgöttin dar. Und in den delischen Inventaren wird zwischen 281 und 279 ein στέφανος δάφνης χρυσοῦς im Gewicht von 64 Drachmen als Anathem des bekannten Auleten Xenophantos verzeichnet, der nachweisbar zwischen 284 und 282 an den Dionysien in Delos mitwirkte[3]) und sich als berühmter Mann den Luxus gestatten konnte, den werthvollen Kranz, den er offenbar als Preis bekommen hatte[4]), dem Gotte zurückzuerstatten. So ist wohl auch der Goldkranz und der purpurne Peplos, die Nero in das argivische Heraion weihte (Paus. II 17, 6), als Prunkgewand und Siegeskranz eines vielleicht an den Nemeen errungenen Kitharodensieges zu verstehen, und ebenso werden die von Nero nach Olympia geweihten Kränze (Paus. V 12, 8) derlei agonistische Siegesanatheme sein. Ueberhaupt scheint die Weihung der „Siegesbeute" besonders bei musischen Siegern beliebt gewesen zu sein; so weiht der pythische Sieger Onetor,

satrapuren nicht denken; vielleicht ist also hier ein bauchiges Bronzegefäss vorauszusetzen. Die Lampadarchenbasis CIA II 1232 besteht nach Pittakis' ('Εφημ. ἀρχ. 3494) aus einem kleinen Block, der oben zwei kleine runde Löcher (etwa Einsätze für Fackeln? s. u.) zeigt. Ganz fragmentiert ist die dritte Basis 'Εφημ. ἀρχ. 2813; CIA II 1233.

[1]) An die Spitze der uns erhaltenen athenäischen Preisgefässe dürfen wir wohl den Dipylonkrug stellen, mit der ältesten attischen Inschrift CIA IV (2) 429 a: ὅς νῦν ὀρχηστῶν πάντων ἀταλώτατα παίζει ... (Athen. Mitth. d. Inst. VI 107), die doch wohl besagen will: wer von den Tänzern seine Kunst am besten versteht, dem soll dieses Gefäss zu Theil werden.

[2]) Eine Analogie bietet die Weihung jener Kränze an Athene, mit denen athenische Bürger von auswärtigen Staaten geehrt worden waren; vgl. Aeschin. in Ctesiph. 40. Aehnlich aufzufassen ist der goldene Oelkranz ὃν ἀνέθηκαν Δηλιάδες χορεία στεφανωθείσαι ὑπὸ Λευκίου Κορνηλίου Σκιπίωνος in den Inventaren von Delos, Bull. de corr. hell. VI S. 39, Z. 90.

[3]) Die Identität des Mannes mit dem von Plut. Dem. 53 für das Jahr 283 als ἐλλογιμώτατος αὐλητής erwähnten Xenophantos — auch bei Philodem de mus. III 1 wird derselbe gemeint sein — hat schon Homolle (Les archives de l'intendance sacrée à Delos S. 68) erkannt.

[4]) Vgl. CIA II 652 Z. 36 f. (in den Uebergabsurkunden des Hekatompedos für Ol. 95, 3; 398;7 v. Chr.): στέφανος θαλλοῦ χρυσοῦς, ὃν ἡ πόλις ἀνέθηκε τὰ νικητήρια τοῦ κιθαρωδοῦ · σταθμὸν τούτου ΓΔΔΔΓ'; vgl. Boeckh, Staatshaush. II² S. 252; Bergk, Griech. Lit. Gesch. II S. 500¹.

ein Rhapsode, wie es scheint, dem Apollo μῆλα, σήματα νίκης, also wohl Nachbilder der als Preise gegebenen Aepfel (CIA III 116; Kaibel, Epigr. Gr. 931); ein Aulode aus Thespiae bringt mit ruhmredigen Versen einen Siegespreis unbekannter Art den Musen dar [1]), und ebenso scheint sich das Epigramm Kaibel, Epigr. Gr. 930 (CIA III 112) auf die Weihung des kitharodischen Siegespreises zu beziehen[2]).

Nicht minder häufig sind agonistische Weihgeschenke, welche unter die Kategorie des „Werkzeugs" fallen. So weiht Arkesilaos IV von Kyrene nach einem Wagensiege an den Pythien (Ol. 78, 3) seinen Wagen (Pind. Pyth. V 32 ff.; Boeckh, Explic. S. 287); und ein erzenes Rad mit einer Weihinschrift an die Dioskuren (Roehl, IGA S. 173, 43a) darf wohl als Rudiment eines ähnlichen Anathems angesehen werden. Auch die olympischen Wagensieger begnügen sich manchmal blos mit der Weihung eines Wagens, beziehungsweise eines Wagens mit zugehörigem Viergespann. Dies scheint in älterer Zeit allgemeine Sitte gewesen zu sein, wie es Pausanias VI 10, 8 ausdrücklich für Euagoras bezeugt. Die Lakonerin Kyniska hat ausser ihrem grossen Weihgeschenk noch ein kleines erzenes Viergespann im Pronaos des Zeustempels gestiftet, dessen Basis erhalten ist (Paus. V 12, 5; Loewy a. a. O. 100). Sehr kleine Dimensionen hatte auch der von Glaukon geweihte Wagen (Paus. VI 16, 9), wie die Masse der Basis Arch. Zeit. XXXIX (1881) S. 88 zeigen. Ebenso hat der Lakoner Polypeithes ein ἅρμα οὐ μέγα geweiht (Paus. VI 16, 6). Desgleichen haben oft hippische Sieger sich begnügt, das Bild ihres Pferdes zu weihen. Wie Pheidolas das Bild seines Pferdes weiht, so ist ein ἵππος ἐπὶ στήλη πεποιημένος auch das Weihgeschenk seiner Söhne Ol. 68 (Paus. VI 13, 10)[3]); ein ἵππος οὐ μέγας χαλκοῦς ward von Krokon (Paus. VI 14, 4) geweiht, und so mag ja öfters eine kleine Bronzestatuette die Stelle eines grösseren Anathems vertreten haben; vgl. Paus. V 27, 2. Als Weihgeschenke hippischer

---

[1]) Bull. de corr. hell. III S.448, n. 7; Athen. Mitth. d. Inst. V S. 124, n. 13, Vs. 7 ff.: τοῖος δ' ἰὼν ἀείρατ' ἐγ Μουσᾶν ἐμὶ κρατῶν ἀγῶνος σφᾶ πάτρᾳ μέγα κλέος· ἁ Θεσπία δ' ἔοικεν οὐ μόνομ φέρειν ἄνδρας μαχητὰς ἀλλὰ καὶ ἐμ Μούσαις ἄκρους.

[2]) Νίκας Ἀλκιβιάδου σημήιον ἐνθάδε κεῖμαι, στᾶσε δέ μ' οὐ μολπᾶς, ἀλλ' ἀρετᾶς ἄεθλον. Zweifelhaft ist die Beziehung auf einen musischen Sieg in dem lakonischen Epigramm Kaibel, a. a. O. 806 (Hermes III S. 449): Ὀρθείῃ δῶρον Λεοντεὺς ἀνέθηκε βοαγὸς μῶαν νικήσας; καὶ τάδε ἔπαθλα λαβών. Denn das Weihgeschenk, das, oberhalb der Inschrift in einer entsprechenden Vertiefung der Steintafel mit zwei Nägeln befestigt, noch jetzt erhalten ist, besteht in einem flachen sichelartigen Eisen (Lüders, Bull. d. Inst. 1873 S. 143), wohl einer Strigilis. Anathemen derselben Art gelten auch die Inschriften Le Bas-Foucart, Inscr. du Peloponn. 162 a f., wie sich aus den entsprechenden Eintiefungen der gegenwärtig im Museum zu Sparta vereinigten Steine ergibt.

[3]) Das Relief mit der Darstellung eines Rennpferdes ist schon oben erwähnt S. 52.

Sieger werden demnach auch die an anderen Orten, wie in Delphi und Alexandrien (Loewy a. a. O. 187) bezeugten Pferdestatuen zu fassen sein. Verwandt damit ist es, wenn ein Diskoswerfer seinen Diskos, ein Sieger im Springkampf Halteren weiht; so trägt ein Halter aus Eleusis eine dem Anfang des sechsten Jahrhunderts angehörende Inschrift (die sich auf dem zweiten Halter fortsetzte): ἀλλόμενος νίκησεν Ἐπαίνετος· οὕνεκα τῶδε ἁ[λτῆρε . . .] (CIA IV 2, 422¹), ebenso ist in Olympia ein Paar steinerner Halteren gefunden worden, deren einer die Namensinschrift des Weihenden trägt (Arch. Zeit. 1879 XXXVII S. 158, n. 305)¹). Aehnlich weihen Fackelläufer Fackeln (Rhein. Mus. XXXIV S. 206, n. 943ᵇ, CIA III 106 ff.; 124)²), siegreiche Schauspieler ihre Masken (Callim. XLIX Wilamowitz; Anth. Pal VI 311)³), und unter den Elfenbeinlyren und Plektren im Parthenon mag manches Anathem von Panathenäensiegern sein⁴). Und in gleichem Sinne wird es zu verstehen sein, wenn die erythräische Dichterin Aristomache nach einem isthmischen Sieg im sikyonischen Thesauros zu Delphi ein χρυσοῦν βιβλίον weiht (Polem. fr. 27 Pr. bei Plut. Qu. conv. V 2), d. i. wohl eine Abschrift der Dichtung, der sie ihren Erfolg verdankte⁵).

---

¹) Auch der Stein des Bybon (Roehl, IGA 370) war wohl als Weihgeschenk im Heiligthum verblieben, wenn es die Inschrift auch nicht ausdrücklich besagt.

²) In einigen Fackelagonen wurden Fackeln, beziehungsweise Nachbilder dieser als Preise gegeben; deren Weihung fällt dann in die Kategorie der vorher besprochenen Anatheme; vgl. Kaibel, Epigr. Gr. 943 (Brit. Mus. Inscr. I; n. 42); Anth. Pal. VI 100 (Krinagoras); Keil, De inscr. Att. commentariolus (Naumburg 1864), S. 12 f.

³) Vgl. das pompeianische Wandgemälde Mus. Borbon I 1, Helbig 1460 (Wieseler a. a. O. T. IV 12), auf dem Wieseler und Helbig mit Recht die Darstellung einer solchen Maskenweihung erkannten. Masken werden übrigens auch bei anderen Gelegenheiten geweiht; vgl. Anth. Pal. VI 308, 310 und unten in Capitel IV.

⁴) Doch sind überhaupt bei Musikanten auch gelegentlich anderer Veranlassungen Weihungen von Instrumenten häufig. Der Flötenvirtuose Dorotheos weiht dem thebanischen Lysios φορβειὰν καὶ καλάμους App. Plan. 7 (Alkaios), die Flötenspielerin Melo αὐλοὺς καὶ ταύτην πύξινον αὐλοδόκην den pimpleischen Musen Anth. Pal. V 206 (Leonidas Tarent.); Bläser bringen der Athene ihre Trompeten dar, Anth. Pal. VI 151, 105.

⁵) Vgl. Schol. Pind. Olymp. VII: ταύτην τὴν ᾠδὴν ἀνακεῖσθαί φησιν Γόργων ἐν τῷ τῆς Λινδίας Ἀθηνᾶς ἱερῷ χρυσοῖς γράμμασιν, wo freilich auch an ein epigraphisches Denkmal gedacht werden kann (Hirt, Ant. Buchw. S. 504).

III.

Die Preisdreifüsse der Phylenchöre.

Kaum giebt es eine andere Gruppe von Anathemen, die trotz der
Gleichartigkeit des Gegenstandes und des Anlasses der Weihung eine
solche Mannigfaltigkeit der Ausdrucksformen darböte, wie die Preisdreifüsse der Phylenchöre. Den Reiz und die Wichtigkeit der Aufgabe,
dieses Material zu sammeln und zu nutzen, haben schon Forscher des
Alterthums empfunden, wie denn Heliodor ein eigenes Buch περὶ τῶν
Ἀθήνῃσι τριπόδων geschrieben hat [1]). Heute freilich lässt sich die be-
ziehungsreiche Entwicklung, welche die Dreifussanatheme genommen
haben, nur noch in spärlichen Spuren verfolgen; und an vielen Punkten,
welche hiefür besonders ergiebige Ausbeute versprechen, ist der Boden
des alten Athen noch nicht wiedererschlossen worden. Aber auch das
Wenige, was bisher zu Tage liegt, gewährt ein so vielseitiges Interesse,
dass der Versuch gerechtfertigt erscheinen darf, aus den Trümmern der
Ueberlieferung ein Bild von jener Fülle tektonischer und ornamentaler
Gestaltungen zu entwerfen, welche mit der Weihung der Preisdreifüsse
verknüpft sind. Wir müssen hiebei zunächst über die Bedingungen,
unter denen die Weihung erfolgte, und über die Form des Dreifusses
selbst, der den eigentlichen Gegenstand der Anatheme bildet, einige
Bemerkungen allgemeiner Art vorausschicken.

Der Dreifuss, der zum Dank und Andenken des errungenen Sieges
vom Choregen in Vertretung seines Chores geweiht wird, ist der Preis,
welchen der Staat den an Dionysien und Thargelien concurrierenden
Phylenchören ausgesetzt hat [2]). Der Sinn dieses Preises ist, wie von
selbst einleuchtet, nicht der, den Sieger materiell zu entschädigen; vielmehr soll diesem damit nur ein Gegenstand in die Hand gegeben werden,

---

[1]) Dagegen scheint des Panaition Buch περὶ τοῦ τρίποδος (Plut. Aristid. 1) eine
Specialschrift zur Lebensgeschichte des Aristeides gewesen zu sein.

[2]) Den scenischen Chören sind Preise anderer Art bestimmt. Auch bei lyrischen
Chören anderer Feste scheinen wohl anderweitige Niketeria, nie aber Dreifüsse in
Verwendung gekommen zu sein. Jedenfalls hat die einzig erhaltene Basis eines auf
chorischen Panathenäensieg bezüglichen Weihgeschenkes (Sybel 6151; CIA II 3, 1286)
keinen Dreifuss getragen.

der durch seine Bedeutung als Weihgeschenk κατ' ἐξοχήν ebenso wie durch die Leichtigkeit monumentaler Aufstellung ein passendes Anathem bilden konnte [1]); vgl. S. 59. Denn der Staat kann den Bürgerchören, die zur Verherrlichung eines religiösen Staatsfestes ihre Kraft und ihr Können dem Dienste des Gottes weihen, nur Gaben bieten, die wieder im Culte des Festgottes verwendet werden können: Rinder zum Opfer, einen Ehrenpreis zur Weihung [2]). Wie den siegreichen Bürgervereinigungen im panathenäischen Wettkampf der Trieren und Lampadedromen, der Euandrie und Pyrrhiche ein Opferrind ausgesetzt ist (CIA II 965), so stellt der Staat auch dem dithyrambischen Phylenchor an den Dionysien einen Stier zur Epinikienfeier [3]). Ἐξ ἐπὶ πεντήκοντα, Σιμωνίδη, ἦρα ταύρους καὶ τρίποδας, heisst es darum in dem bekannten Epigramm des Simonides (145 B.), und ebenso sehen wir auf Darstellungen der choregischen Siegesfeier, wie sie mehrere Vasen bieten, die Vorbereitungen zum Stieropfer neben der Aufstellung und Schmückung des Dreifusses dargestellt [4]).

Dass der Dreifuss wirklich von Staatswegen als Preis ausgesetzt war, steht für das fünfte und vierte Jahrhundert durch mehrfache Zeugnisse fest, und dürfen wir daher seine Einsetzung für gleichzeitig mit der Einrichtung der Phylenchöre erachten, die ja ein Bestandtheil der kleisthenischen Reformen waren, vgl. Wilamowitz, Hermes XX S. 66. Von den 56 „Dreifüssen und Stieren", die Simonides sich ersiegt zu haben rühmt, ist gewiss kein geringer Theil in Athen gewonnen worden, und ausdrücklich heisst es ja in einem andern Epigramm (Simonides 147 B.): ἐνίκα Ἀντιοχὶς φυλή, δαιδάλεον τρίποδα. Für die Mitte des fünften Jahrhunderts wird der Dreifusspreis durch Isäus V 41 bezeugt, wo der Sprecher von seinem im Jahre 429 verstorbenen Grossvater [5]) und

---

[1]) Dieselbe Bedeutung haben gewiss auch die Dreifüsse, die für Delos als Preise (CIA II 814), für Rhodos als Weihgeschenke der siegreichen Chöre (Aristid. I p. 841 Dind.; vgl. Dittenberger, *De sacris Rhodiorum* Ind. Hal. 1886 S. IX) uns bezeugt sind.

[2]) In solcher Art ehrte der Staat auch die Männer von Phyle, indem er ihnen 1000 Drachmen εἰς θυσίαν καὶ ἀναθήματα überwies (Aeschin. in Ctesiph. 187). Die Verbindung von Opferthier und Werthpreis (dessen Weihung dann freistand) scheint auch bei anderen Agonen üblich gewesen zu sein; vgl. Xen. Cyrop. VIII 3, 33: (Κῦρος) τοῖς δὲ νικῶσι πᾶσιν ἐδίδου βοῦς τι, ὅπως ἂν θύσαντες ἑστιῶντο, καὶ ἐκπώματα, τὸν μὲν οὖν βοῦν ἔλαβε καὶ αὐτὸς τὸ νικητήριον, τῶν δ' ἐκπωμάτων τὸ αὐτοῦ μέρος Φεραύλᾳ ἔδωκεν.

[3]) Ueber die Thargelien fehlen uns diesbezügliche Zeugnisse.

[4]) Vgl. Arch. Zeit. XXXVIII 1880 T. 16 und dazu Milchhöfer S. 182 f. Welcker (Nachtr. z. Aeschyl. Tril. S. 241; Alte Denkm. V S. 164 f.) hat diesen „Stierpreis" bestritten und daher auch in dem Epigramm des Simonides der von Tzetzes Chil. I 24, 636 gebotenen Lesart νίκας statt ταύρους den Vorzug gegeben — gewiss mit Unrecht. Auch ist durchaus nicht abzusehen, wieso in späterer Zeit irrthümlich die Nachricht von einem solchen Stierpreis entstanden sein sollte; vgl. das Zeugniss des Apollonios im Schol. Aristoph. Ran. 357; Plut. De gloria Ath. 7; Nonn. Dion. XIX 65.

[5]) Vgl. Schäfer, Demosth. u. s. Zeit III B S. 211.

andern Vorfahren sagt: μνημεῖα τῆς αὐτῶν ἀρετῆς ἀνέθεσαν, τοῦτο μὲν ἐν Διονύσου τρίποδας, οὓς χορηγοῦντες καὶ νικῶντες ἔλαβον. Ausdrücklich sagt auch
Xenophon in seinem um 400 verfassten Hieron (9, 4): καὶ γὰρ ὅταν χορεὺς
ἡμῖν βουλώμεθα ἀγωνίζεσθαι, ἆθλα μὲν ὁ ἄρχων προτίθησιν, ἀθροίζειν δὲ αὐτοὺς
προστέτακται χορηγοῖς. Da ebenso für demosthenische Zeit durch des Demosthenes Klage, Midias habe durch seine Umtriebe die Pandionis des
ihr gebührenden Dreifusses beraubt (Dem. XXI 6), der Dreifusspreis
feststeht, so dürfen wir mit Sicherheit annehmen, dass bis zur Auf-
hebung der mit den Phylenchören verbundenen Liturgie der Staat dieses
„νικητήριον" in wesentlich gleicher Weise aus öffentlichen Mitteln ausgesetzt hat[1]).

Anders liegt die Frage für die Zeit der Agonothesie und Choregie
des Demos. Bekanntlich herrscht Streit über das Ausmass der Lasten,
welches Demos und Agonotheten bei den chorischen Agonen dieser
Periode getragen haben. Koehler hat in seiner grundlegenden Untersuchung über die Agonothesie (Athen. Mitth. d. Inst. III S. 231 ff.) die
Meinung verfochten, dass der Staat nur dem Namen nach die Choregie
geleistet, in Wirklichkeit aber der Agonothet ganz allein die Kosten des
Festes bestritten hätte. Allein diese Auffassung unterliegt gerechten Bedenken[2]), denn sie steht nicht im Einklang mit dem Entwicklungsgang,
den das Liturgiewesen im vierten Jahrhundert genommen hat. Die
Tendenz einer Ende des vierten Jahrhunderts darin vorgenommenen Aen-
derung konnte nicht sein, das Zehnfache jener Lasten, zu deren Ueber-
nahme die einzelnen Choregen nicht mehr fähig oder gewillt waren, einem
einzigen Manne aufzubürden. Vielmehr muss der Demos ursprünglich
wirklich, wie die Formel ὁ δῆμος ἐχορήγει es sagt, etwas zur Bestreitung
der Festauslagen gethan haben, während der Agonothet als sein Epimelet
eigentlich nur die technischen und administrativen Geschäfte zu besorgen
hatte. Thatsächlich aber mögen allerdings die Verhältnisse sich bald so
gestaltet haben, wie Köhler sie schildert. Denn der Agonothet, der
natürlich in der Regel aus den vornehmsten und reichsten Geschlechtern
gewählt wurde, mochte bald einen Ehrgeiz darein setzen, die Lasten der
Chorausrüstung grösstentheils oder auch ganz auf sich zu nehmen.

Von vornherein dürfen wir annehmen, dass zu den einem „Agonotheten" übertragenen Geschäften auch die Besorgung und Weihung der
Preisdreifüsse in erster Linie gehörte. Letzteres scheint ausdrücklich
die Inschrift Ἀθήναιον VII S. 93 (Athen. Mitth. d. Inst. III S. 233) zu

---

[1]) Vgl. noch Athen. II 37 f.; Hypoth. II z. Dem. XXI p. 510; Schol. in Aesch.
Tim. 10 p. 255 Schultz.

[2]) Vgl. Thumser, De civ. Att. numer. S. 87⁵; Zeitschr. f. österr. Gymn. 1886 S. 263 f.;
Fränkel bei Boeckh, Staathaush.³ II S. 111 * Anm. 765.

bezeugen, wo es (mit Köhler's Ergänzung) von den Agonotheten heisst: [ἀνέθηκε δὲ κ]αὶ τοὺς τρίποδας; und als Epimelet des angeblich die Choregie leistenden Demos musste er ja natürlich dieses Geschäft der Choregen übernehmen. Aber auch die Besorgung und Uebergabe der Dreifüsse, die früher dem ersten Archon oblag, wird ihm wohl von Anfang an übertragen worden sein, und von allen mit dem Feste verbundenen Auslagen mochten die Kosten der Preisdreifüsse (wenn sie ihm vielleicht nicht gesetzlich auferlegt waren) zuerst vom Agonotheten auf eigene Rechnung übernommen worden sein, indem er hiefür am meisten Dank und Ehre ernten konnte [1]). Als Beleg darf man sich auf die Analogie der Agonotheten an den Theseen berufen, von deren einem CIA II 422 (Mitte des zweiten Jahrhunderts) gesagt wird: ἔθηκεν δὲ καὶ ἆθλα τοῖς ἀγωνισαμένοις σπουδῆς οὐδὲν ἐλλείπων κατὰ τὰ ἐψηφισμένα τῷ δήμῳ · παρεσκεύασεν δὲ καὶ ταῖς φυλαῖς ταῖς νικώσαις ἆθλα . . . καὶ ταῦτα ἀνέθηκεν. Natürlich wurden unter solchen Verhältnissen Beschaffenheit und Grösse der Weihdreifüsse in der Zeit der Agonothesie abhängig von der Freigebigkeit und dem Reichthum der jeweiligen Agonotheten.

Die oben erwähnte Inschrift (᾽Αθήναιον VII S. 93), die nach Köhler aus dem Ende des dritten Jahrhunderts (nach 229) stammt, ist das letzte Zeugniss, das wir überhaupt für die Sitte der Dreifussweihung in vorchristlicher Zeit besitzen. Schon damals mag, wenn kein geeigneter Agonothet sich fand, das Fest manchmal in recht kärglicher Weise gefeiert worden sein. Wissen wir doch, dass seit Ende des dritten Jahrhunderts nicht selten der scenische Agon gänzlich ausfiel [2]). Der Verfall der chorischen Wettkämpfe war nicht nur durch den Mangel an Geldmitteln, sondern noch mehr durch die Theilnahmslosigkeit der Bürger bedingt; langsam aber unausweichlich folgt so dem politischen der künstlerische Bankerott. Die jungen Athener, in denen der alte thatkräftige Bürgersinn erstorben war, hatten keine Freude mehr daran, an einem Feste, dessen religiöse Bedeutung kaum noch empfunden wurde, als Sänger aufzutreten [3]); ihnen fehlte auch die praktische Schulung, und sie thaten sich lieber als Kenner der modernen Virtuosenkunststücke

---

[1]) Jedenfalls darf man das Gegentheil nicht daraus schliessen, dass diese neuen Epimeleten Agonotheten, nicht Athlotheten hiessen; denn ihren Namen erhielten sie wohl zur Unterscheidung von den panathenäischen Festbeamten.

[2]) Vgl. CIA II 975 (Koehler, Athen. Mitth. d. Inst. III S. 129) und ᾽Εφημ. ἀρχ. 1884 S. 137, Z. 31: ἀνειπεῖν . . . Διονυσίων τῶν ἐν ἄστει τραγῳδῶν τῷ καινῷ ἀγῶνι, ὅταν πρῶτ[ον ὁ δῆμος συ]ντελεῖ τὰ Διονύσια (drittes Jahrhundert).

[3]) Eine Parallele bietet der Verfall des Ephebeninstitutes, das seit Anfang des dritten Jahrhunderts kein „organischer Bestandtheil des Staates" mehr ist; der Eintritt ins Institut hörte auf obligatorisch zu sein, und so schwand die Zahl der Epheben auf zwei bis drei Dutzend zusammen; vgl. Koehler, Athen. Mitth. d. Inst. IV S. 333 f.

auf. So traten wohl allmälig auch bei den chorischen Aufführungen an Stelle der freiwilligen Dilettanten berufsmässige Sänger, zwischen denen ein wirklicher Wettkampf bald gar nicht mehr stattfand. Es ist also der gänzliche Mangel von choregischen Inschriften aus dem zweiten und ersten Jahrhundert gewiss nicht zufällig. Für jene „Techniten" hatte der Dreifusspreis keinen Sinn und keinen Werth; sie werden Geldpreise erhalten haben, wie man solche schon in Lykurgs Zeit für die Chöre der Poseidonien im Piräus eingesetzt hatte. Wenn bei solcher Gelegenheit ein athenischer Bürger freiwillig die Kosten zu tragen übernommen hatte, so konnte er zum Andenken daran „private" Anatheme stiften, welcher Art er wollte. Reste derartiger Weihgeschenke mögen die zwei von Benndorf, Beitr. z. Kenntniss d. athen. Theaters S. 87 besprochenen Stelenplatten sein, deren eine einen Dreifuss in Relief, die andere die Inschrift . . . κινος Παλληνεὺς ['Ερ]μῇ ἐναγωνίῳ (CIA II 3, 1543) trägt. Auch die Basis mit dem Weihepigramm an Nike CIA II 3, 1298 (s. u.) könnte hiehergehören; doch lässt es sich durchaus nicht erweisen, dass diese Inschriften sich gerade auf chorische Aufführungen beziehen müssten.

Als man dann zu Beginn der christlichen Zeitrechnung den Leichnam des attischen Staatswesens zu galvanisieren und den alten Institutionen künstlich neues Leben einzuhauchen versuchte, hat man auch die chorischen Agone der Dionysien wieder herzustellen unternommen. Damit wurde der Dreifuss in seine alten Rechte als Preis und Weihgeschenk wieder eingesetzt; wenigstens wird er in den Inschriften als νείκης ἆθλον, πρῶτον ἆθλον, γέρας; bezeichnet (CIA III 68ᵇ, 82ᶜ, 79). Im übrigen gehen Einrichtungen verschiedener Perioden neben einander her. Manchmal fungiert der Archon gleichzeitig als Agonothet, ein andermal erscheint neben dem Agonotheten ein Chorege (CIA III 78) oder es übernimmt einmal der Agonothet, wie dies im dritten Jahrhundert v. Chr. geschehen war, die Choregie für alle zehn Phylen [1]. So geben die wenigen „choregischen" Inschriften dieser Zeit ein deutliches Bild von der Zerfahrenheit, Unordnung und Unregelmässigkeit der erneuerten Festfeier, die übrigens bald wieder gänzlich eingestellt worden zu sein scheint. Wie bei so vielen andern Bestrebungen der römisch-attischen Renaissance haben auch hier die entarteten Nachfahren nur ein klägliches Schein- und Zerrbild der alten Herrlichkeit wiederherzustellen vermocht.

Um nun ein Bild von der Beschaffenheit und Grösse der athenischen Weihdreifüsse zu gewinnen, müssen wir einerseits die auf Vasen

---

[1] Plut. Symp. I 10: ἔσχε γὰρ ἀγὼν ἐντονωτάτην ἅμιλλαν, ἀγωνοθετοῦντος ἐνδόξως; καὶ μεγαλοπρεπῶς Φιλοπάππου τοῦ βασιλέως ταῖς φυλαῖς ὁμοῦ πάσαις χορηγοῦντος.

und Reliefs erhaltenen Darstellungen, andererseits die Basen mit choregischen Inschriften heranziehen. Aus den litterarischen Nachrichten lernen wir nur, dass die Dreifüsse von Erz (Paus. I 28, 1) und von verhältnissmässig geringem materiellen Werth waren[1]); und auch das Epitheton ἐαβάλεος, das Simonides (Epigr. 147 B.) dem Dreifuss giebt, lehrt uns nichts Wesentliches.

Fig. 1 (*A*). Von der Vase Blacas im British Museum.

Fig. 2 (*B*). Von der Oinochoe Pourtalès.

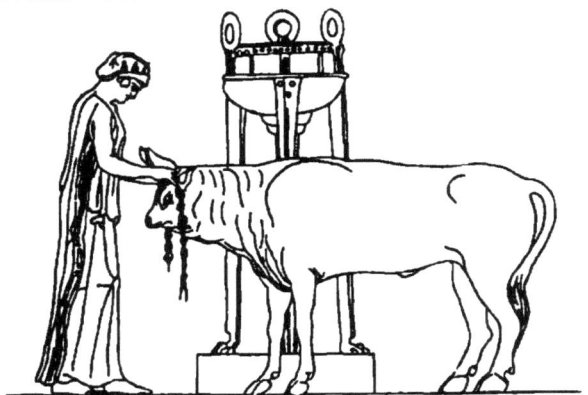

Fig. 3 (*C*). Stamnos des Polygnot im British Museum.

Unter den hiehergehörigen Vasenbildern ist an erster Stelle die bekannte Vase des Musée Blacas T. 1 aus der ersten Hälfte des fünften

<hr />

[1]) Xen. Hipparch. 1, 26: δῆλον δὲ τοῦτο καὶ ἐν τοῖς χοροῖς ὡς μικρῶν ἄθλων ἕνεκα πολλοὶ μὲν πόνοι μεγάλαι δὲ δαπάναι τελοῦνται. Leider wissen wir nicht, ob die 1000 Drach-

Jahrhunderts zu nennen (A)[1]), welche Nike darstellt, wie sie an dem von der Phyle Akamantis und dem Choregen Glaukon[2]) errungenen Preisdreifuss (vgl. Abbildung 1) eine Spende darbringt[3]). Daran

Fig. 4 (D). Stamnos in München.

schliesst sich (B) die Oinochoe Mus. Pourtalès T. VI (Élite céramogr. T. XCI; vgl. Abbildung 2). Der zweiten Hälfte des Jahrhunderts gehören dann einige Vasen mit reicher ausgeführten Darstellungen choregischer Siegesfeier[4]) an, der Stamnos des Polygnot (C)[5]), dessen rechte Hälfte Abbildung 3 wiedergiebt, der schöne Münchner Stamnos n. 386 (D; vgl. Abbildung 4)[6]), der fragmentierte Krater aus dem

men, welche auf Delos für die Siegesdreifüsse ausgeworfen werden (CIA II 814), zur Anschaffung von bloss zwei oder von mehreren Dreifüssen dienen sollten.

¹) Oft wiederholt, so in Daremberg-Saglio, Dictionn. S. 1118; Schreiber, Culturhist. Bilderatl. T. XXV 11 und sonst.

²) Andere Glaukonvasen s. bei Klein, Meistersignaturen² S. 147; vgl. Zeitschr. f. österr. Gymn. 1887 S. 647. Diesen Glaukon hat Studniczka, Jahrb. d. Inst. II S. 162 mit dem Sohne des Leagros identificiert, der zu Beginn des peloponnesischen Krieges vor Kerkyra befehligte (Thukyd. I 51). Wenn die neuerdings auf der Akropolis gefundenen Fragmente der Orpheusschale (Journal of hell. stud. 1888 T. VI) wirklich aus dem Perserschutt stammen sollten, was nicht gesichert ist, würde allerdings die Entstehungszeit der polychromen Glaukonschalen so hoch hinaufgerückt, dass die Möglichkeit zu erwägen wäre, ob hier nicht an ein älteres Mitglied der Familie zu denken sei.

³) Eine rothfigurige Scherbe aus dem Perserschutt zeigt neben den Resten eines Dreifusses die Inschrift 'Αχαμαν . . ., die es nahe liegt, nach dem Muster der obigen Vase zu ergänzen; vgl. Wolters, Athen. Mitth. d. Inst. XIII S. 228.

⁴) Zur Datierung vgl. Kekulé, Nikebalustrade S. 17, 22; Winter, Jüngere attische Vasen S. 22.

⁵) Brit. Museum 755; Gerhard AVB IV 243; Klein, Meistersignaturen² S. 199.

⁶) Vases grecques etc. de L. Bonaparte T. 1; Gerhard, AVB II 81; Lau und Brunn, Griech. Vasen T. 28.

Piräus Arch. Zeit. XXXVIII 1880 T. 16 *(E)* und die Bologneser Vase *(F)* [1]).

Dem vierten Jahrhundert gehören die oben S. 59 f. besprochenen Reliefs an, deren eines *(G)* einen Choregen (oder Dichter) vor seinem

Dreifuss (Abbildung 5), das andere *(H)* einen von einem Satyr aufgestellten Dreifuss zeigt. Wichtiger sind die Reliefbilder der Dreifüsse, die sich an den Schlussplatten der intercolumnaren Wandung des Lysikratesmonumentes befinden *(L)* (vgl. Abbildung 6); denn hier können wir dem Charakter des Monumentes gemäss am ehesten eine sorgfältige Wiedergabe der Wirklichkeit erwarten[2]). Daran schliessen sich endlich noch einige Relieffragmente von geringerer Bedeutung, wie Sybel 3912 *(I)* s. o. S. 67 und einige Theatermarken mit choregischen Dreifüssen[3]).

Wie der erste Blick auf diese Darstellungen lehrt, haben die choregischen Dreifüsse nichts zu thun mit jenem in italischen Funden so zahlreich vertretenen Dreifusstypus, welcher der Ring-

Fig. 5 *(G)*. Relief in Athen.

henkel entbehrt und dessen meist nach auswärts gebogene und mannigfaltig untereinander verbundene Beine oberhalb der Füsse in mehrere (drei) Stäbe sich theilen[4]). Vielmehr sind sie den Weiterbildungen jenes Dreifusstypus (mit Henkeln und schienenförmigen, geraden Beinen) einzu-

[1]) In sehr ungenügender Weise publiciert bei Inghirami, Vasi fittili IV T. 361; Passeri, Pitt. Etr. T. 7; D'Hancarville, Cab. Hamilton II T. 37; Müller-Wieseler, Denkm. a. K. II 50, 625. Die beigeschriebenen Namen Σῖμος, Νίκη, Νίκη, Διόνυσος, Βάγχι hat zuerst Heydemann (Mitth. a. d. Antikensamml. Ober- u. Mittelitaliens S. 52) gesehen. Hier ist auch zu erwähnen die Vase München 1122 (eine heranschwebende langbekleidete Nike bekränzt einen auf einer Basis stehenden Dreifuss, unten ein Hund; „roh"); vgl. endlich noch die Lekythos des Mys, 'Αρχαιολ. Δελτίον 1888 S. 136.

[2]) Vgl. Stuart u. Revett I, Cap. IV T. 6 (Lief. 4 T. 3); von den zwölf Platten (mit je einem Dreifuss in Relief) war Anfangs des Jahrhunderts noch die Hälfte erhalten, gegenwärtig befindet sich nur noch eine an der Nordseite (vgl. Breton, Athènes 1862 S. 272), eine zweite wurde bei den französischen Ausgrabungen 1878 gefunden (Bull. de corr. hell. II S. 413).

[3]) Vgl. auf der Tafel bei Benndorf, Beitr. z. Kenntn. d. att. Theaters, n. 25 u. 42.

[4]) Vgl. De Luynes, Nouvelles annales de l'inst. archéol. II (1838) S. 237 ff.; Friederichs, Kleine Kunst S. 191 f.; Roulez, Ann. d. Inst. 1862 S. 189 ff.; Wieseler, Delphischer Dreifuss S. 66; Furtwängler, Bronzefunde von Olympia S. 68.

reihen, dessen Herkunft zwar noch unbekannt ist, dessen Entwicklung auf griechischem Boden wir aber an der Hand der Funde von Olympia Kreta Dodona und Delos[1]) und der zahlreichen Vasen- und Münzbilder vom sechsten Jahrhundert ab genauer nachweisen können. Gegenüber jenen ältesten Exemplaren zeigen natürlich die choregischen Drei-

füsse, die wir über die Zeit der Perserkriege hinaus nicht verfolgen können, eine wesentlich fortgeschrittene Gestalt. Wenn nicht nur die Dipylonvase Mon. d. Inst. IX 39, 2, sondern auch noch eine Reihe altattischer Vasen (vgl. Furtwängler a. a. O. S. 17) nur zweihenklige Dreifüsse zeigen, so haben die choregischen Tripoden bereits durchgehends drei Henkel. Entsprechen zwei an den Enden eines Durchmessers angebrachte Henkel zunächst der praktischen Verwendung, dem Zwecke des Anfassens und Tragens, so bezeichnet die Dreizahl der Henkel, die ja dem ästhetischen Bedürfniss

Fig. 6 (L). Vom Lysikratesmonument.

besser entspricht, schon einen Schritt auf der Bahn rein decorativer Verwendung des Dreifusses.

Besonders charakteristisch ist die Gestaltung des Kessels selbst. Während dieser bei den olympischen Dreifüssen bauchig ist und in seiner Weite der Höhe der Füsse gleichkommt, ist er bei den choregischen, wie auch sonst bei anathematischen Dreifüssen flacher gebildet und hat im Vergleich zur Höhe einen viel geringeren Durchmesser.

---

[1]) Vgl. Furtwängler a. a. O. S. 12 ff.; Arch. Zeit. XL 1882 S. 333; Fabricius, Athen. Mitth. d. Inst. X S. 63; Purgold, Ann. d. Inst. 1885 S. 182 ff.

Das Verhältniss von Kesseldurchmesser und Höhe der Beine schwankt in den verschiedenen Darstellungen zwischen $1:2^1/_3$ (B), $1:2^1_4$ (A, L) $1:2^3/_4$ (C), $1:3$ (D, E), $1:3^1/_2$ (F). Bei der geringen Sorgfalt, welche die Vasenmaler überhaupt in solchen Details zu bethätigen pflegen, wird man ein grösseres Gewicht auf diese Ungleichmässigkeit nicht legen wollen; da A, B, C jedenfalls den grössten Anspruch auf Genauigkeit und Treue erheben dürfen, wird man mit Hinweis auf gleichproportionierte Dreifüsse anderer Art wenigstens für die Epoche, welcher jene Vasen angehören, das Verhältniss von $2^1/_4$ oder $2^1/_2$ als Regel annehmen können. Auffallend ist nun, dass noch L nach fast 150 Jahren dasselbe Verhältniss zeigt. Es ist ja zwar denkbar, dass hier am Friese des Lysikratesmonumentes aus künstlerischen Gründen die Länge der Beine verringert worden sei; aber es kann sich dabei doch nur um geringe Abweichungen von der Wirklichkeit handeln und man wird — mit den Beschränkungen, welche die Unvollständigkeit des Beweismaterials auferlegt — den Schluss ziehen dürfen, dass in den Grundverhältnissen der officiell gespendeten Dreifüsse eine merkwürdige Gleichmässigkeit sich erhalten habe. Ob vielleicht die für Männer- und Knabenchöre bestimmten Dreifüsse sich durch grössere und geringere Schlankheit oder durch verschiedenen Schmuck von einander unterschieden, wie dies bei den Agonen Ptolemäus' des Zweiten der Fall war (Athen V 198 c), lässt sich aus dem vorhandenen Material für Athen nicht feststellen. Da in älteren choregischen Inschriften öfters die Angabe der Chorgattung fehlt, könnte man geneigt sein, zu folgern, dass eben die Art des Weihgeschenkes selbst darüber Aufschluss gegeben habe. Dass aber wenigstens in der Zeit der Agonotheten eine Grössenverschiedenheit in den beiden Gattungen von Preisdreifüssen nicht allgemein durchgeführt war, lehrt das Thrasyllosmonument und eine Reihe von Basen, auf denen die Dreifüsse des Knaben- und Männerchors als Gegenstücke aufgestellt waren.

Die Beine der choregischen Dreifüsse enden immer in Löwenklauen, welche zwar den Dreifüssen auf den Dipylonvasen noch fehlen (vgl. Furtwängler a. a. O. S. 18), aber schon auf den korinthischen Pinakes (Berlin 644 f.) und auf den attischen Vasen fast ohne Ausnahme (Gerhard AVB II 126) sich finden. Untereinander sind die Beine in sehr verschiedener Weise durch Stäbe oder Reifen verbunden. Ebenso herrscht auch in der Art, wie die Henkel am Kessel ansitzen, grosse Mannigfaltigkeit. Das Gewöhnliche in den Darstellungen jüngerer Zeit ist, dass die drei Henkel je über einem Fusse sitzen, und dies dürfen wir von vornherein auch für die choregischen Dreifüsse voraussetzen. In einigen Darstellungen scheinen freilich die Henkel anders, nämlich zwischen den Beinen, angebracht zu sein, denn auf A und, wie es scheint, auch bei

B, ist der dritte Fuss nach vorn gerichtet, während der entsprechende Henkel am entgegengesetzten Ende des Kesseldurchmessers aufsitzt; dem016entsprechend steht auf *L* der dritte Henkel auf der vorderen, der dritte Fuss auf der rückwärtigen Seite. Inwieweit hierin wirklich Varianten der üblichen Form oder aus zeichnerischen Rücksichten vorgenommene Abweichungen von der Wirklichkeit zu erkennen seien, mag dahingestellt bleiben. Die Henkel selbst sind bald durch längere, bald durch kürzere Bänder mit dem Kesselrand verbunden; einmal erscheinen auch hier noch besondere seitliche Verbindungsstäbe. Gekreuztes Stabwerk innerhalb der Henkelreifen sehen wir auf *B*; einen eigenthümlichen Reifen, der unterhalb der Henkel verläuft, zeigt *C*.

Die ältesten Exemplare *A B C* haben über den Henkeln noch keinerlei Aufsatz; bei *D* und *E* ruht ein mit Zacken versehener Reif auf den Henkeln, eine sogenannte Stephane [1]), die vielleicht mit einem Deckel in Verbindung steht. Deutlich erkennbar ist ein solcher Deckel auf *G* und *L*, und es liegt die Vermuthung nahe, dass auch in den anderen Fällen eine unmittelbar auf dem Kessel ruhende Scheibe, die in den Abbildungen unsichtbar bleiben konnte, als Deckel gedient habe. Doch ist wohl möglich, dass die Dreifüsse, deren Kessel ja nur wenig geräumig waren, auch bei der Aufstellung im Freien ganz ohne Schutz belassen wurden, oder dass eine kleine Oeffnung am Kesselboden dem Wasserabfluss gedient habe.

Weitere Einzelheiten sind für uns hier ohne Belang [2]); nur darauf mag noch hingewiesen werden, dass die Beine auf *A* noch stark einwärts gerichtet, später aber ganz senkrecht sind. Leider lassen sich aus der geringen Zahl von Beispielen die Veränderungen nicht im Einzelnen nachweisen, die der wechselnde Geschmack im Laufe der Jahrhunderte an den Formen der conventionell gewordenen Dreifüsse vornahm. Von der Freiheit in der Behandlung nebensächlicher Zuthaten können uns aber die vorgeführten Vasenbilder einen Begriff machen, wenn sie auch nicht immer bestimmte wirkliche Preisdreifüsse in ihren Einzelheiten treu nachbilden. Noch grössere Mannigfaltigkeit dürfen wir dann für die Details der Bronzearbeit, die Beschläge, die Ornamente der Henkel, die Profilierung der Beine und Stäbe u. a. voraussetzen.

---

[1]) Ueber die Stephane vgl. Wieseler a. a. O. S. 64; 74 ff. Gewöhnlich hat sie — wie auf *E* — drei Zacken (vgl. Arch. Zeit. XXV T. 226; Élite céramogr. I 97; Millingen, Vases Coghill T. XI), auf *D* dagegen eine viel grössere Zahl. Der Gegenstand, den Nike auf *F* in der Linken trägt, ist nach Heydemann weder Stephane noch „Strahlenkranz" (Stephani, Nimbus und Strahlenkranz S. 109), sondern eine Tänie.

[2]) Ueber die Bildung der Füsse vgl. Wieseler a. a. O. S. 62[40], 66[44]; über die Handhaben S. 71[45]; über die Deckel S. 69[47]; über Consecration und Schmückung der Dreifüsse S. 86[58].

An dieser Stelle müssen wir auch der Mittelstütze der Dreifüsse
gedenken, die allerdings keinen ursprünglichen Bestandtheil der Dreifuss-
form bildet, aber für deren künstlerisches Gesammtbild doch zu wesentlich
ist, um hier übergangen zu werden. So unnütz und hinderlich eine solche
Stütze bei einem in praktischer Verwendung stehenden, beweglichen
Dreifuss gewesen wäre, so zweckmässig war sie, um dem leichten und
schlanken Bronzegeräth eine grössere Festigkeit des Standes zu geben,
wenn es als bleibendes Weihgeschenk im Heiligthume aufgestellt werden
sollte. Indem man dieser Stütze gewöhnlich die naheliegende, aber
etwas schwerfällige Form einer kurzen Säule gab, ward auch äusserlich
die Bestimmung, als tragendes Glied zu dienen, ausgesprochen. Neben
diesem praktischen Zwecke kam der künstlerische Vortheil, dass das
Geräth auf diese Art eine betonte Mittellinie gewann, wohl erst in
zweiter Linie in Betracht. Die neuerdings aufgestellte Vermuthung[1]),
dass innerhalb dieser Stützen sich auch Röhren befunden hätten, die
das in den Kesseln sich sammelnde Wasser ableiten sollten, wird durch
die Thatsache wenig empfohlen, dass vielfach diese Stütze durch statuarische Kunstwerke ersetzt wird, die kaum einem derartigen praktischen Zwecke dienen konnten, und dass die einzige uns erhaltene Stützsäule eines Dreifusses (Ἀθήναιον I S. 170) undurchbohrt ist. Von den
choregischen Dreifüssen der Vasen zeigen D und E, die noch nicht
auf Postamente gestellt sind, natürlich keine Stütze; aber auch A und
F entbehren ihrer, was man schwerlich auf Nachlässigkeit des Malers
wird zurückführen können. Dagegen wird wohl das Fehlen dieser
Stütze auf L aus künstlerischen Rücksichten zu erklären sein, indem
die Mittelsäule in dem flachen Relief einige Unklarheit in das Bild des
Dreifusses gebracht hätte. Im Allgemeinen scheinen, nach den Einsatzspuren der choregischen Basen und den Darstellungen BC zu schliessen,
wenigstens seit dem Ende · des fünften Jahrhunderts die choregischen
Dreifüsse gewöhnlich mit solchen Mittelstützen versehen worden zu
sein. In welcher Weise diese auch hier Veranlassung zu statuarischem
Schmuck gegeben haben, darüber wird im weiteren Verlauf der Untersuchung noch zu handeln sein.

Ueber die thatsächliche Grösse der dionysischen Dreifüsse geben
uns die erwähnten Bilder nur einen ungefähren Anhalt durch den Vergleich der um die Dreifüsse beschäftigten Figuren. So erscheint Nike
auf A B C D E F um ein Beträchtliches, auf A fast um die Hälfte
grösser als die Höhe der Beine; doch mögen diese Schwankungen

---

[1]) Fabricius, Jahrb. d. Inst. I S. 191. Thatsächlich dient in einigen als Fontäne
verwendeten Marmordreifüssen die Stütze als Wasserablauf; vgl. Visconti, Mus. Pio
Clem. V S. 101.

wenigstens zum Theil sich aus der Art der betreffenden Compositionen erklären. Grösseres Gewicht hat es, dass auf *G* (Abbildung 5) der neben dem Dreifuss stehende Mann bedeutend kleiner erscheint, obwohl er vermuthlich mit dem Dreifuss auf derselben Basis stehend zu denken ist. So ergiebt sich ein ungefähres Mass von 140—180 Cm. für die Höhe der Beine und (entsprechend dem oben S. 72 festgestellten Verhältniss) von 60—80 Cm. für den Durchmesser des Kessels, den wir im Folgenden mit ̔ bezeichnen wollen. Denn diese beiden Masse können hier allein in Betracht kommen, da die Höhe der Henkel und des Aufsatzes sich einer genauen Berechnung entzieht. Ueber die Grösse von ̔ nun geben die erhaltenen Basen noch einigen Aufschluss. Indem nämlich ̔ ungefähr dem Durchmesser des um die Innenränder der Füsse geschlagenen Kreises gleichkommt, lässt es sich wenigstens da, wo noch die Einsatzspuren der Dreifussbeine auf den Inschriftsteinen erkennbar sind, mit einiger Sicherheit feststellen. Unter Vergleich solcher Basen lassen sich dann auch aus den nur unvollständig erhaltenen Basen Schlüsse ziehen, die natürlich nur ganz approximativ sind, da ja die Füsse bald näher an den Aussenrändern des Steines, bald weiter einwärts gestellt sein können. Unter diesem Gesichtspunkt sind denn im Folgenden die mir erreichbar gewesenen Masse choregischer Basen zusammengestellt, soweit möglich in chronologischer Ordnung, wobei nur die zweifellos auf Thargelienagone bezüglichen Steine vorläufig ausser Acht geblieben sind.

I. Der Stein mit der Inschrift CIA I 336 ist 130 Cm. lang, 18 Cm. hoch [1]).

II. Die Basis des Kedeides CIA IV (2) 337ᵃ ist 120 Cm. lang, 102 Cm. breit [2]), 21 Cm. hoch [3]).

Abbildung 7 zeigt die gegenwärtige Oberseite nach einer Skizze, die der Freundlichkeit B. Grüf's verdankt wird. Die Einsatzspuren der Löwenklauen (23—23·8 Cm. lang in der Richtung des Halbmessers, 15·5—18 Cm.

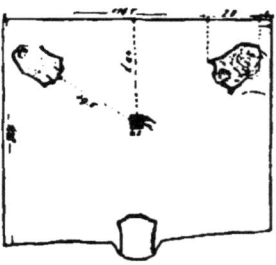

Fig. 7. Basis des Kedeides.

breit) sind noch deutlich erkennbar; ein Kreis mit einem Durchmesser von 126 Cm. würde die Füsse von aussen, ein Kreis von etwa 80 Cm. von innen umschliessen. In der Mitte zeigt der

---

[1]) Gegenwärtig im Hause Nr. 28 der Metropolisstrasse als Treppenstufe verkehrt eingemauert.

[2]) Als Länge ist hier wie im Folgenden die Ausdehnung der Inschriftseite, als Breite die zweite Dimension, d. i. die Tiefe des Steines bezeichnet.

[3]) Im Sommer 1887 ebenso wie die Inschrift V im Vorhofe des athenischen Centralmuseums befindlich.

Stein eine Einarbeitung von 6½ Cm. im Quadrat und 4 Cm. Tiefe für den Zapfen der Säule, deren Standspur (mit einem Durchmesser von 31 Cm.) sich noch verfolgen lässt.

III. Die von Kumanudis im Hadriansgymnasium wiedergefundene Basis CIG 226ᵇ ('Εφημ. ἀρχαιολ. 1885 S. 214; CIA II 1250) aus dem Jahre 415 v. Chr. ist 160 Cm. lang, 21 Cm. hoch und jetzt nur noch 33 Cm. breit, weil sie bei späterer Verwendung abgeschnitten ist.

IV. Dem Anfang des vierten Jahrhunderts gehört auch der Marmorblock mit der Inschrift CIA II 1281 an[1]):

Πυθόδωρος Μελανθίο [ἐχορήγει . . .
Τελεσίας Ἡγησίλεω ἐ[βίβασκε . . .
Λαμπρίας Εὐχαρίδο η[ὔλει.

Der Stein, der gegenwärtig hinter der Skene des Dionysostheaters liegt, wohin er vielleicht erst von anderswo gebracht worden ist, misst 70 Cm. in der Länge, 91 Cm. in der Breite, 28 Cm. in der Höhe. Wie der Verlauf der Inschrift und ein am rechten Rande befindliches Klammerloch zeigen, schloss rechts ein zweiter Block an, für den wir dieselben Dimensionen voraussetzen dürfen. Auf der Oberfläche ist links eine 22 Cm. breite, 9 Cm. lange Einlassung vorhanden, die offenbar zur Befestigung der Löwenklaue eines Dreifusses diente. Da sie ungefähr 12 Cm. vom seitlichen Rande absteht, während diese Entfernung bei der Kedeidesbasis (II) nur 4 Cm. beträgt, so ergiebt sich, dass der um die Dreifussbeine geschlagene Kreis und also auch ? ungefähr dieselbe Grösse haben mussten wie dort.

V. Das Inschriftfragment CIA II 1258 Frgm. b aus der ersten Hälfte des vierten Jahrhunderts ist gegenwärtig 90 Cm. lang, 66 Cm. breit. Da die Gesammtlänge der Inschrift mindestens 105 Cm. betrug, wird die Basisvorderseite etwa dieselbe Ausdehnung (120 Cm.) gehabt haben wie bei II.

VI. Die vielbesprochene choregische Inschrift in der Gorgopiko (Arch. Zeit. XXX S. 23 T. 60, 13; CIA II 1249) ist 115 Cm. lang, 22 Cm. hoch.

VII. Hier ist vielleicht auch das Inschriftfragment CIA II 1266 einzureihen[2]).

Λεωντίς πα[ίδων ἐνίκα
Τιμογένης 'Αθ [. . . ἐχορήγει
Μοιραγένης 'Οπού[ντιος ηὔλει oder ἐβίβασκε

---

[1]) Koehler bezieht die Inschrift auf ein privates Weihgeschenk; aber es ist doch möglich, dass in Z. 1 oder etwa auf einem darunter befindlichen Stein noch in irgend einer Form die Phyle genannt war. In der Abfassung der Formeln scheint doch wohl eine grössere Freiheit geherrscht zu haben, als ich selbst früher zuzugeben geneigt war.

[2]) Diese Ergänzung scheint mir jetzt wahrscheinlicher als die früher (De mus. Gr. certam. S. 41; 86) vorgetragene Vermuthung, dass das Fragment einer Agonotheten-

Gegenwärtig ist die in byzantinischer Zeit anderweitig verwendete Platte 85 Cm. hoch, 74 Cm. lang; da links noch ein freier Raum von 22 Cm. vorhanden, rechts also ein gleicher vorauszusetzen ist, und die Inschrift selbst in Z. 1 noch etwa 40 Cm. erfordert, so ergiebt sich für die Basis eine ursprüngliche Länge von circa 135 Cm., also etwas mehr als bei II.

VIII. Die Inschrift des Choregen Chares CIA II 1240 aus dem Jahre 344/3 lässt sich aus der gegenwärtigen Länge (90 Cm.), wie bei V, auf 105 Cm. berechnen, doch wird auch hier rechts noch ein grösserer freier Raum auf dem Steine vorauszusetzen sein, wofür seine grosse Tiefe spricht (136 Cm.) [1].

IX. Der gegenwärtig im Dionysostheater befindliche Stein von 89 Cm. Länge mit der fragmentierten Inschrift (CIA II 1262) Ἀντιοχὶς ἀνδρῶν . . . | Κριτόβ[ουλος . . . ergiebt mit der Ergänzung eine Länge von 120 Cm.; da rechts ein freier Raum vorauszusetzen ist, muss der Stein noch etwas länger gewesen sein.

X. Die Grösse des von Lysikrates geweihten Dreifusses lässt sich aus der Oberfläche der Knaufblume (vgl. Abbild. 8 und 9 nach Stuart und Revett I Cap. IV T. IX), welche den Dreifuss trug (s. u.), noch berechnen. Es sind nämlich nicht nur in der Mitte das Loch (20 Cm. im Durchmesser, 16 Cm. tief) für die Mittelstütze, sondern auch die Einsatzlöcher (8 Cm. lang, 7 Cm. tief) für die drei Füsse an den vorspringenden Längsarmen erhalten [2]. Ein Kreis von 112 Cm. Durchmesser würde diese Fusseinsätze aussen umschliessen; nehmen wir an, dass die Löcher etwa der Mitte der Löwenklauen entsprechen, so ergiebt sich daraus für ? eine Länge von 75—80 Cm. Es ist hiebei ohne Belang, ob Hansen und Lützow mit Recht oder Unrecht den

inschrift angehöre. Da nämlich Z. 1 nur 18 Cm. vom Rande absteht, so ist hier, wenn wir die Schreibart ähnlicher Agonotheteninschriften vergleichen, kein genügender Raum für die Formel ὁ δῆμος ἐχορήγει, von der ausserdem doch auch der Anfang auf dem Steine erhalten sein müsste. Die Schriftformen des jetzt im kleinen Museum zu Theben befindlichen Steines schienen mir den Ansatz um Mitte des vierten Jahrhunderts zu erlauben. Die Buchstaben ΑΘ . . . müssen also dem Namen von Timogenes' Vater angehören.

[1] Der in byzantinischer Zeit wieder verwendete Stein liegt gegenwärtig auf dem obern Plateau des Asklepieions am Fusse des Burgfelsens. Es ist wohl wahrscheinlicher, dass er vom Dionysion, als dass er vom Pythion dorthin verschleppt worden sei.

[2] Der „Dreifuss des Lysikrates" im Mus. Worsleiano T. VIII 2 ist natürlich nur eine plumpe Fälschung (— oder ein Missverständniss Visconti's? —), wie schon die Herausgeber der zweiten Auflage von Stuart und Revett (S. 170 d. d. Uebers.) erkannt haben. Das Bild dieses Dreifusses — der vermuthlich nie anders als in der Zeichnung existierte — ist nach der Reconstructionsskizze bei Stuart und Revett I S. 36 verfertigt.

Dreifuss nicht unmittelbar auf der Knaufblume, sondern auf einer da-
zwischengelegten abacusartigen Platte aufruhen lassen; denn wenn jene
Einsatzlöcher auch nicht unmittelbar die Beine des Dreifusses aufgenommen haben sollten, so sind deren Standpunkte an eben jenen
Stellen doch schon durch die Form der Blume gesichert.

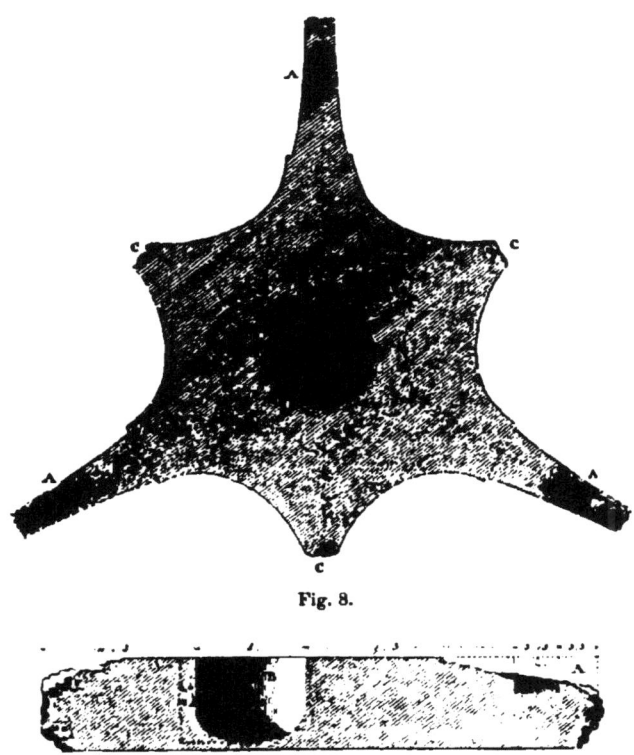

Fig. 8.

Fig. 9. Vom Monument des Lysikrates.

Aus diesen Massen ergiebt sich zunächst für II und X eine Kesselweite von 75—80 Cm., was etwa einer Höhe von 180—200 Cm. entsprechen würde[1]). Mit der Basenlänge von II stimmen mehr oder weniger
überein I (130), VI (115), VII (135), IX (120), und ungefähr das gleiche

---

[1]) Fast die gleichen Grössenverhältnisse hatte der auf Salamis geweihte Preisdreifuss CIA II 1248, dessen Basis nach Monceaux (Bull. de corr. hell. VI S. 521) an der
Oberseite in der Mitte ein Loch von 20 Cm. Durchmesser, an den Ecken drei recht-
eckige Löcher (17 × 14) zeigt; die Länge der geschweiften Seiten beträgt 103 Cm.; s. u.

Mass liess sich für V und VIII vermuthen. Durch grössern oder geringern Abstand der Füsse von den Kanten erklären sich hier ebenso wie bei IV leicht diese kleinen Differenzen, so dass wir wohl mit einiger Zuversicht auch für die Dreifüsse dieser Basen gleiche Dimensionen wie für II und X annehmen können. Bei III muss es zweifelhaft bleiben, ob wirklich der Dreifuss oder nur die Basis aussergewöhnliche Dimensionen hatte. Die Basen für die Dreifüsse von Knaben- und Männerchören stimmen in ihren Massen ziemlich genau überein; denn V (105 + x) VI (115) IX (120) beziehen sich auf Wettkämpfe der Männer, I (130) VII (135) VIII (105 + x) X (120) auf Knaben, — die Bestimmung von II III IV ist unbekannt. In Bezug auf die Grösse des Kessels kann also zwischen beiden Arten von Dreifüssen kein wesentlicher Unterschied bestanden haben; vgl. S. 72.

Die grosse Gleichmässigkeit der Dreifüsse — zwischen II und X liegen über achtzig Jahre — wird damit zu erklären sein, dass die Dreifüsse vom Staate ausgesetzt waren. Da also ihr Werth und Preis gesetzlich feststand, mochten sie vom Archon immer in gleichen Dimensionen bestellt worden sein. Dass der Staat nicht etwa blos das zum Ankauf nöthige Geld, sondern thatsächlich den Dreifuss selbst gespendet habe, dürfen wir — abgesehen von den oben angeführten Stellen — aus der Analogie der delischen Einrichtungen schliessen, über die uns die Rechenschaftsurkunden der athenischen Amphiktyonen aufklären; in diesen wird nämlich (CIA II 814, a A Z. 31 ff. aus 375/4) unter den Ausgaben zur Festfeier ausdrücklich verzeichnet: τρίποδες νικητήρια τοῖς χοροῖς καὶ τῷ ἐργασαμένῳ μισθός; X.

Aehnliches wie für die dionysischen Dreifüsse gilt auch für die der Thargelien. Die Annahme liegt nahe, dass deren Form sich in einigen Punkten von den dionysischen Tripoden unterschieden hätte, dass etwa die Thargeliendreifüsse sich näher an die hieratische Form des pythischen Dreifusses angeschlossen hätten, während die dionysischen eine künstlerisch-freie Weiterbildung der alten Kesseldreifüsse waren. Allein es fehlt darüber jedes Zeugniss, und auch die einzige Darstellung, die sich mit Sicherheit auf einen Thargeliensieg bezieht, giebt keine genaueren Aufschlüsse. Es ist dies das Bild eines rothfigurigen Kraters in Kopenhagen, welches Ussing, To graeske Vaser i Antik Kabinettet i Kjöbenhavn (1866) T. 2 und Curtius, Arch. Zeit. XXV (1867) S. 91 f., T. 226, 1 veröffentlicht haben; vgl. Abbildung 10[1]). In der Mitte sehen

---

Etwas kleinere Dreifüsse scheinen in Böotien üblich gewesen zu sein, wenn man hiefür die Masse der Basis CIG 1580 (Inscr. of the Brit. Mus. II n. CLIX), welche 22 Cm. hoch, 83 Cm. lang ist, zugrundelegen darf.

[1]) Die linke Hälfte auch bei Schreiber, Culturhist. Bilderatlas T. XXV 8; die Vase wird nicht vor dem Ende des fünften Jahrhunderts entstanden sein.

wir hinter einem Altar eine Situle, auf die eine Nike mit einem Dreifuss in Händen heranschwebt. Links ist ein bärtiger Mann mit ent-
blösstem Oberkörper beschäftigt, unter Beihilfe eines dienenden Knaben
ein Opfer auf dem Altare darzubringen; rechts sehen wir eine hockende
und eine stehende Figur in theatralischem Putz mit hohen Federn im
Haar, deren letztere ein Saiteninstrument in der Hand hat. So schwer
es ist, diese beiden Gestalten in befriedigender Weise zu deuten — die
Vase ist an dieser Stelle nicht intact[1]) — so stehen sie doch sicher in
Beziehung zu einem musischen, apollinischen Fest. Ebendahin weisen
auch der Lorbeerbaum links, die Lorbeerkränze des Mannes und des

Fig. 10. Krater in Kopenhagen.

Opferknaben und vielleicht auch das unblutige Opfer. Wenn wir also nach
dem Fundort der Vase Athen als Schauplatz der Handlung voraussetzen
müssen, so kann nur an die Thargelien gedacht werden. Der Dreifuss
stimmt im Wesentlichen mit den oben besprochenen Darstellungen überein,
ist aber in zu kleinem Masstab gehalten, um uns viel über formelle Details
thargelischer Dreifüsse lehren zu können.

Dagegen werden wir über deren Grösse durch einige Basen genauer unterrichtet, die sicher im Pythion gestanden haben. An erster

---

[1]) Curtius, der die Scene auf Einweihung eines dionysischen Dreifusses bezieht,
meint, die zwei Personen stellen eine Scene aus einem Dithyrambus dar, der damals
nur mehr eine Pantomime mit rauschender Instrumentalmusik gewesen sei (?); Stephani,
Compte-rendu 1868 S. 163, sieht in dem stehenden Kitharoden den Sieger, in dem
kauernden den Besiegten. Ussing hält es für wahrscheinlich, dass die kauernde Figur
eine Flöte hielt. Dann könnte man an eine Darstellung von Didaskalos und Flötenspieler denken, wie auf der Neapler Satyrspielvase.

Stelle sind hier drei cylindrische Basen zu erwähnen, die 1872 am rechten Ilissosufer gefunden worden sind[1]) und in ihrem oberen Durchmesser 79, 82 und 87 Cm. messen. Sie trugen aber nicht unmittelbar den Dreifuss, sondern erst noch eine weitere Platte, die jenem als Untersatz diente[2]); eine solche, die trotz ihrer grossen Ausladung vielleicht zu einer der Basen gehört, ist gemeinsam mit diesen gefunden worden. Sie misst (bei einer Dicke von 12 Cm.) 118 Cm. im Durchmesser und zeigt in der Mitte ein rundes, 2 Cm. tiefes Einsatzloch für die Mittelstütze (24 Cm. Durchmesser)[3]), an den Seiten die deutlichen Standspuren der Löwenfüsse, die in einem Zapfenloch von $8^1/_2 \times 5$ Cm. im Rechteck und 7 Cm. Tiefe befestigt waren; vgl.

die B. Gräf verdankte Skizze Abbildung 11. Der Durchmesser des an die Innenränder der Fussspuren gelegten Kreises würde etwa 65 Cm. betragen; erwägen wir, dass die hier besonders grossen Löwenklauen auch nach innen zu etwas weiter als gewöhnlich auszuladen scheinen, so ergiebt sich auch hier wieder $\delta = 70$ Cm., was den dionysischen Dreifüssen II und X ziemlich genau entspricht. Dagegen ergeben sich natürlich entsprechend kleinere Masse, wenn wir annehmen, dass

Fig. 11. Basis vom Pythion.

die auf den erwähnten Basen auflagernden Deckplatten nur einen um geringes grösseren Durchmesser hatten als diese selbst.

Ausser diesen Basen, die den sechziger Jahren des vierten Jahrhunderts angehören, haben wir ein weiteres Zeugniss für die Dimensionen der Thargeliendreifüsse an der Votivsäule des Aristokrates CIA I 422 (Dittenberger, Sylloge 22), die aus dem Ende des fünften Jahrhunderts stammt. Sie trägt nach Rangabé's Angaben in den Cancelüren folgende Inschrift (je zwei Buchstaben in einer Cannellur): Ἀριστο-κράτης | Σκελίς | ἀνέθηκεν | νικήσας | Κεκροπίδα | ενεορτ . . . | . | |

In der letzten Zeile giebt Pittakis einmal (Anc. Athènes S. 122) an dritter Stelle T, ein andermal (Ἐφημ. ἀρχαιολ. 1123) an vierter Stelle I

---

[1]) Πρακτικὰ τῆς ἀρχαιολ. ἑταιρίας 1873 S. 25; 1874 S. 23; Ἀθήναιον I S. 169, n. 1—3; Dittenberger Syll. 411 ff.; CIA II 1236 f., 1251; gegenwärtig liegen die Steine hinter der Skene des Dionysostheaters.

[2]) Koehler verzeichnet bei allen drei Steinen *in superficie vestigia tripodis*. Ich habe keine derartigen Spuren bemerkt und glaube, dass die oben vorgetragene Ansicht grössere Wahrscheinlichkeit für sich hat.

[3]) In denselben Ausgrabungen am Pythion (Ἀθήναιον I S. 170) wurde auch eine kleine Säule gefunden, die offenbar als Stütze eines Dreifusses diente; da sie im untern Durchmesser 26 Cm. misst, ist sie etwas zu gross, um zu der oben beschriebenen Plinthe gehört zu haben.

an. Die letzten Buchstaben hat man demnach verschieden ergänzt: ἐν ἑορτῇ Διονύσου (Rangabé) oder [Ἀ]π[ελλωνος] (Wachsmuth, Stadt Athen S. 605³), oder [Πυθ]έ[ων] (Pittakis). Klar ist zunächst, dass der Stein das Anathem für einen chorischen Sieg, also einen Dreifuss trug. Man sieht freilich gewöhnlich in dem Zusatz ἀνέθηκεν einen Hinweis darauf, dass hier ein „privates“, d. h. ein von dem öffentlich geweihten Dreifuss verschiedenes Anathem zu erkennen sei. Aber wenn es auch sonst im fünften Jahrhundert nicht üblich ist, dass der Chorege sich als Sieger nennt, so gab es doch für die Weihinschrift kaum eine gesetzlich vorgeschriebene Formel, und ein adelsstolzer Mann, wie Aristokrates, mochte dieselben Beweggründe haben, seinen eigenen Antheil an Sieg und Weihung hervorzukehren, wie hundert Jahre später ein Nikias und Thrasyllos¹). In jedem Falle aber ist die Ausdrucksweise ἐν ἑορτῇ Διονύσου oder Ἀπόλλωνος (für Διονύσια oder Θαργήλια) unmöglich; hier liegt offenbar ein Lesefehler vor, der bei dem Zustand der letzten Zeilen leicht erklärlich ist. Wahrscheinlich stand hier der Name der zweiten mit der Kekropis zu einem Chor vereinigten Phyle, etwa Ἐρεχθηίς, und die Hasta der letzten Zeile mag der Bezeichnung der Kampfart (παίδων) angehören.

Wenn schon diese Form der Inschrift es nahelegt, unser Monument auf die Thargelien zu beziehen²), so kommt uns zu weiterer Bestätigung ein litterarisches Zeugniss zuhilfe. Platon Gorg. 472a sagt, um den Reichthum der Betreffenden zu erweisen: μαρτυρήσουσί σοι, ἐὰν μὲν βούλῃ, Νικίας ὁ Νικηράτου καὶ οἱ ἀδελφοὶ μετ' αὐτοῦ, ὧν οἱ τρίποδες οἱ ἐφεξῆς ἑστῶτές εἰσιν ἐν τῷ Διονυσίῳ, ἐὰν δὲ βούλῃ, Ἀριστοκράτης ὁ Σκελλίου, οὗ αὖ ἐστιν ἐν Πυθίου τοῦτο τὸ καλὸν ἀνάθημα. Schon Kirchhoff hat diese Worte auf die

---

¹) Auch die, wie der Fundort zeigt, sicher auf Thargelien bezügliche Inschrift CIA I 421 (De mus. Gr. certam. S. 43) scheint in derselben Weise abgefasst gewesen zu sein und hat wohl ebenfalls kein anderes Anathem getragen als den Preisdreifuss. Möglich, dass an den Thargelien das persönliche Verdienst des Choregen stärker zur Geltung kam und dies von Anfang an auch in der Fassung der Weihinschrift zum Ausdruck gelangte; vgl. S. 85.

²) Brinck hat (Inscr. Att. ad chorey. pertin. S. 135), verleitet durch eine etwas übereilte Combination, die Aristokratesinschrift auf den Agon der Dionysien bezogen. Er verbindet sie nämlich mit einem auf der Akropolis gefundenen Inschriftfragment von einer canellierten Säule (Rangabé, Ant. hell. 13; Le Bas, Att. 456). Wir brauchen uns aber zur Widerlegung nicht auf die äussere Unwahrscheinlichkeit einer derartigen Zusammensetzung zu berufen, da die Unmöglichkeit der Zusammengehörigkeit beider Fragmente sich direct beweisen lässt. Denn die Masse der Säulencannelluren ebenso wie die Zeilenordnung der Akropolisfragmente (vgl. die Tabelle bei Rangabé I S. 409) stimmen durchaus nicht mit der Aristokratesinschrift überein und zudem läuft die Schrift auf dieser in horizontaler Richtung, auf jenem Fragment aber, wie auf so vielen Votivsäulen der Burg, in verticaler (vgl. die Abbildung Ἐφημ. ἀρχαιολ. vom Januar 1840; 18. Phylladion, T. II n. 357).

erwähnte Inschriftsäule bezogen, und es kann dagegen nicht ins Gewicht fallen, dass diese (nach Pittakis) westlich von der Porticus der Athene Archegetis („Thor der Agora") gefunden wurde; denn ein so weit verschlepptes Monument kann füglich ebensogut vom Pythion als vom Dionysion stammen. Vielmehr werden wir die Identification beider Anatheme mit um so grösserer Wahrscheinlichkeit vornehmen dürfen, als ja das von Platon angeführte Monument, wie aus dessen Standort und dem Zusammenhang der Stelle hervorgeht, gewiss auch choregischen Ursprungs war. Dass Thargeliendreifüsse auf Säulen aufgestellt wurden, zeigt die Kopenhagener Vase, und der obere Durchmesser der Säule des Aristokrates (80 Cm.), auf der noch eine besondere Tragplatte gelegen haben wird, stimmt genau mit den Massen der vorhererwähnten cylindrischen Basen vom Ilissos[1]).

Wenn diese ausserordentliche Gleichmässigkeit der Dreifüsse choregischer Zeit in deren gesetzlichen Normierung ihren Grund hat, so lässt sich schon auf Grund des oben S. 65 f. Dargelegten erwarten, dass in der Periode der Agonothesie infolge der eingetretenen Veränderungen auch der Werth und die Grösse der Dreifüsse mancherlei Schwankungen unterworfen waren, ein Schluss, den das geringe Material bestätigt. So entspricht zwar die Basis des Agonotheten Glaukon CIA II 1291 mit einer Länge von 123, einer Breite von 109 Cm. ganz den choregischen Basen einer früheren Epoche. Dagegen misst die Platte mit der Inschrift CIA II 1294 (Ἀθήναιον VI S. 278), welche an dem für den Dreifuss des Männerchors bestimmten Postament sich befand, 195 Cm. in der Länge; und die entsprechende Platte der Agonothetenbasis CIA II 1290 scheint, nach der Länge des erhaltenen Fragmentes (64 Cm.) zu schliessen, ebenfalls eine bedeutende Ausdehnung gehabt zu haben. Noch mächtigere Verhältnisse hat die Basis des Agonotheten Theophanes CIA II 1295, welche 210 Cm. lang ist, vgl. Fabricius, Jahrb. d. Inst. I S. 188. Da ein Kreis von 170 Cm. Durchmesser die Einsatzspuren, welche etwa der Mitte der Löwenklauen entsprechen mögen, umschliessen würde,

---

[1]) Wiederholt ist die Behauptung ausgesprochen worden (neuerdings wieder von Brinck a. a. O. S. 83), dass alle Inschriften, welche einen von zwei Phylen gemeinsam gestellten Chor erwähnen, auf die Thargelien zu beziehen seien; demnach müssten die oben besprochenen Basen II, VIII, vielleicht auch IV, hier ihre Stelle finden. Aber so gesichert die Thatsache erscheinen mag, dass an den Thargelien immer zwei Phylen zusammenwirkten, so wenig erwiesen ist doch, dass dies an den Dionysien nie geschehen sei; so scheint z. B. für VIII der Fundort die Beziehung auf das Dionysion mehr zu empfehlen. Vorläufig wird also noch die Beobachtung zu Recht bestehen dürfen, dass zwei Phylen immer nur bei Knabenchören vereinigt erwähnt werden, was seinen inneren Grund in den grösseren Schwierigkeiten haben dürfte, die sich der Zusammenbringung eines so grossen Knabenchores entgegenstellten.

so müssen wir für den Kessel eine Weite von circa 130—150 Cm. voraussetzen. Ziehen wir ferner in Betracht, dass in hellenistischer Zeit die Dreifüsse in der Regel mit viel schlankeren Verhältnissen gebaut wurden, so ergiebt sich für das Weihgeschenk des Theophanes eine Höhe von 3—3$\frac{1}{2}$ M., ungerechnet die Henkel und den Aufsatz, den diese noch tragen mochten[1]).

Ebenso verschieden sind die Dreifüsse der Kaiserzeit; so lässt sich (natürlich nur sehr approximativ) aus den Durchmessern der um die Basen gelegten Kreise (62, 72, 120 Cm.) für den von der Basis CIA III 82 getragenen Dreifuss δ = 42, für CIA III 79 δ = 52, für CIA III 80 δ = 90 berechnen. Es sind dies Minimalmasse, da jene Basen vielleicht nicht unmittelbar, sondern erst auf einer mehr oder weniger ausladenden Plinthe die Dreifüsse getragen haben werden. Von ziemlich beträchtlichen Verhältnissen waren auch die Dreifüsse, welche auf den beiden Säulen oberhalb des Theaters standen, da die westliche 127, die östliche 92 Cm. im Durchmesser hat und die Kapitelle noch um ein Beträchtliches ausladen[2]).

So viel also lässt sich über Form und Grösse der choregischen Dreifüsse in den verschiedenen Perioden ermitteln. Wir müssen nunmehr im Folgenden die mannigfachen Fragen, die mit ihrer Weihung verknüpft sind, erörtern und zunächst den Antheil, den der Chorege dabei hat, ins Auge fassen. Der Chorege hat die Verpflichtung, den gewonnenen Dreifuss an geweihter Stelle aufzurichten; die daraus erwachsenden Kosten gehören mit zum Aufwand seiner Liturgie. Als Theil eines öffentlichen Auftrags hat auch die Weihung officiellen Charakter, das Anathem gilt als ein „öffentliches". Je grösser die Anforderungen werden, die mit der wachsenden Kostspieligkeit dithyrambischer Choraufführungen und dem steigenden Luxus der Anatheme an die Opferwilligkeit des Choregen gestellt werden, desto mehr tritt bei Wettkampf und Weihung dessen persönlicher Antheil in den Vordergrund. Schon in dem um 400 verfassten Decret der Pandionis CIA II 553 (Dittenberger, Sylloge 420) werden die Choregen als Sieger bezeichnet, und ebenso heisst es in der Inschrift CIA II 1234 aus dem Jahre 385 4 vom Choregen:

---

[1]) Die kleine Inschriftbasis Sybel 3106 (CIA II 1222) hat nichts mit den dionysischen Preisdreifüssen zu thun; sie ist 16 Cm. breit und lang, 5$\frac{1}{2}$ Cm. hoch und trug einen Duodezdreifuss, dessen Zapflöcher noch vorhanden sind. Wahrscheinlich bezieht sich also die Inschrift nicht auf das private Anathem eines dionysischen Agonotheten, sondern auf einen Knabenagon, worin auch das Epitheton des Dionysos, παιδεῖος, seine Erklärung finden mag.

[2]) Jüngerer Zeit scheint auch eine westlich oberhalb des Theaters liegende dreiseitige geschweifte Plinthe anzugehören, die einen Dreifuss mit Mittelstütze trug, dessen Fussoinsätze sich mit einem Kreise von 86 Cm. Durchmesser umschreiben lassen.

χορηγῶν ἐνίκα, eine Formel, die dann — vielleicht nur aus äusseren Gründen — bei den von zwei Phylen gemeinsam geleisteten Knabenchören stehend wird[1]). Wie es für die rechtliche Beurtheilung des Sieges gleichgiltig gewesen zu sein scheint, ob die choregische Inschrift ὁ δεῖνα ἐχορήγει oder χορηγῶν ἐνίκα bot, war es auch ohne Belang für den Charakter des Anathems, ob der Chorege ausdrücklich als der Weihende genannt war, oder ob durch einfache Nennung seines Namens sein Antheil an der Sache genügend gewürdigt erschien. Doch hatte es dann eine gewisse Berechtigung, den persönlichen Antheil des Choregen besonders hervorzuheben, wenn er in dem Wettkampf thatsächlich die erste Rolle gespielt hatte, wenn also der Chor gleichsam nur ein Werkzeug in seinen Händen, der Dreifuss für ihn nur eine Handhabe zur Stiftung eines kostbaren Anathems gewesen war. So kann man es einem Nikias oder Thrasyllos kaum verdenken, wenn sie — was freilich Lysikrates noch vermieden hatte — sich ausdrücklich als Weihende nennen auf jenen stattlichen Bauwerken, zu deren Errichtung die Aufstellung des Phylendreifusses nur den äussern Anlass gab. Und so konnte auch schon in früherer Zeit aus individueller Laune oder besonderer Umstände wegen die Inschrift in ähnlicher Weise abgefasst werden, wie ja z. B. Aristokrates auf der Säule, die den Preisdreifuss der Kekropis trug, sich als den Stifter genannt hat (vgl. S. 82), weil vermuthlich die Art, wie er seinen Dreifuss im Pythion aufstellte, nach den Begriffen seiner Zeit eine ungewöhnlich stattliche war.

Wenn aber diese Schwankungen in der Form der Inschrift von verhältnissmässig geringer Bedeutung sind, so hat es um so grösseres sachliches Interesse, zu beobachten, in wie verschiedener Art zu verschiedenen Zeiten die Choregen ihre Verpflichtung, den Preisdreifuss zu weihen, erfüllten. Denn wenn es ihnen auch selbstverständlich unbenommen war, ihren Antheil an dem Erfolge durch ein gesondertes Anathem zu verewigen (etwa durch ein Reliefbild ihrer Thätigkeit oder eine Nachbildung des Preisdreifusses, vgl. S. 56 f.), so war es doch bei der grösseren Bedeutung und dem allgemeinen Interesse, das die Weihung des Preisdreifusses erregte, ganz natürlich, dass sie ihren Aufwand nicht auf zweierlei Weihgeschenke vertheilten, sondern allen ihren Ehrgeiz und ihre Mittel in dem öffentlichen Anathem vereinigten.

Zunächst zeigt sich schon in der Wahl des Aufstellungsortes, wie in dem unruhigen Drängen nach immer Neuem und Glänzenderem die alte Einfachheit rasch verloren gieng. Ursprünglich war es Sitte

---

[1]) Vgl. Dittenberger zu Sylloge 411 und oben S. 82. Wenn aber zwischen den beiden Varianten der Choregenformel ein sachlicher Unterschied nicht obwaltete, dann war die Möglichkeit nicht ausgeschlossen, dass auch gegen den herrschenden Brauch eine für die andere gesetzt wurde.

gewesen, den gewonnenen Dreifuss in dem zuständigen Heiligthum
— Dionysion oder Pythion — auf einem einfachen Bathron aufzustellen [1]). Aber im vierten Jahrhundert genügt den dionysischen
Choregen das Temenos des Festgottes nicht mehr. Nicht sowohl
Raummangel — denn auch später werden noch innerhalb des Dio-
nysions Dreifüsse aufgestellt — als die Sucht, durch einen hervorragenden Platz zu wirken, wird Veranlassung, dass man am Fels-
hang oberhalb des Theaters [2]), dann vereinzelt im Westen [3]), häufiger
im Osten des Heiligthums eine Stätte für sein Anathem suchte.
Als es in der zweiten Hälfte des vierten Jahrhunderts Sitte wurde,
dem Dreifuss sein eigenes Haus zu bauen, entstand jene stattliche
Reihe von tempelartigen Dreifussbauten, die der Strasse, welche vom
Propylon des Dionysion im flachen Bogen um die Ostseite der Burg
nach dem Prytaneion zuführte, den Namen gab [4]). In späterer Zeit,
als man auch in der Wahl der Plätze von dem Beispiel des fünften
und vierten Jahrhunderts abhängig war, haben die Choregen ihre Anatheme ohne bestimmte Regelmässigkeit bald innerhalb, bald ausserhalb
des Dionysosheiligthums aufgestellt.

Mannigfaltiger und bezeichnender noch als die Verschiedenheit
der Standplätze ist natürlich die Art der Aufstellung selbst. Wenn wir
im Folgenden bei Besprechung der einzelnen Typen der Dreifussanatheme von den einfachen, allgemeinen Formen zu den mehr und mehr
individualisierten, gleichzeitig aber auch immer anspruchsvolleren fort-
schreiten, so entspricht dies der Ordnung, in der sich die Formen
historisch entwickelt haben. Natürlich bestehen ja die älteren Formen
noch neben den jüngeren fort, und nachdem der Gipfelpunkt der Entwicklung erreicht, eine weitere Steigerung nicht mehr möglich ist,

---

[1]) Die Aufstellung im Dionysion geht für die Dreifüsse des fünften Jahrhunderts
hervor aus Stellen wie Plut. Arist. I 3 f.; Isaios f. Dikaiog. 41; Plato, Gorg. 472 a.

[2]) Hier stand auf der Katatome (Harpokr. s. v.) ὑπὲρ θεάτρου der Dreifuss des
Aischraios. Wie die Grotte der Panagia Spiliotissa, war gewiss auch die kleine recht-
eckige Felseintiefung westlich davou zur Beherbergung eines Dreifusses zugerichtet;
im Felsen östlich über der Thrasyllosgrotte stand die Inschrift der Kaiserzeit CIA III
125 (Velsen, Arch. Anz. 1855 S. 58). Auch die choregische Inschrift des Ktesippos
CIA II 1263 war nach Wordsworth, Athens and Att.[3] S. 119 in der Südmauer der Burg
westlich vom Theater eingemauert.

[3]) Dort stand das Monument des Nikias und vielleicht auch die choregischen
Basen, deren Reste bei der Aufdeckung des Asklepicion zutage gekommen sind —
soweit sie nicht blos durch Verschleppungen in byzantinischer Zeit dorthin gelangt sind.

[4]) Paus. I 20, 1; Athen. XII 542 b, XIII 591 b. Unklar ist die Deutung des
Inschriftfragmentes CIA II 2, 1100 ὅρος εἰσ[όδου] (?) τρίποδος. Ueber die Topographie
der Dreifussstrasse vgl. Wachsmuth, Stadt Athen 241; Curtius und Kaupert, Atlas von
Athen S. 14, Bl. II; Pottier, Bull. de corr. hell. II S. 413 f.; Lolling, Griech. Landeskunde (Handb. d. Alterthumsw. III) S. 326.

müssen die jüngeren Generationen sich begnügen, jene alten Formen mit den Modificationen, die der Geschmack der Zeit erfordert, nachzuschaffen. So hat jeder einzelne Typus seine eigene Geschichte, von der wir freilich, wie eingangs erwähnt, heute nur eine dürftige Vorstellung gewinnen können, da der Denkmälerbestand des Dionysosheiligthums schon in byzantinischer Zeit gewaltsamen Umgestaltungen und Zerstörungen ausgesetzt war, die Reste der Tripodenstrasse aber noch unter altem Schutt und neuen Bauten begraben liegen.

Die einfachste Form des Bathrons ist eine einfache viereckige Platte, auf einer solchen ruhen z. B. die Dreifüsse auf der Vase des Polygnot (S. 68). Gewöhnlich begnügt man sich aber nicht mit einer einzigen Plinthe, sondern baut deren zwei oder drei stufenartig übereinander. So steht der Dreifuss der Glaukonvase (vgl. S. 68, Fig. 1) auf drei Stufen, deren Höhen von unten nach oben sich wie 2:1, 3:1, 1 verhalten, deren Gesammthöhe aber noch nicht die halbe Höhe des Dreifusses erreicht; zweistufig sind die Bathren auf den Vasen *B* und *F*. Auch der Inschriftblock des Kleisthenes (S. 75) lagerte, wie die Behandlung der Unterfläche zeigt, auf einer andern Platte auf, und das Gleiche dürfen wir wohl für die übrigen Steine dieser Form mit choregischen Inschriften voraussetzen. Indem so der Dreifuss auf zwei- oder dreistufigem Unterbau emporgehoben wurde, wird die Inschrift in eine Höhe von 50 bis 100 Cm. gebracht und so für den Beschauer bequem lesbar gemacht.

Eng verwandt mit dieser Bathronform sind Basen, die im Wesentlichen aus einem einzigen Blocke von bedeutenderer Höhe oder mehreren ganz gleichartigen Steinen bestehen und unten entweder ein ausladendes Profil haben oder noch auf einer besonderen niedrigen, etwas vorkragenden Plinthe aufliegen. Einer solchen Basis gehörte die 85 Cm. hohe Platte mit der S. 76 besprochenen Inschrift VII an. Indem diese Form des Bathrons eine beträchtlichere Ausdehnung in Breite und Höhe gestattet, kam sie dem Streben der Choregen entgegen, ihre Anatheme durch stattliche Untersätze möglichst augenfällig zu machen und über die Dreifüsse der Andern emporzuheben. Daher scheint sie denn auch von den Agonotheten besonders bevorzugt worden zu sein. Die 20 Cm. hohe Platte mit der Inschrift des Agonotheten Glaukon (vgl. S. 83) bildete, wie ihr stark ausladendes oberes Profil zeigt, gewiss den Schlussstein einer solchen aus mehreren gleichartigen Blöcken gefügten Basis von ziemlicher Höhe. Von noch grösseren Dimensionen war, nach der mächtigen Ausladung des Inschriftsteines zu schliessen, das Bathron des Agonotheten Theophanes (vgl. S. 83); seine Höhe wird, entsprechend den mächtigen Verhältnissen des Dreifusses, den es trug, gewiss nicht weniger als zwei Meter betragen haben. Der gleichen Form haben sich

die Agonotheten auch dann bedient, wenn sie die beiden Dreifüsse der
Männer- und des Knabenchores auf einem gemeinsamen Untersatz auf-
stellten. So bildete die 195 Cm. lange, 115 Cm. hohe, 28 Cm. dicke Platte
mit der Inschrift CIA II 1294 ('Αθήναιον VI S. 278) offenbar die Verkleidung der einen Hälfte eines derartigen Postamentes. Den gleichen
Zweck erfüllte die fragmentierte Platte mit der Inschrift CIA II 1290,
welche nach Lolling's freundlicher Mittheilung jetzt 64 Cm. (ursprünglich etwa 160—200 Cm.) lang, 111 Cm. hoch und 19 Cm. dick ist. Als
drittes Beispiel reiht sich das Fragment CIA II 1299 [1]) an, welches gegenwärtig 55 Cm. lang, 73 Cm. hoch, 23 Cm. dick ist und ursprünglich
etwa dieselbe Höhe wie die vorher erwähnten Steine gehabt haben
dürfte, da die erste Buchstabenreihe 28 Cm. vom oberen Rande absteht.

Ebenso einfach von Erfindung und ebenso alt von Verwendung
wie das viereckige Bathron [2]) ist das runde Bathron: die cylindrische
Basis und die Säule. Diese Form war, wenn nicht die Zufälle fragmen-
tarischer Ueberlieferung uns irreleiten, für die Dreifüsse der Thargelien
besonders beliebt [3]), ohne dass sich freilich sagen liesse, ob dies aus
bewussten Gründen, (etwa aus Anlehnung an delphische Sitte) [4]), oder
aus zufällig zur Herrschaft gelangter Mode zu erklären sei. Drei cylindrische nach oben wenig verjüngte Basen aus dem Python haben wir
oben S. 81 erwähnt; die erste aus dem Jahre 365/64 mit einem Durchmesser von 83 Cm. unten, 79 Cm. oben, ist 81 Cm. hoch, die zweite
aus dem Jahre 364/63 mit einem Durchmesser von 84 Cm. unten, 82 Cm.
oben ist 78 Cm., die dritte mit einem obern Durchmesser von 87 Cm.
(unten gebrochen) ist 85 Cm. hoch. Diesen drei Beispielen ist noch die
runde Basis aus hymettischem Marmor CIA II 1268 anzureihen, welche
wegen ihrer vollkommenen Uebereinstimmung in der Form der Inschrift
sowohl als des Steines ebenfalls aus dem Python stammen wird.

---

[1]) Jetzt im Vorhof des Centralmuseums.

[2]) Diesen einfachen viereckigen Grundformen mögen noch mancherlei Varianten
entsprungen sein, die wir unter den choregischen Basen jetzt nicht mehr belegen
können; einem solchen choregischen Anathem ist vielleicht die eigenthümliche, reich-
gegliederte Dreifussbasis der niedlichen Vase mit Nike, Chrysos und Plutos (Stackelberg, Gräber d. Hell. T. XVII; Élite céramogr. I 97) nachgebildet.

[3]) Doch ist 1874 am Ilissos (allerdings verschleppt und verbaut) eine μεγάλη
βάθρου πλίνθος ἔχουσα ἐπιγραφὴν χορηγικὴν τῶν καλῶν μὲν τῆς Ἑλλάδος χρόνων ὄχι δὲ πλήρη
(Πρακτικά 1874 S. 23) gefunden worden (etwa identisch mit der oben S. 76 besprochenen
Basis IV? vgl. Koehler zu CIA II 1281), und so soll natürlich die Möglichkeit, dass
auch Basen anderer Art für die Dreifüsse der Thargelien verwendet worden seien,
durchaus nicht geleugnet werden.

[4]) Ich erinnere an die häufigen Dreifusssäulen auf Darstellungen des delphischen Kreises und eine runde, 98 Cm. hohe Dreifussbasis aus Delphi mit einem Durchmesser von 71 Cm. in Castle Howard (Michaelis, Anc. marbles in Great Britain S. 331,
n. 53). Daneben werden ja gewiss auch in Delphi andere Basenformen vorgekommen sein.

Einen auf einer kurzen dorischen Säule aufgestellten Thargelien-dreifuss zeigt uns der Kopenhagener Krater (S. 80), und dass auch die erhaltene Votivsäule des Aristokrates einen an den Thargelien gewonnenen Dreifuss getragen habe und identisch sei mit dem καλὲν ἀνά-θημα dieses Aristokrates, das Platon im Pythion sah, haben wir oben zu erweisen versucht. Die Dimensionen der Säule sind übrigens nicht bedeutend, ihr Durchmesser beträgt 80 Cm.; ihre Höhe kann nur gering — kaum mehr als 150 Cm. — gewesen sein, da die Inschrift schon 15 Cm. unter dem obern Ende beginnt[1]). Sichere Beispiele dieser Aufstellungsform können wir im Dionysion nicht nachweisen. Die Darstellung der Neapler Satyrspielvase (Mon. d. Inst. III 31; Wiener Vorlegebl. Serie E T. VII, VIII) ist zu allgemein und phantastisch gehalten, um als getreues Bild des athenischen Heiligthums gelten zu können; möglich, dass hier wie anderswo nur aus freier Erfindung Dreifussäulen zur Andeutung heiliger Stätte benützt worden sind[2]). Doch könnte man vielleicht hicherbeziehen die Nachricht bei Plut. Vit. X. Or. p. 835 b (Andokides): καὶ νικήσας ἀνέθηκα[3]) τρίποδα ἐφ' ὑψηλοῦ ἀντικρὺς τοῦ πωρίνου Σειληνοῦ, wo aber ἐφ' ὑψηλοῦ sich ebensogut auf den Standort, als auf die Höhe der Basis beziehen kann.

Sicherere monumentale Belege von dionysischen Dreifussäulen haben wir erst aus der Kaiserzeit in den beiden korinthischen Säulen, die sich auf fünfstufigen Bathren oberhalb des Theaters erheben[4]); denn eben ihr Standort berechtigt zu dem Schlusse, dass sie auf Veranlassung dionysischer Feste aufgestellt worden seien. Ihre Kapitelle, die Revett der schlechten Arbeit wegen wohl mit Recht erst der Antoninenzeit zuweist, sind ähnlich der Schlussblume des Lysikratesmonuments zur Aufnahme des Dreifusses dreitheilig zugerichtet und zeigen in jeder Ecke ein Einsatzloch. Die grössere östliche Säule hat 127 Cm., die kleinere 92 Cm. im Durchmesser bei entsprechender Höhe. Die erste trägt an ihrer Basis die Inschrift CIA III 126 (Wordsworth, Athens and Att.³ S. 76), welche kaum älter als Anfang des dritten Jahrhunderts ist und nach Dittenberger's Ergänzung folgendermassen lautet: Ἡλέω

---

[1]) Da leider das Monument gegenwärtig in Athen nicht mehr auffindbar ist, müssen wir uns mit den Angaben Rangabé's (zu Ant. hellén. 341) begnügen.

[2]) Die Vase nähert sich in Farbengebung und Zeichnung schon einigermassen der Malweise der „unteritalischen" Gefässe und wird nicht vor Anfang des vierten Jahrhunderts entstanden sein. Jedenfalls aber wollen die Grössenverhältnisse von Säulen und Dreifüssen keinen Anspruch auf Genauigkeit erheben.

[3]) Nach 399, da Andokides in seiner Mysterienrede dieses auch CIA II 553 bezeugten Sieges keine Erwähnung thut; vgl. Meier, Opusc. acad. I S. 340.

[4]) Vgl. Stuart und Revett II Kap. IV S. 31 T. V (D. Ausg. II S. 31; Lief. 8, T. IV); Ἐφημ. ἀρχαιολ. 1862 S. 293, Tafel MB.

τ]ὲ[ν τρίποϑα] | Μάξιμος, Φίλιππος, Γάϊος, . . . κος, Στρατόνεικος. Doch ist weder diese Vertheilung der Namen auf so viele Personen, noch die Weihung an Helios — welche die Beziehung auf die Dionysien nicht ausschliessen würde — gesichert, da die ersten Buchstaben ja auch einem Eigennamen angehören können. Krepis und Basis einer dritten Säule, welche gleich weit von der westlichen, wie diese von der noch vorhandenen östlichen abstand, sind auf Lord Elgin's Zeichnungen angegeben (Stuart und Revett², D. Ausg. II S. 51, Anm. 13); ihre Bettung ist auch jetzt noch im Felsen erkennbar.

Die bisher betrachteten Formen der Bathren sind den Dreifüssen mit anderen Weihgeschenken gemein. Dagegen scheint der nun zu behandelnde Typus, die dreiseitige Basis mit geschweiften (concaven) Seitenflächen und abgekanteten Ecken, eigens zu der Bestimmung geschaffen zu sein, als Dreifussträger zu dienen[1]. Hier ist die grösstmögliche Anpassung des Untersatzes an die Form des getragenen Geräthes, dessen Princip eben die Dreiheit ist, erreicht, indem auch in der Gestalt des Trägers die drei Hauptstützpunkte des Dreifusses scharf betont sind. Dadurch, dass die Kanten in der Breite der unmittelbar in den Ecken aufsitzenden Löwenfüsse abgestumpft und die Seitenflächen nach einwärts geschwungen sind, wird gleichzeitig mit denkbar grösster Oekonomie des tragenden Materials die kantige Wirkung und die allzuscharfe Betonung des Dreiecks vermieden, welche bei spitzkantigen dreiseitigen und ebenflächigen Basen störend hervortritt. Friederichs' Annahme, dass unsere Form dreiseitigen, für die Aufnahme eines Dreifusses gebildeten korinthischen Säulenkapitellen nachgeahmt sei (Friederichs-Wolters 2147), scheint mir demnach durch Gründe der Tektonik ebensowenig wie durch die Zeitverhältnisse unseres Denkmälerbestandes empfohlen zu werden. Denn es lassen sich Dreifussbasen der geschilderten Form schon seit dem Anfange des vierten Jahrhunderts nachweisen; so ist z. B. die Basis mit der Künstlerinschrift des Thespiers Philotimos (?) CIA II 3, 1176 ('Αϑήναιον IX S. 232; Loewy, Inschr. gr. Bildh. 102) dreiseitig mit geschweiften Flächen; dass sie einen Dreifuss trug, beweisen die runde Eintiefung in der Mitte und drei Löcher an den Ecken[2]. Wie hier diese Form an einer einfachen Plinthe auftritt, — der Stein ist nur 13 Cm. hoch — so erscheint sie in Salamis an einer choregischen Dreifussbasis von

---

[1]) Dass Basen, wie die olympische Nikebasis und eine ähnliche auf der Akropolis zu Athen — welche vielleicht die nach der Schlacht von Sphakteria gestiftete Nike (Pausan. IV 36, 6) trug — in irgend einem Zusammenhang mit den oben besprochenen stehen, ist wenig wahrscheinlich.

[2]) Aus Kumanudis' Beschreibung a. a. O. ist es mir nicht klar geworden, ob die Entfernung von Kante zu Kante oder der obere Durchmesser 89 Cm. beträgt. Jedenfalls ist, wie das Facsimile der Inschrift zeigt, die Seite über 60 Cm. lang.

grösseren Dimensionen aus den ersten Jahrzehnten des vierten Jahrhunderts (Bull. de corr. hell. VI S. 521; CIA II 1248). Die drei concaven Seiten dieses Steines, die oben in einem ausladenden Profil ihren Abschluss haben, messen (bei einer Höhe von 52 Cm.) von Kante zu Kante 103 Cm.; ihre Ecken sind zu einer Breite von 8 Cm. abgeschnitten. Dass diese Basis choregischen Basen von Athen nachgeahmt sei, können wir von vornherein annehmen; Bestätigung bringt das Fragment eines Steines von gleicher Form, der sich im Sommer 1887 in den Magazinen des athenischen Centralmuseums befand; er trägt an der geschweiften Vorderseite die Inschrift CIA II 1260

)ΙΝΗΙΣ ΕΝΙΚΩΝ
?ΝΟΣ ΕΧΟΡΗΓΕΙ

Offenbar waren hier in der ersten Zeile zwei Phylen genannt; die Form, in der dies geschieht, ebenso wie der Mangel des Demotikons weisen auf ein ziemlich hohes Alter, während die Schreibung ἐχορήγει nicht erlaubt, über Euklid hinaufzugehen. Da das Fragment gegenwärtig 51 Cm. misst, muss der Stein eine ursprüngliche Länge von mindestens 90 Cm. gehabt haben.

Besonders beliebt war diese Basenform in der Kaiserzeit; die drei Basen CIA III 79, 80, 82 sind alle von dieser Art. Der Stein mit der Inschrift CIA III 82 hat eine Seitenweite von 51 Cm., während die Kanten blos 2 Cm. breit sind; bei CIA III 79 messen die Seiten (von Kante zu Kante) 58—60 Cm. Bedeutendere Dimensionen hat der Block mit der Inschrift CIA III 80, der 220 Cm. hoch ist und auf einer 32 Cm. hohen Basis auflagert; die Spannweite der Seiten beträgt 91—96 Cm., die Kantenbreite 9 Cm. Einen weiteren Beleg für die häufige Anwendung der dreiseitigen geschweiften Bathren giebt ein inschriftloser Block dieser Form, der gegenwärtig hinter der Skene des Dionysostheaters liegt; er ist oben gebrochen und misst jetzt 103 Cm. in der Höhe und 55, 60, 65 Cm. an den drei Seiten bei einer Kantenbreite von 4½—5 Cm.

Zu diesen Inschriftbasen kommen nun noch einige Reliefbasen, die sich mit grösserer oder geringerer Sicherheit choregischen Dreifüssen zuweisen lassen. Es ergab sich ja natürlich, dass man bei steigendem Luxus nicht blos durch die Grössenverhältnisse der Basen, sondern auch durch deren künstlerischen Schmuck seinen Anathemen einen grösseren Glanz zu verleihen suchte. Für Sculpturenschmuck an viereckigen und runden Bathren choregischer Dreifüsse können wir ein sicheres Beispiel bisher nicht nachweisen¹). Die Form der dreiseitigen geschweiften

---

¹) Eine runde reliefgeschmückte Dreifussbasis sehen wir auf dem geschnittenen Stein Winckelmann, Mon. ined. 44; Müller-Wieseler, Denkm. a. Kunst XIV 155; Welcker, Alte Denkm. II T. XVI 31. Unter den viereckigen Basen giebt es einige, die man

Basen dagegen ist so charakteristisch, dass sie uns veranlassen muss, unter den erhaltenen Denkmälern nach solchen Umschau zu halten, die als Träger choregischer Dreifüsse verwendet worden sein könnten.

An erster Stelle ist hier die sogenannte „dreiseitige Ara" im Lateran Nr. 656 (n. 323 Benndorf und Schöne; Garrucci, Mon. Lateran. T. XLVIII) zu erwähnen. Für die Form dieses 77 Cm. hohen dreiseitigen Monumentes mit stark nach einwärts geschwungenen Seitenflächen giebt es weder unter den sicheren Altären, noch unter Kandelaberbasen eine genügende Analogie; die eine wie die andere Deutung würde uns vor ein tektonisches Räthsel stellen, das wir uns vergeblich bemühen würden, mit künstlerischen oder praktischen Gründen zu rechtfertigen. Dagegen entspricht die Basis vollkommen der für die Dreifüsse charakteristischen Form [1]); ja sie stimmt auch in den Massen mit den oben besprochenen Bathren überein; denn ihre Seiten messen von Kante zu Kante unten 125 Cm., was bei ihrer starken Verjüngung für den obern (abgestossenen) Rand eine Sehnenlänge von etwa 110 Cm. ergiebt. So scheint die Annahme nicht zu kühn, dass auch diese Basis gerade einen Preisdreifuss getragen habe, eine Bestimmung, der der Inhalt der Reliefs, dionysischer Tanz und Festfreude, gut entsprechen würde. Die Basis, die am römischen Forum gefunden worden ist, mag von einem der räuberischen Kunstliebhaber aus Athen dorthin gebracht worden sein, und bei dieser Gelegenheit ist vielleicht die Satyrfigur verstümmelt und in jener verkehrten Weise wieder hergestellt worden. Zwar hat neuerdings Heydemann (Verh. Tänzerin S. 9) die Basis für eine Copistenarbeit aus dem ersten christlichen Jahrhundert erklärt. Ziehen wir aber den decorativen Zweck der Reliefs in Rech-

---

wegen der Art ihres Reliefschmuckes geneigt sein könnte, hieherzuziehen. So zeigt das Eckstück einer viereckigen Basis von der Akropolis (Ἐφημ. ἀρχαιολ. 1842 n. 913, Friederichs-Wolters 1184) auf der einen Seite zwei Niken, die einen Dreifuss halten, auf der andern zwei um ein Tropaion beschäftigte Niken. Verwandt damit sind zwei vielleicht zu einer Basis gehörige Fragmente, die an der Rückseite der Gorgopikokirche eingemauert sind, vgl. Stephani, Reise in Nordgriech. S. 98; Friederichs-Wolters 1185 (wo die hypothetische Zusammengehörigkeit als Thatsache gegeben ist); das eine Eckstück zeigt zwei um einen Dreifuss beschäftigte Niken (Arch. Zeit. XXV 1867 T. 226, 3; auf eine schlechte Zeichnung desselben Reliefs geht wohl die Abbildung bei Stuart und Revett II S. 36 zurück), während an der andern Seite noch ein ansprengendes Pferd mit seinem Führer erhalten ist; das entsprechende Fragment zeigt zwei Niken, die einen Panzer tragen. Aber diese Darstellungen, welche nicht reale Kampfbilder sind, sondern im allgemeinen die Idee des Sieges symbolisieren, nöthigen nicht an Dreifussbasen zu denken; wohl aber liegt es nahe, sie in Beziehung zu agonistischen Anathemen (gelegentlich der Panathenäen) zu setzen.

[1]) Die Kanten der Seitenflächen sind jetzt stark abgesplittert, so dass sich über deren ursprüngliche Behandlung nichts Sicheres sagen lässt.

nung, der einige Ungleichmässigkeiten der Ausführung genügend erklärt, so scheint mir die ausserordentlich lebendige und feine Arbeit mehr dafür zu sprechen, dass hier in der That ein griechisches Originalwerk vorliege. Ausser Zweifel aber steht der attische Charakter der Composition, den nach dem Vorgang von Conze die Verfasser des lateranensischen Katalogs nachdrücklich hervorgehoben haben. Hier sind nicht überkommene Typen äusserlich nebeneinandergestellt, sondern in freier Umgestaltung zu einheitlichen in sich geschlossenen Gruppen zusammengeordnet, welche deutlich die Erfindung eines selbständig schaffenden Künstlers verrathen [1]).

Die Entstehungszeit des Werkes lässt sich aus der Art der Reliefs allerdings nur mit einem gewissen Grade von Wahrscheinlichkeit bestimmen. Die lebhaft linkshin stürmende Figur (Garrucci a. a. O. 3), die an die bewegten weiblichen Gestalten phidias'scher Zeit gemahnt, giebt nur eine obere Zeitgrenze, die ohnehin selbstverständlich ist. Auch die genaue Uebereinstimmung der ersten Seite mit den Horen des Reliefs Ann. d. Inst. 1863 T. L 2 (Sybel 317) ergiebt keinen genügenden chronologischen Anhalt. Zu jüngerem Ansatz würden uns die bewegten Tänzerinnen der zweiten Seite nöthigen, wenn die Ansicht, dass diese Motive zuerst in Skopas' μαινὰς χιμαιροφόνος künstlerisch verwerthet worden seien, zu Recht bestehen könnte [2]). Dass aber derartige Typen schon in viel älterer Zeit entstanden sind, beweist unter anderem eine vorzügliche Reliefplatte im römischen Conservatorenpalast (Bull. d. commiss. munic. III T. XII), das bei allem Streben nach Freiheit und Zierlichkeit noch eine Gebundenheit der Formen und befangene Einfachheit der Zeichnung zeigt, die der Kunst eines Skopas offenbar weit vorausliegen. Das Gleiche lehren uns die bacchantischen Frauen auf Vasen des entwickelten Stils, wie die Phanope des schönen Aryballos Berlin 2471 (Furtwängler, Samml. Sabouroff I T. LV; Dumont-Chaplain, Céram. de la Grèce T. XII) und die Tänzerinnen der athenischen Pyxis bei Stackelberg, Gräber der Hellenen T. XXIV, die, auf beide Fusspitzen gehoben, in übermüthigen Drehungen ihren unruhigen, wirbelnden Tanz vollführen. Ebensowenig wie diese kühnen Bewegungsmotive kann die tiefe Verhüllung der lateranensischen Tänzerinnen für jüngere Entstehungszeit angeführt werden. Denn die unteritalischen Vasen mit der Darstellung des Manteltanzes haben stilistisch mit der lateranensischen Basis keinerlei Berührung; auf dieser entspringt die Verhüllung nicht einer gleichgiltigen

---

[1]) Losgelöst aus architektonischer Gruppierung und willkürlich aneinandergereiht, kehren einige dieser Motive entsprechend wieder auf der Basis im Louvre Clarac II T. 139, 141.

[2]) Auf den Kreis des Praxiteles will Heydemann a. a. O. S. 18 ff. die Erfindung dieser Typen zurückführen.

Mode, sondern dient zur Charakteristik der ernsteren Horen und Charitcn, wie beispielsweise die tiefverhüllte Nymphe auf dem schönen Fragment Le Bas, Mon. fig. T. 59 (Friederichs-Wolters 1138) beweist. Nöthigt uns also die Auswahl der einzelnen auf der Basis verwendeten Typen nicht, unter den Anfang des vierten Jahrhunderts herabzugehen, so werden wir andererseits dem Gesammteindruck der Reliefs, die der strengen Anmuth einer älteren Zeit näher zu stehen scheinen, als der graziösen Zierlichkeit praxitelischer Figuren, am ehesten gerecht werden, wenn wir das Werk der ersten Hälfte des vierten Jahrhunderts zuweisen. Zeitlich und inhaltlich nahestehend, aber minderwerthig von Erfindung ist die athenische Basis mit bacchantischen Tänzerinnen Ann. d. Inst. 1861 T. N, die wohl ebenfalls ein gelegentlich eines Festes gestiftetes Weihgeschenk getragen haben wird.

Gehört die Basis im Lateran einem aus mehreren Plinthen stufenartig sich aufbauenden Bathron an, so entspricht dem andern Basentypus, der im Wesentlichen aus einem einzigen hohen Blocke besteht (vgl. S. 87), die Reliefbasis Friederichs-Wolters 2147 (ungenügend abgeb. Ann. d. Inst. 1861 T. G), die im Jahre 1853–4 zwischen Dionysostheater und Lysikratesdenkmal gefunden wurde und unzweifelhaft in Beziehung zu einem choregischen Siege der Dionysien steht. Die oben gebrochene Basis hat jetzt noch eine grösste Höhe von 130 Cm. (ursprünglich etwa 140 bis 150 Cm.), die geschweiften Seiten, die sich nach oben etwas verjüngen, messen unten von Kante zu Kante 55 Cm., die Kantenbreite beträgt 5 ¹⁄₂ Cm.

Auf der Vorderseite ist Dionysos in langem Aermelchiton, Mantel und Schuhen dargestellt; er ist unbärtig, trägt aber lange, vorn auf die Schultern herabfallende Locken; er schreitet nach links hin, indem er in der Linken den Thyrsos hält, in der Rechten den Kantharos vorstreckt. Ihm entgegen naht auf der linken Seitenfläche in anmuthig bewegter Haltung eine mädchenhafte Nike mit mächtigen Rückenflügeln; auch sie trägt Chiton, Mantel und Schuhe, ihr Haar ist in einen Schopf emporgebunden; die Rechte trägt eine Kanne. Auf der dritten Seite hinter Dionysos schreitet eine zweite Flügelfigur ebenfalls nach links in ähnlicher Tracht, aber von würdigem, fast matronenhaften Charakter, ihr Haar fällt in langen steifen Locken auf Schultern und Rücken; in der gesenkten Rechten hält sie eine Schale.

Die Deutung ist im Einzelnen nicht vollkommen zweifellos; Friederichs meint, die von links herantretende Nike bringe Dionysos den Siegestrank, die Flügelfigur in seinem Rücken sei ein ihm beigeselltes göttliches oder dämonisches Wesen, dem gleichfalls von Nike eine Spende, ein Trank bestimmt ist. Aber für ein derartiges Flügelwesen wird es schwer sein, eine Analogie, geschweige denn einen passenden Namen zu finden. Und so liegt es vielleicht näher, auch dieser Figur trotz ihrer schweren, älteren Erscheinung den Namen einer Siegesgöttin zu belassen und die Darstellung so zu deuten, dass die beiden Niken von verschiedenen Seiten aufeinander zukommen, um gemeinsam dem Gotte eine Libation darzubringen. Auch auf den Vasen *C D E F* sehen wir ja mehrere Frauen bei der choregischen Siegesfeier beschäftigt, die, wenn sie Flügel haben, als Niken, wenn sie ungeflügelt sind (in Uebereinstimmung mit *F*, vgl. S. 70[1]) als Bacchen bezeichnet werden können, ohne dass sie sich in ihren Functionen irgendwie von einander deutlich unterscheiden. Während auf älteren Vasen (so auf *D* und *E*) es Regel ist, dass blos eine der weiblichen Figuren als Nike charakterisiert wird (vgl. Kekulé, Nikebalustrade S. 22), zeigt schon der Bologneser Krater *E* ähnlich wie die athenische Basis neben Dionysos zwei Flügelfiguren um den Dreifuss beschäftigt.

Wie man aber im Einzelnen die Figuren der Basis deuten möge, klar ist, dass Nike hier einen menschlichen Sieger vertritt, und die Handlung, ähnlich wie dies für die kitharodischen Reliefs vermuthet worden ist (vgl. S. 26), ein von Menschen ausgerichtetes Siegesopfer widerspiegelt. Dass wirklich bei der choregischen Festfeier der Dionysien die Libation eine Rolle gespielt habe, lehren die Glaukonvase (vgl. S. 69), auf der Nike an dem Preisdreifuss die Spende ausgiesst, und der Krater aus dem Piräus (S. 70), auf dem eine weibliche Figur neben dem aufgerichteten Dreifuss dem Gotte den Kantharos zu füllen sich anschickt.

Was die Entstehungszeit des Monumentes betrifft, so erinnern zunächst die strenge Haltung und ernste Würde der Figuren, der ruhige Faltenwurf der Gewänder an Typen des fünften Jahrhunderts; aber die jugendliche Nike scheint in ihrer reizvollen Anmuth schon praxitelischen Einfluss zu verrathen[1]), und im Typus des Dionysos sind verschiedenartige Elemente mit einer Freiheit contaminiert, die auf jüngere Zeit weist. Der Gott trägt hier nicht die künstlich gedrehten, aber freier fallenden Locken wie der „Ariadne"kopf vom Capitol (Friederichs-Wolters 1490), welche das jugendliche Wesen ursprünglicher und besser kennzeichnen, sondern lange, steife, paarweise über die Schultern gelegte Locken, wie sie sich einigermassen ähnlich auf dem thebanischen Relief bei Le Bas, Mon. fig. T. 52 (Schöne, Gr. Rel. 110) finden; aus einem älteren Typus entlehnt, verrathen sie einen Anflug von Archaisieren, den ähnlich auch die hinter Dionysos schreitende Nike zeigt.

---

[1]) Bei Besprechung des beziehungsreichen Epigramms CIA II 3, 1298, wonach Praxiteles δισσοῖς ὑπὸ τρίποσιν Nike als Paredros dem Dionysos zugesellt hat, verwies Benndorf (Beitr. z. Kenntniss d. att. Theaters S. 83) auf die entsprechenden Figuren der athenischen Basis.

Auffälliger noch ist der Gegensatz zwischen der jugendlichen Bildung und der Tracht des Gottes; nicht in leichtem Jagdgewand, sondern im Chiton poderes und grossem künstlich umgelegten Mantel erscheint der junge Gott. So sind in eigenthümlicher Weise die Heiterkeit und Würde des Festes in ihm verkörpert, ein Problem, das in etwas anderer Weise in der hellenistischen Dionysosstatue des Thrasyllosmonuments gelöst ward. Auch die Art, wie die mächtigen Rückenflügel der weiblichen Figuren behandelt sind, weist in jüngere Zeit; sie sind von dem an der Nikebalustrade durchgeführten Typus durch einen weiten Abstand getrennt. Wenn für die scharf von einander geschiedenen, stark auswärts gebogenen Schwungfedern das Säulenrelief von Ephesos eine Parallele bietet, so erinnern die nicht mehr in einfachen Reihen stilisierten, sondern locker und unregelmässig über einander geschichteten Deckfedern an die Flügelbildung der Nike von Samothrake [1]. Demnach scheinen also diese Reliefs einer Schule anzugehören, welche den grossen Werken des fünften Jahrhunderts ihre Vorbilder entlehnte, und diese zwar mit Zurückhaltung, aber in bewusster Absicht und mit grösserer Selbständigkeit als die Künstler der sogenannten attischen Renaissance im Sinne der veränderten Ansprüche umgestaltete, ohne dabei den Mängeln der „archaistischen" Richtung zu verfallen; vgl. Athen. Mitth. d. Inst. XIII S. 390. Haben uns die obigen Betrachtungen bis ans Ende des vierten Jahrhunderts verwiesen, so wird die sorgfältige, durchdachte Ausführung, die glückliche Art, wie die Figuren in den gegebenen Raum componiert sind, davon abhalten, mit der zeitlichen Ansetzung viel weiter herabzugehen.

Dazu kommen noch einige Erwägungen, welche die Gesammtanlage des Monumentes betreffen. Die „unschön und stillos vorspringenden Basen" der einzelnen Figuren hat Friederichs als ein Indicium jüngerer Zeit bezeichnet, aber darauf vielleicht ein zu grosses Gewicht gelegt. Denn abgesehen von der Möglichkeit, dass an diesen Basen gegen die ursprüngliche Absicht ein grösserer Werkzoll stehen geblieben sei, so konnten ja solche Einzelfiguren an einer geschweiften Fläche überhaupt nur mit einem breiterem Sockel als Postament angebracht werden. Da ferner diese kleinen Basen nur einige Centimeter oberhalb des Bodens zu stehen kamen, mochten sie in Wirklichkeit wenig stören. Eher darf man vielleicht darin, dass man überhaupt ein derartiges Bathron mit so hohen Reliefs verzierte, den Versuch einer Kunst erblicken, die schon seit längerer Zeit mit dieser Basenform vertraut war. Eine äussere Bestätigung des aus diesen Erwägungen gewonnenen An-

---

[1] Vgl. Untersuch. auf Samothrake II S. 75 (Benndorf); Brunn, Pergamen. Sculpturen S. 12.

satzes liegt endlich in den oben erwähnten Massen des Monumentes selbst; denn dieses kann, auch wenn wir oben ein stark ausladendes Profil oder eine besondere Deckplatte annehmen, kaum einen Dreifuss getragen haben, der eine Kesselweite von mehr als 40—50 Cm. gehabt hätte. Nun zeigen aber die Preisdreifüsse aus der Zeit der Einzelchoregen bedeutend grössere Verhältnisse; erst aus der Kaiserzeit können wir choregische Dreifüsse von ähnlicher Kleinheit belegen (vgl. S. 84); diese aber folgen gewiss in ihren Massen nicht weniger als in ihren Formen Vorbildern aus der hellenistischen Zeit, in welcher die athenischen Agonotheten nach Belieben bald grössere bald kleinere (vielleicht desto kostbarer geschmückte) Dreifüsse geweiht haben Wenn wir also nicht das Unwahrscheinliche annehmen wollen, dass die besprochene Basis statt des im Namen der Phyle geweihten Dreifusses blos ein privates Anathem getragen habe (vgl. S. 85), so weisen uns schon ihre Masse darauf hin, dass sie erst in der Agonothetenzeit, also nicht vor den letzten Jahren des vierten Jahrhunderts entstanden sei.

Hieher gehören vielleicht auch die Reliefs der verhüllten Tänzerinnen aus dem Dionysostheater Friederichs-Wolters 1878 und 1879[1]) welche die Verkleidung einer ähnlichen Basis gebildet zu haben scheinen[2]). Die Masse der concav ausgebogenen Platten, die bei einer Breite von 62—64 Cm. ursprünglich ungefähr 150 Cm. hoch waren, würden gut zu dieser auch durch den Fundort empfohlenen Annahme stimmen, ohne dass natürlich die Möglichkeit geleugnet werden soll, dass die Stücke anderweitig, etwa als Aussenplatten einer Balustrade oder Exedra verwendet waren. Es wäre aber technisch wohl denkbar, dass diese Platten von einer dreiseitigen Basis der besprochenen Art später einmal an den breit abgestumpften Kanten aus irgend einem Grunde abgesägt worden seien. Dazu kommt, dass auch noch das Fragment einer dritten Platte vorhanden ist, welche eine nur zur untern Hälfte erhaltene, gleichartige, nach links bewegte Figur zeigt (Sybel 313); diese musste also, da sie auch in Stil, Reliefhöhe und Massen jenen beiden Platten entspricht, die dritte Seite der Basis geziert haben[3]); kleine Abweichungen, wie die um 2 Cm. geringere Breite und die schwächere Concavität dieses Fragmentes finden genügende Analogieen in den anderen Basen dieser Form,

---

[1]) Vgl. Kabbadias, Κεντρικὸν Μουσεῖον 125; 126. Die Reliefs sind abgebildet Ἐφημ. ἀρχαιολ. 1862 T. 27 und Rev. archéol. XVII T. 11 S. 90[?].

[2]) Schon Kumanudis, Φιλίστωρ IV S. 89 hat auf die Möglichkeit hingewiesen, dass die beiden Reliefs „zwei Seiten eines dreieckigen choregischen Monumentes" geschmückt hätten.

[3]) Gegenwärtige Höhe 96 Cm., Breite 62 Cm., Dicke 13 Cm., Relieferhebung 3 Cm. Unter der Figur befindet sich ein 4 Cm. vorspringender, 15 Cm. breiter Sockel, der auf den beiden andern Platten nicht mehr vollständig erhalten ist.

deren einzelne Seiten in diesen Dingen fast niemals genau übereinstimmen. Die Reliefs geben Typen wieder, die mit vorzüglichem Geschick und gefälligster Eleganz componiert sind und jedenfalls noch dem vierten Jahrhundert entstammen, wie ja die eine Tänzerin genau übereinstimmend auf der lateranensischen Basis, die andere auf dem Relief Chiaramonti Friederichs-Wolters 1876 sich findet. Doch wird man sie in ihrer gewandten, aber etwas äusserlichen Detailausführung eher als hellenistischer Zeit (Murray, History of greek sculpture II S. 375) der römischen Periode zuweisen müssen; vgl. Heydemann, Verh. Tänzerin S. 9.

Dass in der That auch noch in der Kaiserzeit wenigstens vereinzelt Dreifüsse auf reliefgeschmückten Basen in Athen aufgestellt wurden, lehrt eine jetzt im Museum von Constantinopel (Tschinili-Kiosk) befindliche Dreifussbasis, die in Nabulus in Palästina vor einigen Jahren gefunden und von Th. Schreiber, Zeitschrift des deutschen Palästinavereines VII 1884 S. 136 ff. T. III (vgl. VI S. 231 f.) publiciert worden ist; vgl. Berliner Philol. Wochenschr. 1885 S. 411 [1]). Sie ist 1 M. hoch, die Seiten messen von Kante zu Kante 50 Cm., die Breite der abgestumpften Kanten beträgt 19 Cm. Ueber die Schicksale des Monumentes geben zwei Inschriften Aufschluss; die erste rührt von dem Urheber, d. i. wohl dem Besteller der Basis her und lautet:

M Αὐρ Πὑ[ρος M . . | NOCΓΩΝ | . . . . ῶ | Μ.ε.ιτεὺς |
᾽Αθηναῖος [2]) [φ]ουλευτὴς | τὸν τρίπο[δα ἐποίει.

Die zweite Inschrift erzählt, wie der Dreifuss aus Athen nach Nabulus verschleppt worden sei.

. . . .
Αὐσ?]όντος θῆκεν ᾽Ατθίδος ἐκκομίσας
οὕ]νεκεν ἐν τρυπόδεσσιν ἀριστεύεσκε ἅπασιν
κάλλει καὶ μεγέθει καὶ χάρισιν προφέρων ·
τούτῳ [3]) καὶ Διόνυσος ἀγάλλεται ΚΑΙΠΓΕΠΟΕΝ [4])
ἐν τρίποδ᾽ εἰσορόων οὗ πατρὸς ENIPMINCI

Den Buchstabencomplex in Z. 5 liest Schreiber καί τι γέγηθεν, was mit dem von mir Notierten wohl vereinbar scheint, freilich aber nur mit

---

[1]) Schreiber's Erörterungen sind mir leider erst in letzter Stunde zur Hand gekommen; ich war daher nicht in der Lage, seine Lesungen vor dem Originale mit den meinigen zu vergleichen.

[2]) Schreiber liest ᾽Αθηναῖος und verweist zur Erklärung von ἐποίησιν auf Le Bas-Waddington, Asie min. 1966 a, 2023, 2081 u. a.

[3]) So haben Wolters und ich auf dem Steine gelesen. Schreiber las Γοργῶτ, das er von dem Schmucke des Dreifusses unter Hinweis auf die vulcenter Exemplare Mon. d. Inst. II T. 42 und Mon. d. Inst. VII T. 69 erklärt. Allein weder ist ein derartiger Schmuck für einen Dreifuss der Kaiserzeit wahrscheinlich, noch ergiebt diese Lesart für das Ganze einen befriedigenden Sinn.

[4]) Die Hasten lassen sich in diesem Drucke nicht im Einzelnen correct wiedergeben.

einiger Noth einen passenden Sinn giebt. Am Ende des Gedichtes liest Schreiber οὐ πατρὸς ἐγγενέτης, eine, soviel ich sehe, einzig dastehende Bezeichnung des Dionysos. Ich habe nachträglich vermuthet ἐν τέμενει, so dass der Zusammenhang der wäre: Dionysos ist stolz auf seinen Dreifuss und freut sich dessen, wenn er auch im Bezirke seines Vaters (nämlich in einem Zeusheiligthum zu Nabulus) aufgestellt ist.

Aber mag dem sein, wie ihm wolle, soviel ist klar, dass der Dreifuss ursprünglich dem Dionysos zugehörte und von einem athenischen Buleuten gestiftet war. Es ist die nächstliegende Annahme, dass der Dreifuss von einem Agonotheten gelegentlich seiner Festleitung aufgestellt worden sei, wie z. B. auch der Archon und Agonothet Dionysodoros (CIA III 68 b, vgl. S. 106) ein solches Weihgeschenk gestiftet hat. Von besonderem Interesse ist nun der Reliefschmuck, den die Basis auf den in je zwei Felder getheilten Seitenflächen zeigt und der zum Theil durch beigeschriebene Inschriften erläutert wird. Auf der ersten Seite sehen wir oben das schlangenwürgende Herakleskind neben seiner Amme (ΗΡΑΚΛΗΣ ΤΡΟΦΟΣ), unten des Theseus Erkennung (ΘΗΣΕΥΣ ΓΝΩΡΙΣΜΑΤΑ). Die zweite Seite zeigt oben den Götterverein Apollon, Artemis, Leto (mit beigeschriebenen Namen) neben dem getödteten pythischen Ungeheuer, darunter die Tödtung des Minotauros durch Theseus (ΤΑ ΠΕΡΙ ΤΟΝ ΜΙΝΟΤΑΥΡΟΝ), die dritte Seite zeigt oben Demeter (?) auf einem von Schlangen gezogenen Wagen, unten Herakles neben dem getödteten Acheloos und den drei Musen (ΤΑ ΠΕΡΙ ΤΟΝ ΑΧΕΛΩΟΝ). In welcher Beziehung diese etwas eigenthümliche Zusammenstellung von zum Theil entlegenen Mythen zu dem Feste und seinen Spielen gestanden haben mag, ist schwer zu sagen.

Lässt sich für die besprochenen Basen mit Wahrscheinlichkeit annehmen, dass sie choregische Dreifüsse getragen haben, so müssen wir diesen Anspruch einigen anderen reliefgeschmückten Basen, die man in solcher Weise gedeutet hat, entziehen. So führt zunächst die Dresdner „Dreifussbasis“ mit Unrecht ihren Namen, wie an anderer Stelle ausführlicher dargelegt werden soll. Sie ist vielmehr nur der Träger eines Candelaberschaftes gewesen; denn ihr ganzer Aufbau hat nicht an den sichern Dreifussbasen, sondern an Broncecandelabern seine Vorbilder und Analogieen. Die Seitenflächen sind nicht geschweift, sondern eben, und die Oberseite ist, wie schon Bötticher (Arch. Zeit. XVI 1858 S. 227) gesehen hat, durchaus nicht zur Aufnahme eines Dreifusses zugerichtet. Das Gleiche gilt aber auch von der pompeianischen Reliefbasis Mon. d. Inst. IV T. 42 ¹), welche tektonisch mit der Dresdener

---

¹) Vgl. Stephani, Ann. d. Inst. 1847 S. 283; Compte rendu 1873 S. 217. Auf einen choregischen Dreifuss hatte Milchhöfer, Arch. Zeit. XXXVIII 1880 S. 182 die

7*

Basis grosse Uebereinstimmung zeigt; auch ist an ihrer Oberseite noch der deutliche Ansatz des Candelaberschaftes erhalten. Die Borghesische Basis (Friederichs-Wolters 422) endlich hat, wenn sie überhaupt einen Dreifuss getragen haben sollte, doch gewiss mit musischem Festspiel nichts zu thun.

Schon an den besprochenen Basenformen ist der ehrgeizige Wetteifer der Choregen deutlich hervorgetreten. Das Streben, es in Grösse und Schmuck der Basen einander zuvorzuthun, hat in der Zeit des wachsenden monumentalen Luxus endlich dazu geführt, ganze Bauten als Träger und Bewahrer der Weihdreifüsse zu errichten [1]). Als der erste Stifter eines derartigen Baues gilt Nikias, des Nikeratos Sohn, unter dessen Anathemen bei Plutarch Nik. 3 auch ὁ τοῖς χορηγικοῖς τρίποσιν ὑποκείμενος ἐν Διονύσου νεώς aufgezählt wird [2]). Man hat dies von einem Tempel verstanden, der die Siegesdreifüsse in ähnlicher Weise getragen habe, wie später die Halle des Thrasyllos und seines Sohnes. Aber die Bezeichnung: „der unter den (auf seinem Dache stehenden) Dreifüssen befindliche Tempel" [3]) wäre doch allzu sonderbar, und es scheint vielmehr, dass ὑποκεῖσθαι, wie so oft im übertragenen Sinne bei abstracten Begriffen, hier auch in localer Verbindung nichts anderes bedeute, als „vorhanden sein", so dass die Worte einfach „den für die Dreifüsse bestimmten Tempel" bezeichnen. Bei Platon Gorg. 472 werden zwar des Nikias und seiner Brüder τρίποδες οἱ ἐφεξῆς ἑστῶτες ἐν τῷ Διονυσίῳ erwähnt, aber von einem besonderen Tempel wird nichts gesagt. Es ist daher denkbar, dass der Tempel des Nikias, den man vielleicht mit dem jüngern Tempel im Dionysion, für den Alkamenes das Cultbild gearbeitet hat, identificieren darf, ursprünglich gar nichts mit der Aufstellung der Dreifüsse zu thun hatte und diese erst später dahinein versetzt worden seien. Aber sollte auch wirklich schon dieser Tempel des ältern Nikias für choregische Dreifüsse gestiftet worden sein, so könnte er doch nur als ganz vereinzelter Vorläufer eines späteren Brauches gelten, wie wir ja auch sonst in den zwei letzten Jahrzehnten des fünften Jahrhunderts mancherlei Erscheinungen beobachten, die dann erst in der letzten Zeit der griechischen Unabhängigkeit voll zu Tage treten.

Basis bezogen. Die glatte geistlose Arbeit verweist das Werk in den Anfang der Kaiserzeit.

[1]) Die Choregen der Thargelien kommen hier nicht mehr in Betracht, da dieses Fest, soweit wir urtheilen können, schon in der zweiten Hälfte des vierten Jahrhunderts seine Bedeutung mehr und mehr eingebüsst hatte.

[2]) Der Zusatz ἐν Διονύσου gestattet nicht, eine Verwechslung mit dem choregischen Tempel des andern Nikias, S. des Nikodemos anzunehmen; vgl. Dörpfeld, Athen. Mitth. d. Inst. X S. 226.

[3]) So verstehen die Worte Reiske in seiner Uebersetzung, Stuart und Revett a. a. O. D. Ausg.² I S. 165 ¹⁹ u. A. Die Conjectur ἀποκείμενον hat nichts für sich.

Erst in der zweiten Hälfte des vierten Jahrhunderts entstehen choregische Bauten in grösserer Zahl[1]), von denen Pausanias I 20, 1 leider nur eine sehr ungenügende Charakteristik giebt: ναοὶ ὅσον[2]) ἐς τοῦτο μεγάλοι καὶ σφίσιν ἐφεστήκασι τρίποδες. Glücklicherweise geben uns die Monumente selbst reicheren Aufschluss über die verschiedenen architektonischen Typen, die hier zur Verwendung kamen. Der älteste derartige Bau, der erhalten ist, das Monument des Lysikrates aus dem Jahre 335/34 zeigt uns die Form eines auf viereckigem Porosunterbau errichteten sechssäuligen Rundtempels korinthischen Stils, dessen Intercolumnien mit Marmorplatten geschlossen waren und dessen kuppelförmiges Dach in einen zur Aufnahme des Dreifusses zugerichteten Knauf endete. Abbildungen und Beschreibung der Einzelheiten haben in vorzüglicher Weise Stuart und Revett I S. 32 ff. (Deutsche Ausg.[2] I S. 139 ff.) gegeben[3]); einige wesentliche Ergänzungen und Berichtigungen hiezu danken wir neuerdings C. v. Lützow, Zeitschr. f. bild. Kunst 1868 S. 233 ff., 264 ff. Demnach kann auch über den Standort des Dreifusses kein Zweifel mehr sein; er sass nicht, wie Semper, Stil II[2] S. 230 nach Schinkel's Vorgang vermuthet hat, mit dem Becken auf der Knaufblume, mit den Füssen auf den drei Ranken des Kuppeldaches auf; eine derartige Aufstellung wäre technisch unmöglich, da die drei Voluten genau unter den weitausladenden Armen des Knaufs — nicht zwischen ihnen — sitzen. Auch die Hypothese, dass die Füsse in den drei zwischen den Dachvoluten im obern Drittel der Kuppelfläche gelegenen Vertiefungen (25 × 20 Cm.) befestigt gewesen wären, hat Lützow (a. a. O. S. 240) mit Recht abgewiesen. Vielmehr ist die Kuppelblume mit ihren drei weitausladenden Armen — eine Form, die für den Träger eines runden Kessels ohne jede künstlerische oder praktische Erklärung wäre — schon durch ihren Grundriss in bestimmtester Weise als Basis eines auf drei Hauptstützpunkten ruhenden Geräthes gekennzeichnet; sie entspricht vollkommen den oben besprochenen dreiseitigen Basen mit eingebogenen Seiten und abgestumpften Ecken. Dass ebenso die Beschaffenheit der Oberfläche der Blume und ihre Grössenverhält-

---

[1]) Der architektonische Aufwand für die choregischen Monumente hat seine Analogie in dem gesteigerten Luxus der sepulcralen Denkmäler des vierten Jahrhunderts, deren Prunk ja der Phalereer Demetrios durch Gesetze einzuschränken suchte (Cicero De legg. II 26, 66).

[2]) So hat Robert (Hermes XIV S. 314) mit grosser diplomatischer und sachlicher Wahrscheinlichkeit gebessert statt ναοὶ θεῶν.

[3]) Schon Cyriacus von Ancona hat die Inschrift abgeschrieben mit dem Vermerk ad ornatissimas scenarum marmoreas cathedras (Epigr. rep. per Illyricum p. X n. 76) und eine flüchtige Skizze des Monumentes entworfen, die uns in der Berliner Excerptenhandschrift des P. Donatus fol. 86ᵛ (vgl. Mommsen, Jahrb. d. preuss. Kunstsamml. IV S. 80 ff.) erhalten ist; vgl. Athen. Mitth. d. Inst. XIV Heft 2.

nisse mit den Basen choregischer Dreifüsse vollkommen übereinstimmen, ist schon oben S. 77 hervorgehoben worden. Mit richtigem Tacte haben daher schon Stuart und Revett und ebenso dann Theophil Hansen (Zeitschr. f. bild. Kunst 1868 S. 233) den erzenen Dreifuss als oberste Bekrönung des ganzen Baues angesetzt [1]): der zierliche, schlank emporsteigende Marmorbau bringt in vorzüglicher Weise die Bestimmung des Ganzen, als Basis zu dienen, zum Ausdruck.

Was den ringsumlaufenden Fries des Monumentes betrifft [2]), so wird wohl die Vermuthung zu Recht bestehen dürfen, dass sein Gegenstand dem preisgekrönten Dithyrambus entlehnt sei. Daraus und nicht aus künstlerischen Rücksichten allein ist es vielleicht auch zu erklären, dass die Darstellung so sehr von der herrschenden Sagenform abweicht, dass z. B. nicht die Schiffe selbst sondern das Meeresufer Schauplatz des Kampfes ist, dass die Satyrn so lebhaften Antheil am Kampfe nehmen, während der Gott selbst in Ruhe bleibt, und dass die tyrrhenischen Räuber vor ihrer Verwandlung noch eine tüchtige Züchtigung erfahren.

Ein Monument ganz ähnlicher Art wie das Lysikratesdenkmal soll noch im siebenzehnten Jahrhundert in dessen Nachbarschaft gestanden haben. Guillet nämlich, der im Jahre 1669 von den französischen Kapuzinern in Athen seine Nachrichten erhalten hat, berichtet (Athènes anc. et nouv. Paris 1675 S. 212) von einem Rundbau mit kuppelförmigem Dach, der φανάρι τοῦ Διογένη genannt werde im Gegensatz zu dem φανάρι τοῦ Δημοσθένους, dem Lysikratesdenkmal [3]). Die Zuverlässigkeit dieser Nachrichten wird dadurch einigermassen in Frage gestellt, dass schon im Jahre 1676 Spon keinerlei Reste dieses Baues mehr vorfand. Auch findet sich heute bei den Umwohnern die Bezeichnung φανάρι τοῦ Διογένη für das Lysikratesmonument (vgl. Lolling, Griech. Landeskunde S. 326 [2]), so dass die Annahme naheliegt, die zwei Laternenbauten Guillets verdankten nur dem doppelten Namen eines Monumentes

---

[1]) Dass der 120 Cm. hohe Dreifuss in Hansen's Restaurationsentwurf im Missverhältnisse zum Ganzen stehe und höher gewesen sein müsse als der Knauf (der 120 Cm. misst), hat schon Lützow a. a. O. S. 241 richtig erkannt; in der That muss er ja nach unsern Berechnungen 1³/₄—2 M. hoch gewesen sein.

[2]) Stuart und Revett I Kap. IV S. 29 (D. Ausg. S. 146); Ancient marbles of the Brit. Mus. IX T. 22 ff.; Friederichs-Wolters 1328.

[3]) „*Nous fumes voir proche delà* (des Kapuzinerhospizes) *un petit edifice, que les Atheniens appellent to Phanari tou Diogenis, c'est-à-dire la lanterne de Diogène, c'est le reservoir des eaux d'une fontaine. Les Anciens le nommoient Analognaeon, parce qu'il est basty en pulpitre. Mais, parce qu'il y a au-dessus une couppe faite en lanterne, le vulgaire dit aujourd'huy, que c'est la lanterne de Diogène, faisant allusion à un trait plaisant et satyrique de ce philosophe.*" (Laborde I S. 219; 244). Das Monument ist auch auf dem Plane der Kapuziner und auf Guillet's Plan unter n. 16 eingetragen. Vgl. Ross, Arch. Aufs. I S. 264; II S. 261; Wachsmuth a. a. O. S. 68; Lolling a. a. O. S. 326.

ihre Entstehung [1]). Aber wenn einerseits bei dem ganzen Charakter des Guillet'schen Buches eine derartige Verwechslung wohl möglich wäre, so fällt es doch für die Richtigkeit jener Angaben sehr ins Gewicht, dass der Kapuziner Pater Barnabé (in Guillet's Gegenschrift gegen Spon S. 163) ausdrücklich neben dem Phanari des Demosthenes erwähnt: „*le Phanari tou Diogenis qui est dans une autre rue et qui n'est pas si entier ny si beau*" (bei Laborde, Athènes II S. 33) und dass Spon selbst (II S. 128) von der Zerstörung eines früher in jener Gegend vorhandenen Monumentes berichtet; vgl. Laborde I S. 245[1]. So scheint es nicht unmöglich, dass ein Ueberrest des von Guillet erwähnten Baues in dem grossen Porosfundamente zu erkennen sei, das in dem Keller eines nördlich vom Lysikratesdenkmal an der NW-Ecke des Kreuzungspunktes der jetzigen Thespis- und Tripodenstrasse gelegenen Hauses entdeckt worden ist (Arch. Zeit. XXXII S. 162, 5; Burnouf, *La ville et l'acropole d'Athènes* S. 102; Lolling a. a. O. S. 326). Jedenfalls gehörte dieses Fundament, das in Gestalt, Technik und Massen auf das Engste mit dem Unterbau des Lysikratesdenkmales verwandt ist, zu einem Bau von durchaus ähnlichem Typus [2]).

Neben diesen Rundbauten existierten aber noch choregische Bauten von rechteckigem Grundriss in Tempel- oder Hallenform, die vermuthlich häufiger und vielleicht auch früher als die junge Form des Rundbaues für die Anatheme der Choregen verwendet worden sein werden. Doch stammt das älteste Denkmal dieser Art, das wir nachweisen können, erst aus dem Jahre 323 22 [3]). Es ist dies die choregische In-

---

[1]) Die Bezeichnung des Lysikratesdeukmals als ὁ Δημοσθένους λύχνος begegnet schon in der um 1182 gehaltenen Antrittsrede des berühmten Metropoliten Michael Akominatos (Ἀκομινάτου τὰ σωζόμενα ed. Spir. Lambros I S. 98), ebenso dann bei dem Anonymus Vindobonensis (§. 5) und Parisinus (κανοῦλι μαρμαρίνιον τοῦ Δημοσθένους), wie auch noch bei den Kapuzinern (Babin, §. 12 und Guillet, S. 223, vgl. Wachsmuth a. a. O. S. 756). Die richtige Bezeichnung gab zuerst Transfeldt; vgl. ausser Wachsmuth a. a. O., Michaelis, Athen. Mitth. d. Inst. I S. 114; Duhn, Arch. Zeit. XXXVI S. 65[39]; Gregorovius, S. B. d. Münchner Akademie 1881 I S. 348 ff.

[2]) Der Wiener Anonymus fährt nach Erwähnung der Laterne des Demosthenes §. 5 fort: πλησίον δὲ τούτου ἦν τοτε καὶ τοῦ Θουκυδίδου οἴκημα καὶ Σόλωνος u. s. w.; dann auch unter diesen Bezeichnungen sich choregische Bauten versteckten, vermuthet Wachsmuth a. a. O. S. 734.

[3]) Ueber den Tripodentempel des älteren Nikias s. S. 100.; Pittakis berichtet von der Inschrift CIA II 1234 aus dem Jahre 384, sie befände sich *sur une architrave, qui faisait partie d'un théâtre* (vgl. Ἐφημ. ἀρχαιολ. n. 1843; 2792); doch ist auf diese Angabe wenig Gewicht zu legen, da derselbe Gewährsmann z. B. auch den Stein CIA II 1250 (vgl. oben S. 76, III) als Epistyl bezeichnet. Von einem Fragmente des Inschriftsteines CIA II 1244 (aus dem Jahre 328,27) berichtet Rangabé, Ant. hell. n. 975: „*il est surmonté d'une moulure ornée d'un méandre*"; die Länge der Inschriftzeilen legt hier den Gedanken an ein Epistyl nahe. Des Cyriacus Lemma *ad gymnasii sedem exornatam*

schrift CIA II 1245[1]), die auf einem dorischen Epistyl steht, dessen Tropfen bei der Wiederbenützung abgemeisselt worden sind, vgl. Stuart und Revett I S. 27 (D. Ausg.[2], Lief. 27, T. 2, 4). Es hat gegenwärtig eine Länge von 275 Cm., ist aber rechts und links verstümmelt, was daraus hervorgeht, dass es rechts jetzt mit einem unvollständigen Triglyphon, links mit einer zu schmalen Metope endet[2]).

Ein deutlicheres Bild von den choregischen Bauten rechteckigen Grundrisses als dieser fragmentierte Architrav geben die Monumente der beiden im Jahre 320.19 sieggekrönten Choregen. Thrasyllos und Nikias haben sich nicht daran genügen lassen, ihre Monumente unter die übrigen Anatheme der Tripodenstrasse einzureihen, sondern haben an besonders hervorragenden Stellen andere Plätze gewählt, Thrasyllos, der Sieger mit dem Männerchor, hoch über dem Rund des Theaters, Nikias, der Sieger mit dem Knabenchor, im Westen davon am sogenannten obern Asklepieionsplateau. Das Monument des Thrasyllos, das gewissermassen als Façade der Grotte der Panagia Spiliotissa vorgebaut ist, zeigt uns die Front einer aus zwei 70 Cm. breiten dorischen Eckpfeilern und einem schmäleren Mittelpfeiler (52 Cm.) gebildeten dorischen Halle und ist bis in Einzelheiten dem Südflügel der Propyläen nachgebildet, vgl. Dörpfeld, Athen. Mitth. d. Inst. X S. 227[3]). Die Halle war ursprünglich offen, wie wir sie auf dem bekannten Münzbild (Journ. of hell. stud. VIII S. 39) dargestellt sehen; erst in moderner Zeit, als die Grotte zur Kirche umgewandelt wurde, ist jene Mauer zwischen den Pfeilern errichtet worden, die wir auf den Abbildungen von Stuart und Revett (II Kap. IV; Lief. 27, T. 5) und Le Roy (Monum. de la Grèce II T. II) sehen. Der Preisdreifuss des Thrasyllos aber wird ursprünglich, bevor noch die Attika aufgesetzt war, oben auf dem Baue gestanden haben.

Das Monument des Nikias, dessen Reconstruction wir Dörpfeld verdanken[4]), hatte die Gestalt eines sechssäuligen dorischen Tempels

---

liesse sich damit wohl vereinbaren, wenn wir die eigenthümliche Terminologie des Anconitaners und das analoge Lemma der Lysikratosinschrift berücksichtigen.

[1]) Ich habe in dem Archonten Kephisodoros der Inschrift früher (De mus. Gr. certam. S. 33) den Eponymen des Jahres 366.65 erkennen zu müssen geglaubt, und in der That ist die Voraustellung des Didaskalos für die Zeit des jüngern Archonten dieses Namens (323.22) sehr auffällig. Doch entscheidet der Schriftcharakter für den jüngern Ansatz.

[2]) Das Monument stand wohl an der Tripodenstrasse. Spon sah den Architrav über dem Thore des Bazars; gegenwärtig liegt er im Vorhof des Centralmuseums.

[3]) Die gegenwärtigen Reste des Baues sind auf dem grossen Ziller'schen Theaterplan Ἐφημ. ἀρχαιολ. 1862 Taf. ΜΒ′ (vgl. Taf. Μ 89—91) verzeichnet.

[4]) Athen. Mitth. d. Inst. X S. 219 (T. VII); vgl. Köhler a. a. O. S. 231 ff.

mit vollständigem Gebälk und Giebel; der Architrav der Vorderseite hatte eine Länge von fast elf Metern, über den drei mittelsten Intercolumnien lief die Weihinschrift. An den Seitenfronten stand, wie es scheint, neben der Ecksäule noch eine zweite Säule, während der übrige Theil von einer geschlossenen Wand eingenommen war; die Rückwand lehnte vermuthlich, ähnlich wie beim Thrasyllosmonument, an der Felswand. Denn das Nikiasmonument erhob sich — nach einer wahrscheinlichen Vermuthung Dörpfeld's, die ich hier mittheilen darf — auf den grossen Brecciafundamenten am nordöstlichen Rande des Zuschauerraumes des Herodestheaters. Es lag also an jenem Wege, der (nach Dörpfeld's Ansatz) früher quer durch den gegenwärtigen Zuschauerraum nach der Burg führte, und wurde, nachdem es vielleicht schon früher verfallen war, bei Erbauung des Odeions durch Herodes Atticus zerstört; damals wurde der jetzt oben um den Zuschauerraum führende Weg über die Reste des Fundaments gelegt. Dass zahlreiche Stücke dieses Monumentes in das Beulé'sche Thor und die westliche Mauer verbaut worden sind, ist ein wichtiges Indicium für die Entstehungszeit dieses Thorbaues.

Bei dem Bau des Nikias herrscht ebenso wie bei dem Thrasyllosmonument ein störendes Missverhältniss zwischen den Dimensionen des Baues, der äusserlich in keiner Weise seine Bestimmung als Dreifusshaus verräth, und der Grösse des Dreifusses (vgl. Köhler a. a. O. S. 234[1]). Doch wird man es als das Regelmässige bei dieser Tempelform voraussetzen dürfen, dass der Dreifuss als Mittelakroterion verwendet wurde[1]), wofür ja wohl auch die Stelle des Pausanias als Beleg angeführt werden darf.

Aus der Agonothetenzeit haben wir nur wenige Zeugnisse von Dreifussbauten. Der Agonothet Thrasykles hat sich begnügt, auf den Bau seines Vaters eine Attika aufzusetzen, welche die beiden Preisdreifüsse und in der Mitte eine Dionysosstatue trug; vgl. Athen. Mitth. d. Inst. XIII S. 388. In ähnlicher Weise mag öfters der Typus des hallenartigen Baues von Agonotheten verwendet worden sein. Dagegen rührt das Inschriftfragment CIA II 1264: ['Ακα]μαντὶς παῖβων ἐνίκα | Λείνων Αἰγη[νής]ης ηὔλει | Κλεάριτος . . . [ἐβίβασκε] (De mus. Gr. certam. S. 42, 96; Köhler, Athen. Mitth. d. Inst. III S. 250), das in den Fascien eines ionischen Architravs steht, wohl von der Front eines Baues in der Art des Nikiasmonumentes her; vgl. Athen. Mitth. d. Inst. XIII S. 385.

---

[1]) Man wird hiergegen nicht die Höhe des Dreifusses geltend machen dürfen, da ja überhaupt in jüngerer Zeit die Firstakroterien ungewöhnliche Dimensionen angenommen zu haben scheinen; vgl. Furtwängler, Arch. Zeit. XL (1882) S. 342 f.

Dass auch in der Kaiserzeit diese Vorbilder bei der Weihung der Dreifüsse noch nachwirkten, beweist das grosse Epistylfragment mit der Inschrift CIA III 68 b (vgl. Kaibel, Rhein. Mus. XXXIV S. 201). Erhalten sind davon gegenwärtig noch zwei aneinanderschliessende grosse ionische Epistylblöcke von je 242 Cm. (52 Cm. Höhe, 56 Cm. Dicke). Da rechts am Ende das Profil einspringt und die Inschrift umbiegt, so ist hier das Ende des Epistyls, mag dieses nun ein selbständiges Monument oder den vorspringenden Theil eines grösseren hallenartigen Baues bilden [1]); links aber hat, wie die Disposition der Inschriften zeigt, noch ein dritter Block, der gewiss die gleiche Länge hatte, angeschlossen, so dass das ganze Epistyl mindestens 720 Cm. lang war. In den untern Fascien dieses Epistyls nun steht in grossen Lettern die Inschrift: ['Ασκληπιῶ κ]αὶ 'Υγιείᾳ καὶ Σεραπῶ Καίσαρι . . . (Rasur von ca. 80 Buchstaben) [2]) ἐπὶ ἄρχοντος καὶ ἱερέως Δρούσου ὑπάτου Πολυχάρμου τοῦ Πολυκρίτου Ἀζηνιέως [ἱερέως διὰ] βίου Ζήνωνος τοῦ Λευκίου 'Ραμνουσίου. Darüber steht rechts in kleineren Buchstaben folgende Inschrift: 'Αρχων Διονυσόδωρος Εὐκάρπου τέχνης | πάσης με κῦδος κωμικῆς τραγικῆς χορῶν | τὸν δειθύραμβον τρίποδα Θῆκε Ἀσκληπιῶ, d. h., wenn ich recht verstehe: „der Archon Dionysodoros, S. d. Eukarpos, hat mich den Dithyrambendreifuss als Ruhmeszeichen aller Kunstgattungen, der komischen, tragischen, chorischen dem Asklepios geweiht" [3]). Demnach stand oberhalb der Inschrift ein Dreifuss, der (obwohl eigentlich nur für dithyrambische Siege bestimmt), vom Archonten, der gleichzeitig als Agonothet der Dionysien fungiert hatte, als gemeinsames Gedenkzeichen an alle musischen Spiele des Festes aufgestellt worden war. Während rechts von diesen Versen freier Raum ist, folgt links nach einem Zwischenraum von 45 Cm. eine zweite Inschrift gleichen Charakters: Διονυσόδωρος ἦρχε, Δεξικλῆς μ'ἔτε | νείκης ἰσθλον ἔλαβεν ἠθέων χορῷ. Hier stand also der Dreifuss, den Dexikles mit seinem Knabenchor gewonnen hatte; offenbar folgte dann auf dem dritten Epistylblock links der Dreifuss des Männerchors mit einem entsprechenden Epigramm. Dass diese Dreifüsse sich auf den Agon der Dionysien bezogen, wird man gewiss nicht darum bezweifeln dürfen, weil

---

[1]) Die mit diesen beiden Steinen in derselben Mauer verbauten Epistylfragmente (Kumanudis, Ἀθήναιον VI S. 146), haben, soweit ich nachgemessen habe, alle kleinere Verhältnisse.

[2]) In der Rasur stand nach Dittenberger's Auseinandersetzungen nur der Name des Weihenden.

[3]) Man bezieht gewöhnlich den Genitiv Εὐκάρπου zu τέχνης und meint, dieser Dreifuss sei zu Ehren des Eukarpos, des gemeinsamen Chorodidaskalos der Komödien, Tragödien und Chöre, aufgestellt worden (Brinck a. a. O. S. 157). Aber Sinn und Satzform legen die Verbindung Διονυσόδωρος Εὐκάρπου näher und die Zusetzung des Vaternamens ist bei einem Archonten der Kaiserzeit ohne Anstoss. Ein Εὔκαρπος Διονυσοδώρου erscheint CIA III 1056 (aus den ersten Jahren des dritten Jahrhunderts).

sie auf einem Bau im Asklepieion standen und der Dreifuss der Agonotheten, der ja im eigentlichen Sinne des Wortes nur ein „privates"
Anathem ist, dem Asklepios geweiht ist. Aber allerdings kann das
Monument, zu dem das Epistyl gehört, nicht als ein choregisches bezeichnet werden, indem es, wie die Hauptinschrift zeigt, unter einem
andern Archonten zu Ehren des Asklepios und der Hygieia [1]), also
nicht ursprünglich zur Aufnahme der choregischen Anatheme errichtet
war, sondern nachträglich zu diesem Zwecke benützt worden ist. Die
dionysischen Festleiter aber konnten in einer Periode religiöser Indifferenz
und mythologischen Synkretismus keinen Anstoss darin sehen, ihre
Dreifüsse im Heiligthum des Asklepios zu weihen, und mochten gerne
die Gelegenheit benutzen, auf billige Art ihre Anatheme in so kostbar
scheinender Weise aufzustellen [2]).

Damit haben wir den grossen Formenkreis durchmessen, der für
die Untersätze der Dreifüsse in Verwendung kam. Aber nicht nur
in Auswahl und Schmuck der Basen äusserte sich die individuelle Art
der einzelnen Choregen; auch der Dreifuss selbst bot ihnen reiche Gelegenheit, ihren Geschmack zu zeigen und ihren Ehrgeiz zu bethätigen.
Denn wenn auch der Dreifuss in bestimmter, im Wesentlichen immer
gleicher Gestalt und Grösse in die Hände des Choregen kam, so gab
es doch verschiedene Möglichkeiten, ihn bei der Aufstellung noch mit
besonderem Glanze auszustatten. Es kommen ja bei den anathematischen
Bronzedreifüssen im Wesentlichen dreierlei Arten des Schmuckes vor;
man konnte erstens das Bronzegeräth in Nachahmung von anathematischen Dreifüssen aus massivem Edelmetall [3]), mit Silber oder Gold

---

[1]) Der Archon der Weihinschrift, Polycharmos, kann als Zeitgenosse des Zenon
aus Rhamnus, der auch unter dem Archonten Demochares als Priester fungierte
(CIA III 68a), zeitlich von diesem, welcher auf Grund des Archontenverzeichnisses
CIA III 1014 der ersten Hälfte des ersten Jahrhunderts zugewiesen wird, nicht allzu-
weit abstehen; vgl. jetzt auch Ἀρχαιολογ. Δελτίον 1888 S. 136 f. Damit ist aber noch
nicht der Beweis erbracht, dass der Dionysodoros der andern Inschrift mit dem Archon
des Jahres 57 n. Chr. (Phlegon Mirab. 7) identisch sei, mit dem man wiederum den
Διονυσόδωρος Σω . . . Σουνιεύς, der unter Claudius Priester und Stratege war (CIA III
456) identificiert hat. Ein Archon Dionysodoros erscheint noch CIA III 19, 157, 1016;
ein Archon Διονυσοδώ[ρο . . .]ίου CIA III 1206.

[2]) Einige Epistylblöcke, die mit jugendlichen männlichen Flügelfiguren, welche
Thymiaterien, Kannen und Schalen tragen, friesartig verziert sind (Sybel 304), betrachtet man seit Stuart und Revett II S. 29 (D. Ausg.2 Lief. XVII 15, S. 95) ohne
durchschlagende Gründe als Theile eines choregischen Monumentes; vgl. Wieseler,
Archäol. Bericht ü. e. Reise in Griechenl. S. 31; 53.

[3]) Vgl. Wieseler, Delph. Dreif. S. 86. Die drei silbernen Dreifüsse, welche nach
dem Zeugniss des Komikerfragmentes bei Zonaras 1366 (Kratinos 456 Kock; nach
Wilamowitz, Observ. crit. in com. S. 34 18 aus Aristophanes Babyloniern; vgl. Kratin. 318)

überziehen; man konnte zweitens Bronzestatuetten am Rande des Kessels und an den Verbindungsstäben des Gestelles anbringen; man konnte drittens — und dies kann nicht mehr eigentlich als Verzierung des Dreifusses bezeichnet werden — innerhalb der drei Beine statuarischen Schmuck aufstellen.

Für die erste Art des Schmuckes kennen wir aus dem Kreise choregischer Dreifüsse ein Beispiel durch die Notiz des Harpokration s. v. κατατομή · Φιλόχορος δὲ ἐν ἕκτῃ οὕτως (Frgm. 138 M.) · Αἰσχραῖος 'Αναγυράσιος ἀνέθηκε τὸν ὑπὲρ θεάτρου τρίποδα καταργυρώσας νενικηκὼς τῷ πρότερον ἔτει χορηγῶν παισὶ καὶ ἐπέγραψεν ἐπὶ τὴν κατατομὴν τῆς πέτρας [1]). Dass Philochoros in seinen Jahrbüchern diesen Dreifuss erwähnt, lässt auf das Interesse schliessen, welches das Ereigniss hervorrief; vielleicht war es der erste Dreifuss, der ὑπὲρ θεάτρου aufgestellt wurde, und wenn ihn noch Philochoros τὸν ὑπὲρ θεάτρου τρίποδα nennt, so scheint daraus hervorzugehen, dass er auch noch damals Dank seinem Standort und seiner Eigenart allen ein guter Bekannter war. Da die zugehörige choregische Inschrift auf dem Felsen selbst eingehauen war, ist es nicht unmöglich, dass dieser versilberte Dreifuss in der Nische westlich vom Thrasyllosmonument gestanden habe, wo er gleichzeitig geschützt und doch von unten sichtbar war. Die Aufstellungszeit lässt sich ungefähr aus der Eintheilung des Philochoreischen Werkes bestimmen, dessen sechstes Buch nach Boeckh's Bestimmung die Jahre von Ol. 105, 3 bis 115, 2 (358—319) umfasste (vgl. Müller, Fragm. hist. Gr. I S. 405); mit grosser Wahrscheinlichkeit hat daher Koehler (Athen. Mitth. d. Inst. IV S. 89) diesen Aischraios mit einem in den Marineurkunden von 336 35 genannten Aischraios identificiert [2]).

Ein Beispiel für die zweite Art des Schmuckes hat man aus den Worten des Pausanias I 21, 3 zu erschliessen versucht. Dort berichtet der Perieget: ἐν δὲ τῇ κορυφῇ τοῦ θεάτρου σπήλαιόν ἐστιν ἐν ταῖς πέτραις ὑπὸ τὴν ἀκρόπολιν · τρίπους δὲ ἔπεστι καὶ τούτῳ · Ἀπόλλων δὲ ἐν αὐτῷ καὶ Ἄρτεμις τοὺς παῖδάς εἰσιν ἀναιροῦντες τοὺς Νιόβης. Die Höhle, von der hier gesprochen wird, kann nur die Grotte der Spiliotissa sein; denn alle andern Höh-

---

Phormion zu weihen versprochen hatte, wird man auf Grund obiger Darlegungen nicht mit Benndorf a. a. O. S. 86² (736⁴) auf eine Choregie, sondern eher mit Wilamowitz a. a. O. auf ein anderes öffentliches, vielleicht gelegentlich eines Sieges gelobtes Anathem zu beziehen habeu.

[1]) Versilberte Dreifüsse werden z. B. erwähnt unter den Dreifüssen bei der Pompe des Ptolemaios Philadelphos (Athen. V 199 d) und in den Inventaren von Delos (Bull. de corr. hell. VI S. 45, Z. 157).

[2]) Stark, Niobe S. 115³ wollte den Aischraios mit einem gleichnamigen Diaeteten der Liste CIA II 941, Col. I Z. 10 identificieren; doch gehört dieser zum Demos der Euonymeer.

lungen des Felsens haben nur die Grösse von Nischen; der Dreifuss, der wie sein Standort oberhalb des Dionysosheiligthums beweist, gewiss ein choregischer war, befand sich oberhalb dieser, d. h. wohl nicht auf dem kleinen oberhalb der Grotte befindlichen Plateau, das die korinthischen Säulen trägt (Milchhöfer in Baumeister, Denkm. d. kl. Alterth. S. 193), sondern thatsächlich unmittelbar „auf der Grotte", d. h. also auf dem Thrasyllosmonument. Wenn Pausanias nur von einem Dreifuss spricht, während Thrasykles doch deren zwei aufgestellt hatte, so kann das leicht seinen Grund darin haben, dass der zweite im Laufe der Jahrhunderte abhanden gekommen war. Schwieriger zu beantworten ist die Frage nach der Darstellungsform der Niobidenkatastrophe. Benndorf a. a. O. entscheidet sich dafür, dass ἐν αὐτῷ auf den Dreifuss selbst zu beziehen sei, der in ähnlicher Art wie die beiden Niobidendreifüsse des pompeianischen Wandgemäldes (Mus. Borbon. VI 13f.; Helbig, Wandgem. 1154) verziert gewesen sein möge. Die Möglichkeit eines solchen Schmuckes ist für die Zeit des Thrasykles gewiss zuzugeben[1]); nach den bedeutenden Grössenverhältnissen der Basen auf der Attika des Thrasyllosmonumentes zu schliessen — sie sind 201 Cm. lang, 148 Cm. hoch — müssen ja des Thrasykles Dreifüsse eine ziemliche Höhe gehabt haben (vgl. S. 83), so dass auch ein in zwei Reihen übereinandergeordneter Figurenschmuck denkbar wäre. Bei der Höhe des Standortes mochte er freilich einen puppenhaften Eindruck machen, und es konnten gewiss nicht alle Figuren von der Vorderseite sichtbar sein; aber es ist möglich, dass der Erzarbeiter sich um diesen Misstand so wenig bekümmerte, wie der Bildhauer, wenn er in bedeutender Höhe gelegentlich einen Fries von geringen Höhenverhältnissen anbrachte. Andererseits könnte der Maler, der in dem grossen Peristyl der *casa dei Dioscuri* die innern Flächen zweier Pilaster (Helbig a. a. O. S. 469) schmücken sollte, bloss aus äussern Gründen die Niobidenschaar in zwei Dreifüsse vertheilt haben, da er in der beschränkten Fläche sonst nicht alle Personen gleichzeitig zeigen konnte. Allein auf den beiden pompeianischen Bildern fehlen Artemis und Apollon gänzlich, während sie in dem von Pausanias

---

[1]) Derartiger Figurenschmuck war in archaischer Zeit nicht selten. Die „Dreifüsse aus Stabwerk" italischen Fundorts zeigen ihn fast regelmässig; vgl. z. B. Mon. d. Inst. III T. XLIII; VI T. CXIX; Cab. Pourtalès T. 13; und auch τὰ ἐπειργασμένα auf dem Dreifuss des Gitiadas Pausan. III 18, 8 sind so zu verstehen; vgl. Schaarschmidt, *De ἐπὶ praepos. apud Pausaniam usu* S. 35. Aus der Blüthezeit der Kunst scheint sich aber auf griechischem Boden kein solcher Fall belegen zu lassen. Die hellenistische Kunstübung hat die alte Sitte wieder erneuert und gelegentlich in kolossale Verhältnisse übertragen; vgl. Athen. V 202 cd; auch der Dreifuss auf der albanischen Tafel mit der Apotheose des Herakles (Jahn-Michaelis, Griech. Bilderchron. T. V) zeigt Figuren auf dem Kesselrande.

beschriebenen Monument nach dem Wortlaut der Stelle mit dargestellt gewesen zu sein scheinen. Allerdings ist es möglich, dass hier nur ein ungenauer Ausdruck vorliegt, indem Pausanias leicht die kurze Notiz, in dem Dreifusse sei die Niobidenkatastrophe dargestellt gewesen, in derartiger Form umschreiben konnte. Aber man wird doch bei soviel Ungewissem die pompeianischen Dreifüsse nicht als ausschlaggebendes Zeugniss für die Deutung der Pausaniasstelle anführen dürfen. Andererseits mag die Möglichkeit zugegeben werden, dass in den Worten des Pausanias die Bestimmung ἐν αὐτῷ auf die durch die Worte καὶ τούτῳ in dem unmittelbar vorhergehenden Satze bezeichnete Grotte zu beziehen sei; vgl. Stark, Niobe S. 113. Dann hätte also eine bildnerische Darstellung der Niobidenkatastrophe in der Höhle der Spiliotissa gestanden, die freilich auch gerade keinen günstigen Aufstellungsplatz für eine solche figurenreiche Gruppe bietet. Mag aber die Niobidenkatastrophe in der einen oder der andern Art dargestellt gewesen sein, die Wahl des Gegenstandes hängt gewiss zusammen mit dem Inhalte des Dithyrambus, den der Chor des Thrasykles, beziehungsweise des Thrasyllos beim Agone vorgetragen hatte.[1]

Haben wir es hier nur mit vereinzelten Fällen zu thun, so hat dagegen die Sitte, Statuen innerhalb der Dreifüsse aufzustellen, grössere Bedeutung für die choregischen Anatheme erlangt. Dass die Mittelstütze ursprünglich einem praktischen Bedürfniss entsprungen ist, haben wir schon oben betont. Schon früh hat man diese Nothwendigkeit künstlerisch zu verwerthen gewusst, indem man an Stelle von Säulen Statuen unter den Kessel setzte, die zunächst gewiss auch als Stützen dienten. Sie wurden aber schon in alter Zeit auch dort angebracht, wo ein solches praktisches Bedürfniss in Folge des Aufstellungsortes oder der Construction des Dreifusses nicht vorlag[2]. Hier waren dann die Statuen blos als Schmuck verwendet, dessen ursprünglicher tektonischer Sinn bald nicht mehr empfunden und beachtet worden sein wird. Das älteste Beispiel einer Dreifusstatue, das sich auf attischem Boden nachweisen lässt[3], scheint sich aus der oben S. 90 besprochenen (nicht chore-

---

[1] Schon Lasos von Hermione scheint die Niobidensage in einem Dithyrambus behandelt zu haben; vgl. Aelian V. H. XII 36 (Frgm. 3 Bergk).

[2] Die bekanntesten und kunstgeschichtlich werthvollsten Beispiele dieser Art sind die Dreifüsse von Amyklai (Paus. III 18, 8); über die Zeit der älteren des Gitiadas und Kallon vgl. Brunn, K. G. I S. 87; Overbeck, Gr. Plastik I³ S. 112, 124. Die jüngeren mit der Alexandra des Aristandros (Loeschcke, Athen. Mitth. d. Inst. III S. 170) und der Aphrodite des älteren Polyklet (Loeschcke, Arch. Zeit. 1878 S. 11¹¹; Robert, Arch. Märchen S. 103) sind nach der Schlacht von Aigospotamoi (Ol. 93, 4) geweiht.

[3] Mehrfach sind auf Dreifussbasen runde Einsatzspuren erhalten, ohne dass sich mit Sicherheit entscheiden liesse, ob diese einer Stützsäule oder der Plinthe einer

gischen) Basis vom Pythion (Loewy, Inschr. gr. Bildh. 102) zu ergeben, deren Künstlerinschrift so zu beziehen sein wird. Ebenso müsste man die der choregischen Inschrift CIA II 1249 (Loewy a. a. O. 74) beigefügte Künstlersignatur des Nikomachos auffassen, wenn sie nicht, wie neuerdings Koehler festgestellt hat, erst bei einer zweiten anderweitigen Verwendung des Steines zugesetzt wäre.

Beispiele von Dreifusstatuen bei choregischen Anathemen finden sich erst in der Kunstepoche des Praxiteles, der Zeit der Dreifussbauten. Das Hauptzeugniss dafür ist bekanntlich des Pausanias Bericht über die Τρίποδες (I 20, 1): ἀφ' οὗ δὲ καλοῦσι τὸ χωρίον, ναοὶ ὅσον ἐς τοῦτο μεγάλοι καὶ σφισιν ἐφεστήκασι τρίποδες χαλκοῖ μὲν μνήμης δὲ ἄξια μάλιστα περιέχοντες εἰργασμένα. Σάτυρος γάρ ἐστιν, ἐφ'ᾧ Πραξιτέλην λέγεται φρονῆσαι μέγα . . . [folgt die Anekdote von des Praxiteles Geständniss, der (thespische) Eros und der Satyr (von der Tripodenstrasse) seien seine besten Werke] . . Φρύνη μὲν οὕτω τὸν Ἔρωτα αἱρεῖται· Διονύσῳ δὲ ἐν τῷ ναῷ τῷ πλησίον Σάτυρός ἐστι παῖς καὶ δίδωσιν ἔκπωμα· Ἔρωτα δ'ἑστηκότα ὁμοῦ καὶ Διόνυσον Θυμίλος ἐποίησεν. Die vielbesprochene Stelle ist zuletzt von Benndorf a. a. O. S. 81 ff. und Wolters, Arch. Zeit. XLII (1885) S. 84 ff. in verschiedenem Sinne behandelt worden. Benndorf ist Stephani (Compte rendu 1868 S. 309; 1873 S. 159; Mélanges gréco-romains III S. 388) in der Annahme gefolgt, dass der praxitelische Satyr von dem kurz darauf genannten Σάτυρος παῖς nicht verschieden sein könne, weil sonst weder über den Verbleib der ersterwähnten Statue noch über den Künstler der zweiten im Texte des Pausanias Auskunft gegeben werde. Da aber ein Widerspruch darin liegt, dass der Σάτυρος παῖς als „in einem Tempel in der Nähe der Tripodenstrasse" befindlich erwähnt wird, der praxitelische Satyr aber in unmittelbarem Anschluss an die Dreifusstatuen genannt wird, also selbst als solche betrachtet werden müsste, so hat Benndorf nach dem Vorgang von Westermann und Preller nach εἰργασμένα eine Lücke angenommen; in dieser seien die berühmten Kunstwerke innerhalb der Dreifüsse und überhaupt mehrere Tempel beschrieben worden. Dagegen hat Wolters eingewendet, dass bei dieser Erklärung die Bezeichnung des Satyrs ἐπὶ Τριπόδων nicht mehr zutreffend wäre, da der praxitelische Satyr dann mit den Dreifüssen nichts mehr zu schaffen hätte und überhaupt ja „in einem Tempel in der Nähe der Dreifusstrasse" gestanden

Statue gedient haben. Letzteres ist vielleicht anzunehmen für die Basis hinter den Propyläen (Fabricius, Jahrb. d. Inst. I S. 187), deren mittlere Eintiefung 33 Cm. im Durchmesser hat, während die drei Füsse sich von einem Rechtecke von 55 × 45 Cm. umschreiben lassen. Gewöhnlich sind die Einsatzspuren kleiner, so von II (S. 75) 33 Cm. (sicher eine Säule), von X 24 Cm., von dem Thargeliondreifuss (S. 81) 24 Cm., von der salaminischen Basis (S. 91) 20 Cm.

hätte. Allein ἐν τῷ ναῷ τῷ πλησίον wird doch wohl nicht heissen: „in einem der Dreifusstrasse benachbarten Tempel" (was für Leser wie Beschauer bei der Ausdehnung des Tripodenquartiers eine allzu vage Bestimmung wäre), sondern wohl: „in dem (von einem dionysischen Choregen errichteten) Tempel, der in der Nähe des vorherbezeichneten steht." Andererseits ist aber Wolters zuzugeben, dass bei der Schreibweise des Pausanias alle die grammatischen und logischen Erwägungen, mit denen Stephani die Identität der beiden Satyrstatuen zu begründen sucht, nicht zwingend sind, und dass bei der überlieferten Form des Textes der Satyr des Praxiteles als passender Beleg für den Kunstwerth der Dreifusstatuen erscheint [1]. Ob die Voraussetzung, dass Pausanias die lange Tripodenstrasse nicht mit so dürftigen Worten abgethan haben würde, zwingend genug ist, um hinter εἰργασμένα eine Lücke anzunehmen, dies unterliegt so sehr der subjectiven Schätzung von Wahrscheinlichkeitsgründen, dass eine Einigung darüber sich kaum wird erzielen lassen [2].

Leider kommt uns zur Entscheidung dieser Streitfrage die monumentale Ueberlieferung in keiner Weise zu Hilfe. Zwar hat Stephani auf Grund der vorausgesetzten Identität der beiden bei Pausanias erwähnten Satyrn das Motiv des Σάτυρος παῖς (?) δίδωσιν ἔκπωμα in dem bekannten Typus des „einschenkenden Satyrs" wiedererkennen wollen (Friederichs-Wolters 1217); aber Wolters hat mit Recht seine Beweisführung als ungenügend zurückgewiesen. Sollten wir aber den Σάτυρος ἐπὶ Τριπόδων als Dreifusstatue zu betrachten haben, dann würde sich unter den praxitelischen Satyrstatuen wohl der „ausruhende Satyr" (Friederichs-Wolters 1216) hiefür durch Charakter und Grössenverhältnisse am besten eignen [3]. In dem einen wie in dem andern Falle aber muss eine Identification des Satyrs von der Tripodenstrasse mit dem περιβόητος abgelehnt werden, indem dieser nach dem Wortlaut des Plinius (34, 69) einer Gruppe von drei Statuen angehörte [4].

---

[1] Friederichs, Praxiteles S. 15.

[2] Bei der Annahme einer Lücke ergiebt sich eine Schwierigkeit daraus, dass Pausanias dann ohne ersichtlichen Grund zuerst die Anekdote von dem Satyrn erzählen, dann erst den Standort erwähnen würde (Friederichs a. a. O. S. 14); aber freilich konnte in dem Verlornen auch dafür eine passende Anknüpfung vorhanden gewesen sein.

[3] Dagegen würde freilich die von Benndorf und Schöne (Lateran S. 91 f.) auf die Zahl und Art der römischen Repliken gestützte Vermuthung sprechen, dass das Original des ausruhenden Satyrs sich — natürlich schon zu Pausanias' Zeit — in Rom befunden habe.

[4] Visconti, Mus. P. Clem. II S. 218 und Friederichs, Praxiteles S. 16 (vgl. auch Förster, Ann. d. Inst. 1870 S. 211) haben eine Concordanz der Nachrichten des Plinius und Pausanias dadurch herzustellen gesucht, dass sie annahmen, Bacchus, Methe und

Aber wenn es strittig erscheint, ob der praxitelische Satyr als Dreifusstatue gedient habe, so besitzen wir doch ein anderes Zeugniss für praxitelische Werke dieser Bestimmung in folgendem Epigramm CIA II 3, 1298:

Εἰ καί τις προτέρων ἐναγωνίῳ Ἑρμῇ ἔρεξεν
ἱερά, καὶ Νίκη τοιάδε δῶρα πρέπει,
ἥν πάρεδρον Βρομίῳ κλεινοῖς ἐν ἀγῶσι τεχνιτῶν
Πραξιτέλης δισσοῖς εἷσαθ' ὑπὸ τρίποσιν.

Benndorf (Götting. Gel. Anz. 1871 S. 607; Beitr. z. Kenntn. d. att. Theat. S. 85) hat dieses Epigramm durch die Bemerkung erläutert, dass der Praxiteles in Z. 4 nicht der Stifter, sondern nur der grosse Bildhauer sein könne. Zunächst ist ja klar, dass der Praxiteles (Z. 4) unter zwei Dreifüssen eine Nike als Paredros des Dionysos gesetzt, der Stifter jener Basis aber bloss eine Stele mit Reliefs (τοιάδε δῶρα) geweiht hat; denn auf einer 80 Cm. langen, 58 Cm. breiten, 16 Cm. hohen, schlechtbehauenen Basis mit einem oblongen Einsatzloch von 21 × 8 Cm. kann weder ein Dreifuss noch eine Nike gestanden haben, geschweige denn deren zwei[1]). Die letzten Verse des Epigramms wollen also keine Beschreibung der τοιάδε δῶρα geben, sondern nur die Weihung der Stele an Nike durch den Hinweis auf ein benachbartes Anathem rechtfertigen in einer Weise, wie sie dem athenischen Epigrammatisten des zweiten Jahrhunderts geistreich erscheinen mochte. Dazu konnte natürlich nur ein wirklich bedeutendes Werk geeignet sein, und schon darum kann der Praxiteles nicht etwa ein dem Epigramm gleichzeitiger Künstler, sondern nur der schlechtweg mit seinem Namen bezeichnete Meister des vierten Jahrhunderts sein. Die Annahme aber, dass die Stele etwa ein drittes neben den zwei Nikedreifüssen errichtetes Weihgeschenk eines Stifters Praxiteles sei, entbehrt schon darum aller Wahrscheinlichkeit, weil die Weihung zweier kostbar geschmückter Dreifüsse in Widerspruch stünde mit allem, was wir sonst über die dionysischen Anatheme des zweiten Jahrhunderts wissen; vgl. S. 67.

Nach dem Wortlaut des Epigramms scheint es, dass nicht, was an sich näher läge, die zwei Statuen unter zwei Dreifüssen vertheilt, sondern, dass thatsächlich zweimal Nike dem Dionysos als πάρεδρος zugesellt war. Da ferner die Paredrie der Nike wohl als thatsächlich, nicht als bloss ideell gegeben zu verstehen ist, so war also Nike irgend-

---

der berühmt gewordene Satyr hätten in den drei Intervallen des Dreifusses gestanden. Aber eine dorartige Aufstellung von Statuen hat für diese Periode keinerlei Wahrscheinlichkeit; Analogieen dafür finden sich erst in späterer Zeit.

[1]) So sieht Koehler in dem Praxiteles einen Agonotheten, der zum Andenken an den tragischen und komischen Wettkampf zwei Dreifüsse errichtet hätte.

wie mit Dionysos gruppiert. Benndorf hat daher an die von Plinius genannte Stephanusa des Praxiteles erinnert, welche schon Urlichs (Observat. de arte Praxit. S. 14) als Siegesgöttin erklärt hatte.

Die Sitte der Dreifusstatuen mag, einmal in Schwang gekommen, in der zweiten Hälfte des vierten Jahrhunderts ziemlich allgemein geworden sein und wird gewiss auch von den Choregen hellenistischer Zeit zunächst festgehalten worden sein. Einen weitern Beleg dafür scheint das theokriteische Epigramm Anth. Pal. VI 239 zu bieten:

Δημομέλης ὁ χορηγός, ὁ τὸν τρίποδ', ὦ Διόνυσε,
καὶ σὲ τὸν ἥδιστον θεῶν μακάρων ἀναθείς,
μέτριος ἦν ἐν πᾶσι· χορῷ δ'ἐκτήσατο νίκην
ἀνδρῶν, καὶ τὸ καλὸν καὶ τὸ προσῆκον ὁρῶν.

Denn die Z. 2 erwähnte Dionysosstatue ist wohl nicht neben, sondern wahrscheinlicher innerhalb des Dreifusses aufgestellt zu denken [1]).

Wie die obigen Beispiele lehren, wählte man für derartige Mittelfiguren zunächst Gestalten, die in allgemeiner Beziehung zum Festspiel standen, Dionysos, Satyrn, Niken. Mancherlei Analogieen legen aber die Annahme nahe, dass man in jüngerer Zeit auch diese Statuen in eine unmittelbare und charakteristische Beziehung zu dem siegreichen Dithyrambus gesetzt habe, wie wir oben den Fries des Lysikrates und die Niobiden des Thrasyllosmonumentes in solchem Sinne erklärt haben. Nachahmungen solcher Dreifüsse, die in figurenreichen Gruppen den Inhalt des Dithyrambus vor Augen stellten, sind uns vielleicht in den beiden Hochreliefs im Vatikan (Mus. Pio-Clem. V T. XV; Pistolesi VI T. 2; Beschreib. Roms II 2 S. 237; Arch. Zeit. XIX 1861 T. 151, 1) und in Villa Borghese (Mus. Pio-Clem. V T. A IV 4, S. 268) erhalten, welche zwischen den Beinen der Dreifüsse statuarische Darstellungen von Heraklesthaten zeigen.

Auch in der Kaiserzeit mag gelegentlich ein Agonothet seine Dreifüsse in ähnlicher Weise verziert haben, doch fehlen hiefür bestimmte Zeugnisse. Der Rhetor Aristeides hat einmal, wie er selbst erzählt, alle die alten Bräuche der Choregen in privatem Kreise nachgeahmt. Das selbstgefällige, leere Possen- und Gaukelspiel, das er mit frömmelnder Weihe schildert, beweist deutlicher als Jahrbücher dies berichten können, dass der gedankliche Inhalt der alten Bräuche ganz entschwunden war, nur die hohle Form noch bestand. Und so mögen denn die salbungsvollen Worte des Sophisten hier als Epilog zur Geschichte der choregischen Preisdreifüsse Athens eine passende Stelle finden. Ἐδέχει χρῆναι — er-

---

[1]) Es ist freilich ungewiss, ob das Epigramm sich auf Athen bezieht oder etwa auf Alexandrien, wo durch die Ptolemäer attische Festbräuche Eingang gefunden haben.

zählt der Rhetor Or. sacr. IV vol. 1 p. 515 Dind. — ἀναθεῖναι τρίποδα ἀργυροῦν, ἅμα μὲν τῷ θεῷ χαριστήριον, ἅμα δὲ μνημεῖον τῶν χορῶν οὓς ἐστήσαμεν καὶ ἐμοὶ μὲν παρεσκεύαστο ἐλεγεῖον τοιονδὶ

ποιητὴς ἀέθλων τε βραβεὺς αὐτός τε χορηγός,
σοὶ τόδ' ἔθηκεν ἄναξ μνῆμα χοροστασίης

. . . καὶ ἔστιν ὁ τρίπους ὑπὸ τῇ δεξιᾷ τοῦ θεοῦ (des Zeus Asklepios) εἰκόνας χρυσᾶς ἔχων τρεῖς, μίαν καθ' ἕκαστον τὸν πόδα, Ἀσκληπιοῦ, τὴν δὲ Ὑγιείας, τὴν δὲ Τελεσφόρου [1]).

---

[1]) Hier wird man vielleicht nicht an Statuen zwischen oder vor den Beinen zu denken haben, sondern mit Benndorf a. a. O. S. 83³ an Büsten als obere Aufsätze der Dreifussbeine, worauf einerseits das Material, andererseits die Gleichstellung des Knaben Telesphoros mit Asklepios und Hygieia führt.

IV.

Weihgeschenke scenischer Choregen.

Bis vor Kurzem galt es als unbestrittene Thatsache, dass die
siegreichen scenischen Choregen ebenso wie die Choregen der dithyrambischen Chöre Dreifüsse als Preise erhalten, beziehungsweise als
Weihgeschenke aufgestellt hätten. Aber diese Anschauung wird, was
zuerst Bergk (Gr. Lit.-Gesch. III S. 60) betont hat, durch kein äusseres
Zeugniss gestützt[1]); vielmehr sprechen eine Reihe innerer Gründe auf
das Entschiedenste dagegen. Denn alle jene Einrichtungen, in denen
die Dreifussanatheme bei dithyrambischen Chorsiegen begründet sind,
haben keine Geltung für scenische Aufführungen. Dort wetteifern die
Bürgerchöre der einzelnen Phylen, denen der Dichter Worte und Töne
leiht, der Chorege Ausstattung und Verpflegung beschafft, — hier
haben die Phylen an der Ordnung der Chöre keinen Antheil, von Anfang an tritt der Dichter und mit ihm der Chorege, der die Inscenierung
des Dramas besorgt, in den Vordergrund. Das dionysische Siegesver-
zeichniss CIA II 971 nennt bei den Chören der Männer und Knaben
immer an erster Stelle die Phyle, bei den Komödien und Tragödien
geschieht ihrer nie Erwähnung, und ebenso wenig wird in der
ältesten scenisch-choregischen Inschrift, dem Pinax des Themistokles
(Plut. Them. 5), der Phyle gedacht[2]). Ja in Isaios' Rede über Dikaio-
genes' Erbe wird neben dem τραγῳδοῖς χορηγεῖν der Ausdruck τῇ φυλῇ
χορηγεῖν als Bezeichnung dithyrambischer Choregie gebraucht, was
natürlich nicht möglich wäre, wenn bei beiderlei Chören die Phyle eine

---

[1]) Man müsste sich denn auf die Worte Plutarchs De glor. Ath. 6 (p. 348 E)
berufen, wo allerdings zunächst nur von scenischen Dichtern, aber in rhetorischer
Oberflächlichkeit die Rede ist: ἔνθεν μὲν δὴ προσίτωσαν ὑπ' αὐλοῖς καὶ λύραις ποιηταὶ
λέγοντες καὶ ᾄδοντες . . . καὶ σκευὰς καὶ προσωπεῖα καὶ βωμοὺς καὶ μηχανὰς ἀπὸ σκηνῆς περιάκτους
καὶ τρίποδας ἐπινικίους κομίζοντες.
[2]) Ueber diese Thatsache, die merkwürdiger Weise theils unbeachtet geblieben,
theils weggedeutet worden war, vgl. De mus. Gr. certam. S. 44; Brinck a. a. O. S. 91.
Lipsius (Ber. d. sächs. Ges. d. Wissensch. 1885 S. 412) hat den Sachverhalt eingehender
geprüft und einige wichtige Folgerungen daraus gezogen.

Rolle spielte. Vielmehr waren also die scenischen Chöre in ihrer Zusammensetzung von der politischen Theilung der Bürgerschaft unabhängig und wurden in dem dramatischen Wettkampf nicht als selbst-
ständiger Factor sondern allein als Werkzeug in der Hand des Dichters
und Choregen angesehen; diese mochten daher auch den Chören der
siegreichen Dramen selbst eine Sonderbelohnung zu Theil werden
lassen, der Staat verlieh die Siegespreise — Ehrensold und Kranz —
nur an den Dichter und den Choregen. Und wenn auch die Chöre eine
Belohnung von Staatswegen erhalten haben sollten, so war das gewiss
nur ein Geldpreis, nicht aber ein Niketerion, ein zur Weihung bestimmter
Gegenstand, wie der Dreifuss der Phylenchöre; für die berufsmässigen
Sänger und Tänzer des dramatischen Chores wäre ja eine Ehrengabe
ohne Werth gewesen; vgl. S. 67.

In der Verschiedenheit der Chöre ist nun der principielle Unterschied der Weihgeschenke dithyrambischer und scenischer Choregen
begründet. Dort erhält der Chorege des siegreichen Bürgerchors vom
Staate einen Dreifuss, den er im Namen der Phyle zu weihen verpflichtet ist, hier, wo er nichts dergleichen empfängt, liegt für ihn kein
officieller Anlass vor, ein Anathem zur Erinnerung an den Agon der
Dichter aufzustellen — jedenfalls aber hat er in der Wahl des Weihgeschenkes volle Freiheit. Da aber die Ehre, als scenischer Chorege
gesiegt zu haben, und die öffentliche Theilnahme daran ausserordentlich
gross waren, so hat natürlich der Chorege, auch ohne dass ein Zwang
dazu vorlag, die Gelegenheit, seinen Erfolg zu verewigen, selten vor-
übergehen lassen.

Es fehlt nicht ganz an litterarischen und inschriftlichen Nachrichten
über derartige Anatheme. So berichtet Plut. Them. 5: ἐνίκησε δὲ (ὁ Θεμι-
στοκλῆς) καὶ χορηγῶν τραγῳδοῖς μεγάλην ἤδη τότε σπουδὴν καὶ φιλοτιμίαν τοῦ
ἀγῶνος ἔχοντος. καὶ πίνακα τῆς νίκης ἀνέθηκε τοιαύτην ἐπιγραφὴν ἔχοντα · Θεμι-
στοκλῆς Φρεάρριος ἐχορήγει. Φρύνιχος ἐδίδασκεν, Ἀδείμαντος ἦρχεν (Ol. 75, 4,
477/76); und von einem nur um wenige Jahre spätern Anathem erzählt
Aristoteles Polit. VIII 6 (1341 a): σχολαστικώτεροι γὰρ γιγνόμενοι [οἱ Ἀθηναῖοι]
διὰ τὰς εὐπορίας καὶ μεγαλοψυχότεροι πρὸς ἀρετὴν ἔτι δὲ πρότερον καὶ μετὰ τὰ
Μηδικὰ φρονηματισθέντες ἐκ τῶν ἔργων πάσης ἥπτοντο μαθήσεως, οὐδὲν διακρίνοντες,
ἀλλ᾽ ἐπιζητοῦντες. διὸ καὶ τὴν αὐλητικὴν ἤγαγον πρὸς τὰς μαθήσεις · καὶ γὰρ ἐν
Λακεδαίμονί τις χορηγὸς αὐτὸς ηὔλησε τῷ χορῷ καὶ περὶ Ἀθήνας οὕτως ἐπεχωρίασεν
ὥστε σχεδὸν οἱ πολλοὶ τῶν ἐλευθέρων μετεῖχον αὐτῆς · δῆλον δὲ ἐκ τοῦ πίνακος,
ὃν ἀνέθηκε Θράσιππος Ἐκφαντίδῃ χορηγήσας. Hier sind unter πίνακες gewiss
nicht einfache Inschriftsteine zu verstehen [1]), die in einer Epoche, da

---

[1]) So Welcker, Allgem. Lit. Zeit. 1836 S. 229, der hierin mit Unrecht Nachfolge
gefunden hat.

der dramatische Agon schon den Gegenstand lebhaften Interesses und Ehrgeizes bildete, doch ein allzu kärgliches Anathem gewesen wären, sondern Votivtafeln mit Malerei oder Relief. Ein scenisches Anathem anderer Art, die Weihung der theatralischen σκευή, lernen wir aus der XXI. Rede des Lysias (§. 2) kennen; eine von einem Tragödienchoregen geweihte ξυλίνη ταινία erwähnt Theophrast Charakt. 22; vgl. S. 147. Von einem Agalma und einem Altar, den drei Synchoregen weihten, berichtet die Inschrift CIA II 1282: [Τιμο]σθένης Μειξωνίδο, Μειξωνίδης Τιμοσθένος, Κλεόστρατος Τιμοσθένος χορηγοῦντες νικήσαντες ἀνέθεσαν τῷ Διονύσῳ τἄγαλμα καὶ τὸμ [βωμέν] [1]). Der Stein bezieht sich wohl auf eine gemeinsam vom Vater und von seinen beiden Söhnen geleistete — also offenbar scenische — Choregie, eine Form der Syntelie, die sich bei den weniger streng geregelten Agonen der Demen — der Stein stammt aus Kalyvia in der Mesogaia (vgl. Milchhöfer, Athen. Mitth. d. Inst. XII S. 281 n. 178) — leicht aus der städtischen Synchoregie Zweier ergeben mochte. Für den Charakter des Weihgeschenkes ist es dabei ohne Belang, ob das Fest, aus dessen Anlass es gestiftet wurde, ein städtisches oder ländliches war, indem die Weihgeschenke bei beiderlei Agonen im Wesentlichen den gleichen privaten Charakter trugen.

Die erwähnte Basis giebt uns einen Beleg für statuarische Weihgeschenke von Choregen aus der ersten Hälfte des vierten Jahrhunderts, während ein Jahrhundert früher die scenischen Anatheme noch in einfachen Pinakes bestanden. Wir können also hier dieselbe Zunahme des Luxus voraussetzen, die wir bei den Dreifussweihungen schrittweise verfolgen konnten. Und dass ebenso wie dort auch von Seite scenischer Choregen kleine Bauwerke zur Aufnahme des Weihgeschenkes errichtet worden sind, lehrt uns das Monument, das der Agonothet Xenokles zum Andenken an die scenischen Siege des Jahres 307/6 errichten liess. Die erhaltenen Bauglieder dieses Denkmals sind Bull. de corr. hell. III T. V (bis) abgebildet und von Pottier S. 221 ff. besprochen. Dort werden aber die Gebälkstücke und das Postament an der östlichen Parodos des Theaters verschiedenen Monumenten zugeschrieben, weil die Inschrift CIA II 1289 für den Architrav nur eine Länge von 335 Cm. ergebe, während die Basis 476 Cm. messe. Aber so ansprechend die von Foucart und Koehler gegebenen Ergänzungen sind, so ist doch die Möglichkeit offen zu halten, dass die Inschrift in breiteren Formeln ab-

---

[1]) Zwei andere Inschriftsteine, die sich auf scenische Choregie beziehen, der mit dem Epigramm Kaibel Epigr. Gr. 925, CIA II 1255 (*in mensa sacra ecclesiae prope vicum Vari in fronte tabulae marmoris Pentelici*) und der mit der Synchoregeninschrift CIA II 1280 (*in tabula marmoris Pentelici*; vgl. De mus. Gr. certam. S. 44) sind mir nicht zu Gesicht gekommen; aus ihrer Form scheint sich für die betreffenden Weihgeschenke nichts zu ergeben.

gefasst war; denn unsere Inschrift ist einzig in ihrer Art und die wenigen anderweitigen Bruchstücke scenisch-choregischer Inschriften zeigen grosse Verschiedenheiten in der Abfassungsform[1]); schon in voralexandrinischer Zeit herrschte bei diesen „privaten" Votivinschriften grössere Freiheit und Willkür in der Stilisierung als bei den Inschriften dithyrambischer Choregen. Auch kann an der Stichhaltigkeit der gegenwärtigen Ergänzung der Umstand Zweifel erwecken, dass eine genaue Berechnung der Abstandsweiten auf Grund der vorgeschlagenen Lesungen für Z. 1 eine Länge von 170, für Z. 2 und 3 von 158, für Z. 3 von 145, für Z. 4 von 140, für Z. 6 von 147 Cm. ergiebt, während doch die Anfangs- und Endbuchstaben aller Zeilen genau untereinander stehen[2]). Gewichtiger als dies ist eine Reihe technischer Erwägungen, welche für die ursprüngliche Zusammengehörigkeit der Basis- und Architravstücke sprechen, so die vollkommene Identität des monumentalen Typus, dem die verschiedenen Theile angehören, die vollständige Uebereinstimmung der beiderseitigen Architekturtheile in Arbeit- und Massverhältnissen und vor Allem die genaue Entsprechung, welche die Tiefe des Architravs und die Tiefe der Pfeiler an der Basis (72 Cm.) zeigen. Endlich spricht aber auch, worauf Doerpfeld mich aufmerksam macht, ein rein technischer Grund dafür, dass in der That der Architrav eine grössere Länge als 335, beziehungsweise 365 Cm. gehabt habe; an der Oberseite des Steines nämlich findet sich, zwei Meter vom rechten Ende entfernt, ein Einsatzloch für die Hebemaschine, den sog. Wolf; demnach muss der Stein bei der Voraussetzung, dass die Maschine an einer einzigen Stelle angesetzt hätte, eine Minimallänge von 4 Meter gehabt haben. Da aber bei der Schwere und Grösse des Steines vielmehr zwei solche Angriffspunkte vorauszusetzen sind, so muss der Stein noch um ein Beträchtliches — nämlich um das zwischen beiden Angriffspunkten liegende Stück — länger gewesen sein als 4 Meter, so dass für ihn eine Gesammtausdehnung von 476 Cm. und damit die Zusammengehörigkeit mit der Basis grosse Wahrscheinlichkeit gewinnt.

Mag nun aber dem sein wie es wolle, jedenfalls lassen sich wenigstens Art und Grössenverhältnisse eines scenischen Monumentes aus den besprochenen Architekturstücken mit einiger Sicherheit vor Augen stellen. Zunächst lässt sich aus den Massen der Pfeiler am Postamente ihre Höhe auf ca. 4—4½ M. berechnen. Zwischen den Pfeilern lagern noch gegenwärtig hochkantige Marmorblöcke in einer Höhe von 124 Cm. Da diese an ihrer Oberseite nicht bearbeitet sind,

---

[1]) Vgl. CIA II 1275—78; 1280 ff.
[2]) Pottier a. a. O. 222 berechnet die „mittlere Länge" der Inschrift zu niedrig mit 141 und danach den Architrav mit 335 Cm.

muss noch eine weitere Schicht von deckenden Platten aufgelagert haben (Pottier a. a. O. S. 225). Natürlich bestand aber das Monument nicht in ganzer Pfeilerhöhe aus einer geschlossenen Quadermauer, vielmehr beweist schon die sorgfältige Glättung an der Unterseite des Architravs, dass dieser, der aus einem einzigen Blocke bestand,[1]) sichtbar war, also freilag und nur auf den Eckpfeilern lastete. Es befand sich also zwischen Unterbau und Architrav ein freier Raum, der hinten gewiss durch Marmorplatten abgeschlossen war, was nothwendig war, um die nicht parallele, grobgefügte Theatermauer dem Auge des Beschauers zu entziehen. Die besten Analogieen zu einem solchen Monument geben die grossen nischenartigen Grabmonumente, wie sie in prächtigen Exemplaren in Attika vertreten und ähnlich auf unteritalischen Grabvasen häufig dargestellt sind. Da die Postamentblöcke an unserm Monument nur 58 Cm. Tiefe haben, so haben wir uns in der darüber befindlichen Nische, die etwa 3—3½ M. breit und 2—2½ M. hoch gewesen sein mag, nicht Statuen, sondern ein Relief oder ein Gemälde zu denken. Dieselbe Art der Umrahmung zeigen im kleinen zahlreiche Votivreliefs, mit denen unser Monument auch darin übereinkommt, dass die Deckplatte des Architravs eine fortlaufende Reihe von Stirnziegeln zeigt und so die Längsseite eines Tempeldaches nachahmt.

Gewiss ist der Typus, den das Monument des Xenokles zeigt, nicht damals zum ersten Male für Denkmäler scenischer Choregen verwendet worden. Ein derartiger „Nischenbau" war ja besonders tauglich, einen Pinax zu umrahmen, beziehungsweise einzuschliessen. Sicherlich gab es daneben in gleicher Verwendung noch mannigfache Bautypen anderer Art; sie werden nicht sowohl als Postamente, wie die Dreifussbauten, denn als deckende Häuser für die Weihgeschenke, die ja häufig statuarisch waren, gedient haben, und an der Dreifussstrasse mögen neben jenen Dreifussbauten auch manche tempelartige Bauwerke gestanden haben, welche von scenischen Choregen zur Bergung eines besonders kostbaren Anathems errichtet waren[2]). Von alledem ist aber heute nichts mehr vorhanden, und ausser dem Monument des Xenokles[3]) ist uns nur noch in Dionysos, dem alten Ikaria, ein statt-

---

[1]) Dies beweist sowohl die Art des Bruches, als die Stellung des oben besprochenen Loches für die Hebemaschine.

[2]) Im Bereich der Dreifusstrasse hat man Sculpturfragmente gefunden, welche offenbar von Weihgeschenken scenischer Choregen herrühren, so einen mit der Maske eines kahlköpfigen bärtigen Mannes bedeckten Kopf und eine weibliche tragische Maske; vgl. Arch. Zeit. 1865 S. 54* und unten S. 142.

[3]) Vielleicht bezieht sich auf ein ähnliches Denkmal das Fragment CIA II 1297; vgl. Brinck a. a. O. S. 166.

licher Architravbalken (281 Cm. lang) erhalten[1]), der schon seines Fund-
ortes wegen als zugehörig zu einem gelegentlich scenischer Siege errichteten Bau betrachtet werden darf. Er trägt die Inschrift CIA II 1317:
Αἰνίας Ξάνθιππος Ξανθίδης νικήσαντες ἀνέθεσαν und bezieht sich also wohl
auf eine ähnliche Synchoregie wie der oben besprochene Stein aus
Kalyvia.

Wir haben bisher aus einer Reihe vereinzelter Thatsachen ein
Bild von den verschiedenen Formen der scenischen Weihgeschenke zu
gewinnen gesucht und gesehen, dass auch bei dieser Gruppe von Weihgeschenken Malerei, Sculptur, Architektur unterschiedlos nebeneinander,
beziehungsweise nacheinander in Dienst genommen wurden. Es fragt
sich nunmehr, woher jene Formen ihren Inhalt, jene Votivdarstellungen
ihre Motive entlehnten. Einige wichtige Anhaltspunkte gewähren die
vorhin erwähnten Nachrichten. Die Weihung einer Dionysosstatue,
eines Pinax, dessen Inhalt in Beziehung zu dem choregischen Siege
steht, einer theatralischen σκευή — dies versetzt uns mitten in den
wohlbekannten Kreis der in den vorhergehenden Abschnitten charak-
terisierten Anathemgattungen und bestätigt die Voraussetzung, die sich
schon aus allgemeinen Erwägungen ergiebt, dass die Weihgeschenke
scenischer Choregen von denselben Gesichtspunkten aus gewählt waren,
wie die anderer agonistischer Sieger. Auf Grund jener wenigen
directen Nachrichten und an der Hand der Analogieen, welche die
oben besprochenen Weihgeschenke musischer Sieger bieten, müssen
wir nun versuchen, unter den überlieferten Denkmälern Antheme
scenischer Choregen nachzuweisen. Die Zulässigkeit eines solchen Versuches, der sich natürlich in höherem oder geringerem Grade auf
dem Boden der Hypothese bewegen muss, wird sich dann erweisen,
wenn sich daraus für eine Reihe von Denkmälerklassen, deren ursprüngliche Bestimmung noch unklar ist, eine wahrscheinliche Erklärung ergiebt.

Dabei muss ein für allemal vorausgeschickt werden, dass unter
den einzelnen Denkmälern, welche im Folgenden den Choregen zugewiesen werden, das eine oder andere auch recht wohl von einem
scenischen Dichter oder Schauspieler herrühren könnte; denn vielfach
ist das einzige Kriterium dieser Denkmäler ihre Beziehung auf scenische
Spiele, die für Antheme der Einen wie der Andern gleich charakteristisch sein musste. Aber abgesehen von einigen directen Zeugnissen,
deren Bedeutung das Folgende klarlegen soll, spricht auch schon die
allgemeine Erwägung, dass die Choregen, welche eine öffentliche
Function bekleideten, das grössere Interesse an der Aufstellung eines

---

[1]) Vgl. Milchhöfer, Athen. Mitth. d. Inst. XII S. 311.

Weihgeschenkes hatten, dafür, dass wenigstens die Mehrzahl der betreffenden Monumente wirklich gerade ihnen, nicht aber den Dichtern und Schauspielern zuzuweisen sei; vgl. S. 21.

Die allgemeinste Art des agonistischen Weihgeschenkes ist die Weihung eines Abbildes des Festgottes, vgl. S. 23. Schon oben haben wir ein Agalma des Dionysos, das siegreiche Choregen in der Mesogaia geweiht haben, als scenisches Anathem in Anspruch genommen. Die Mannigfaltigkeit der Typen, welche das Dionysosideal darbot, mag zum Theil in derartiger anathematischer Verwendung eine Bereicherung erfahren haben, wie sie umgekehrt die häufige Wahl anathematischer Dionysosbilder veranlasst haben wird. Einem derartigen Weihgeschenk mag beispielsweise der Torso eines bärtigen Dionysos im Typus des „Sardanapal“, der im athenischen Theater 1865 gefunden wurde (Sybel 292; Arch. Anz. XXIV 1866 S. 171), angehört haben. Ebenso möchte man den Typus des jugendlichen Dionysos in langem Chiton, der die Linke auf den Thyrsos stützt, in der vorgestreckten Rechten die Maske hält, wie er auf Tetradrachmen des Timostratos und Poses erscheint (Journ. of hell. stud. VIII S. 39)[1]), am liebsten geschaffen denken als Anathem eines scenischen Choregen.

Auch Bilder göttlicher und dämonischer Wesen aus dem Kreise des Dionysos sind geeignete Gegenstände derartiger Weihgeschenke. Satyrn und Silene gelten ja auch sonst als Repräsentanten dramatischer Kunst, auch der Tragödie, die als aus dem Satyrspiel entstanden galt (Aristot. Poet. 4 p. 1449ᵃ, 19); so steht ein Satyr auf dem Grabe des Sophokles mit der Maske der κούριμος παρθένος, ein anderer auf dem des Sositheos im Costüm des Σάτυρος πυρρογένειος (Dioskurides Anth. Pal. VII 37; 707)[2]). So mag denn manche der zahlreichen Satyrstatuen, deren Menge mit der geringen Rolle, welche die Satyrn im Culte spielten, in auffallendem Missverhältniss steht, der Bestellung eines siegreichen scenischen Choregen ihren Ursprung danken. Ein derartiges Anathem aus älterer Zeit könnte vielleicht der πώρινος Σειληνός sein, dem gegenüber Andokides seinen Preisdreifuss ἐφ' ὑψηλοῦ aufgestellt hat. Der Σάτυρος παῖς, der Dionysos und Eros, die Pausanias I 20, 2 in einem Tempel der Tripodenstrasse erwähnt[3]), mögen ebenso wie der Bau, in dem sie standen,

---

[1]) Beulé, Monnaies d'Athènes S. 374 hat diese Figur ohne rechten Grund als Statue des Dionysos Molpomenos in dem von Paus. I 2, 5 erwähnten Heiligthum betrachtet; vgl. Athen. Mitth. d. Inst. XIII S. 395.

[2]) Vgl. zuletzt Weisshäupl, Grabgedichte d. griech. Anthologie S. 81.

[3]) Auf dieses Werk hat Michaelis, Ancient Marbles S. 238 die Gruppe des auf Eros gestützten Dionysos Brocklesby 90 (Clarac. I 690, 1626) zurückgeführt. Andererseits ist die ähnliche Gruppe in Neapel Mus. Borbon. V T. B (Gerhard und Panofka S. 30, 96) damit zusammengestellt worden.

Anatheme eines scenischen Choregen gewesen sein. Für die im Dionysostheater gefundene Gruppe eines Bühnensilens, der das eine Maske haltende Dionysoskind trägt, hat schon O. Müller (Schöll, Arch. Mitth. aus Griechenl. S. 111) eine Beziehung auf einen dramatischen Sieg vermuthet[1]). Gemäss der realistischen und auf unmittelbare Charakteristik ausgehenden Richtung hellenistischer Zeit ist also hier schon an Stelle der rein idealen Bildungen aus der Satyrwelt ein Bühnensilen getreten, um die Beziehung auf das Theater schärfer vor Augen zu stellen[2]). Und auch grössere Compositionen, deren Inhalt dem dionysischen Kreise entlehnt war und zum Leben und Treiben des Gottes in Beziehung stand, können als Weihgeschenk scenischer Siege gestiftet sein[3]). Das Gemälde oder Relief, welches das Monument des Xenokles barg, wird derartigen Inhaltes gewesen sein, da es ja gleichzeitig für Komödien- und Tragödiensieg geweiht war, also allgemeine Beziehung auf dionysischen Festdienst gehabt haben muss.

Ebenso vielverbreitet und mannigfaltig, wie die eben besprochene Reihe von Weihgeschenken, ist jene andere verwandte Gruppe anathematischer Darstellungen, welche den Gott im Verkehr mit Adoranten zeigt. Ob von den unzähligen auf Dionysos bezüglichen Exemplaren, in denen die Typen der „Adoration", des „Opferzuges" u. s. w. auf uns gekommen sind, ein Theil als Anatheme scenischer Choregen in Anspruch zu nehmen sei, lässt sich natürlich dort, wo die generellen Typen

---

[1]) Le Bas, Mon. fig. T. 27; Friederichs-Wolters 1503; Kabbadias, Κεντρικὸν μουσεῖον 127. Die Gruppe scheint der Erfindung wie der Ausführung nach etwa der ersten Hälfte des dritten Jahrhunderts anzugehören. Die Vermuthung, dass der Silon als Brunnenfigur verwendet worden sei, entbehrt der Begründung.

[2]) Einen Silen im Bühnencostüm zeigt die jetzt in Berlin (Verz. d. ant. Skulpt. n. 278) befindliche Statue Gerhard, Ant. Bildw. CV n. 3 (Wieseler a. a. O. T. VI 7); vgl. Clarac. V 874 A, 2221 D aus Villa Albani). Auch für den Satyr auf dem Grabe des Sositheos (Anth. Pal. VII 707) ist Bühnencostüm vorauszusetzen.

[3]) Inwieweit hieher etwa Reliefs wie Sybel 585 oder Friederichs-Wolters 1889 (aus dem Dionysostheater) zu beziehen sind, lässt sich nicht entscheiden. Das „basrelief d'artistes dionysiaques" (Le Bas, Mon. fig. 56) gehört nicht hieher. In der sitzenden Figur des in den Kunsthandel übergegangenen Stückes erkennt Sybel (Athen. Mitth. d. Inst. IV S. 341) Apollon. Als scenische Anatheme bezeichnet Heydemann, Mitth. a. d. Antikensamml. in Ober- u. Mittelit. S. 52, 2 jene noch nicht befriedigend erklärten Reliefs mit mystischen (bacchischen?) Darstellungen, von denen sich übereinstimmende Exemplare in Neapel (Gerhard, Neapels ant. Bildw. S. 455, 1; Roux, Musée secret T. 54), in Rom (eines im Capitolinischen Museum, Mus. Capitol. IV 36; über zwei andere s. Bull. d. comm. arch. munic. IV S. 218 f.; Furtwängler, Athen. Mitth. d. Inst. III S. 192), in Bologna (vgl. Heydemann a. a. O.) erhalten haben. Die Gründe dieser Annahme, die Heydemann bisher nicht entwickelt hat, vermag ich nicht zu erkennen.

nicht weiter individualisiert sind, nicht feststellen ¹). Vielleicht gehört aber hieher ein Relief aus Koropi (Milchhöfer, Athen. Mitth. d. Inst. XII S. 98), welches hier nach einer Zeichnung Gilliérons zuerst veröffentlicht wird (Abbildung 12) ²).

Fig. 12.   Relief von Koropi.

Rechts steht Dionysos, mit Chiton, Chlamys, Nebris und Endromides bekleidet, nach links hin gewendet, indem er in der vorgestreckten Rechten

¹) Milchhöfer (Jahrb. d. Inst. II S. 27 ¹²) erwähnt aus den Inventaren der athenischen archäologischen Gesellschaft (n. 3498) ein „Heroenmahl von gewöhnlicher Typik mit Adoranten", dessen obere Leiste die Aufschrift trägt: ΛΥΣΙΑΣ ΑΠΟΛΛΟΔΩ-ΡΟΥ ΧΟΡΑΓΩΝ. Ob etwa hier Dionysos unter dem Typus des gelagerten Mannes dargestellt ist, wie auf dem S. 23 besprochenen Relief aus dem Piräus, und das Relief als Anathem eines (ausserattischen) scenischen Choragen zu betrachten sei, vermag ich ohne Kenntniss des Stückes nicht zu entscheiden.

²) Das nach oben etwas verjüngte Relief (47 Cm. lang, 30 Cm. hoch) ist rechts oben gebrochen und links stark beschädigt und verstossen, so dass Kopf, linke Schulter und linker Arm des Dionysos fehlen, von den Gestalten der zweiten Reihe die Conturen von Hals und Kopf nur noch theilweise erkennbar sind. Ein grosses Zapfenloch an der Rückseite scheint von späterer Verwendung herzurühren.

einen Kantharos über dem Altar hält, während er den erhobenen
linken Arm vermuthlich auf den Thyrsos stützte. Hinter dem Altar,
an dem das Opferschwein und ein Knabe mit dem Opferkorb sich
befinden, stehen in feierlicher Haltung, in zwei Reihen übereinander
geordnet, sechzehn Männer. Die Bewegung ihrer Hände ist wegen
starker Verscheuerung nicht überall klar; der erste hat die Rechte
adorierend erhoben; beim zweiten, vierten, fünften und siebenten
sind Kränze in der Rechten noch erkennbar, und solche sind gewiss
auch bei den übrigen vorauszusetzen. Finden sich auch sonst in Verbindung mit andern Göttern nicht selten grosse Adorantenzüge[1]), so
wird man doch in diesem Falle weder an eine Familie, noch an einen
Jahrgang eines Gymnasiums, noch an ein Beamtencollegium oder eine
Demenvertretung zu denken haben, sondern die Scene am wahrschein-
lichsten in Beziehung zu dionysischen Festen, zu einem choregischen Sieg
setzen; vgl. Milchhöfer a. a. O. Wir werden dann in den sechzehn
Adoranten die fünfzehn Choreuten einer Tragödie erkennen, welche
mit ihrem Choregen an der Spitze gemeinsam das Epinikienopfer be-
gehen (Platon Sympos. p. 236 e)[2]). Leider erlaubt unser Relief in Folge
seiner schlechten Erhaltung keine sichere Datierung; der Dionysos hat
in Stellung und Gewandung viel Aehnlichkeit mit der auf tanagräischen
Münzen erscheinenden Statue, welche Imhoof-Blumer und Curtius (Arch.
Zeit. XLI 1883 S. 253) — wie es scheint, nicht mit Recht — auf Kalamis
zurückgeführt haben[3]). Wahrscheinlich ist dieser Typus des jugendlichen Dionysos erst im Laufe des vierten Jahrhunderts ausgebildet
worden; eng verwandt ist z. B. der Dionysos des thebanischen — der
Erfindung und Arbeit nach attischen — Reliefs bei Schöne T. 27, 110
(Le Bas, Mon. fig. T. 56; Sybel 352) etwa aus der Mitte des vierten Jahrhunderts. Der flotten und sicheren Arbeit nach könnte das Relief
noch aus der zweiten Hälfte des vierten Jahrhunderts stammen, könnte
freilich auch viel später sein[4]). Da der untere Rand des Reliefs stark
verletzt ist, ist übrigens auch die Möglichkeit offen zu halten, dass hier
eine Inschriftplatte, etwa ein Ehrendecret für einen Choregen, an-
schloss. An der typischen Bedeutung des Reliefs würde das nichts ändern,

---

[1]) Vgl. z. B. die Votivreliefs Overbeck, Kunstmythol. III S. 509, 4. Lief. T. XIV
n. 5 (für Demeter); Blouet, Morée III T. 90; Le Bas, Mon. fig. T. 46 (für Athena).
[2]) Ueber Schweineopfer an Dionysos vgl. Stephani, C. R. 1863 S. 245 ff.;
Löschcke, Arch. Zeit. XLI 1883 S. 31 f.
[3]) Vgl. Wolters, Arch. Zeit. 1885 S. 265; Gardner und Imhoof-Blumer, Journ. of
hell. stud. VIII S. 10.
[4]) Der Arm des Gottes ist etwas zu kurz gerathen, was sich wohl ebenso wie
die etwas ungeschickte Art, mit der Dionysos den Kantharos hält, aus der Enge des
Raumes erklärt.

da ja die Urkundenreliefs in Motiven und Compositionen die anathematischen Reliefs copiren. Doch lässt sich vielleicht die Dicke des Reliefs (11 Cm.) dafür anführen, dass es wirklich als Votivrelief verwendet worden sei [1]).

Dieses Reliefbild im Schema der „Adoration" leitet uns über zu den Anathemen, deren Gegenstand aus rein menschlichem Kreise geschöpft ist. In einem Weihrelief, wie dem ebenerwähnten, ist ja die Beziehung auf den scenischen Sieg nur leise angedeutet; gewiss aber waren anathematische Darstellungen auch noch in bestimmterer Weise mit den dramatischen Aufführungen selbst verknüpft. Ueber den Pinax des Thrasippos (s. S. 117) macht zwar Aristoteles keine genaueren Angaben; wenn aber aus ihm hervorgieng, dass zu jener Zeit die vornehmen Athener sich mit Flötenspiel beschäftigten, so waren wohl die Choreuten, die vermuthlich ἐθελονταί waren, dargestellt, an ihrer Spitze der Flötenspieler, etwa gar Thrasippos selbst, alle mit beigeschriebenen Namen vornehmer Bürger [2]). Es mag auch das Flötenspiel eine besondere Beziehung zum Inhalt des Stückes gehabt haben, die wir heute nicht errathen können. Ueberhaupt konnte ja nur ein solcher Votivpinax als vollkommen entsprechendes und charakteristisches Mnema eines scenischen Sieges erscheinen, der unmittelbar das betreffende siegreiche Drama vor Augen führte, indem er dessen Inhalt zum Gegenstande hatte, — wobei entweder jedem einzelnen Stücke der Tetralogie oder nur demjenigen, das am meisten Beifall gefunden oder verdient hatte, ein besonderer Pinax gewidmet wurde. Dabei lag der natürliche Gedanke zu Grunde, dass, wie Dionysos an der Aufführung eines Stückes seine Freude gehabt, so auch gerne in seinem Heiligthum eine bildliche Darstellung desselben zur bleibenden Erinnerung als Anathem empfangen würde.

Wenn wir nunmehr zunächst den Versuch machen, aus der litterarischen Ueberlieferung Bilder nachzuweisen, welche ihren Motiven nach als scenische Anatheme gedient haben könnten, so wird man wenigstens den Einwand nicht dagegen erheben dürfen, dass Maler ersten Ranges sich mit der Herstellung solcher Pinakes wohl nicht be-

---

[1]) Das Relief muss sich wohl auf Choregie in einem Demos der Mesogaia beziehen; in der zweiten Hälfte des vierten Jahrhunderts scheint in den attischen Demen das Theatertreiben ein sehr lebhaftes gewesen zu sein.

[2]) Bergk, Gr. Lit.-Gesch. II S. 532 [21] hatte gemeint, die Choregie des Thrasippos hätte sich auf einen dithyrambischen Sieg des Ekphantides bezogen, aber wir haben keine Veranlassung, einen der Gründer der alten Komödie zum Dithyrambendichter zu machen; auch hat Bergk selbst a. a. O. IV S. 47 [16] seine Ansicht aufgegeben und die Nachricht des Aristoteles auf die Σάτυροι bezogen — das einzige Stück, das wir von Ekphantides kennen, — bei dessen Aufführung attische Bürger die Function der Flötenspieler übernommen hätten.

schäftigt haben würden. Denn wie wir im vierten Jahrhundert Praxiteles, Nikias, Nikomachos, Apelles[1]) im Dienste privaten Gräber-
schmuckes beschäftigt sehen, dem man damals grösseren Prunk und eine
erhöhte Aufmerksamkeit zuwendete, so dürfen wir ein solches Verhältniss
ohne Weiteres für die Weihgeschenke des fünften Jahrhunderts voraussetzen. Und gewiss entsprach der ausserordentlichen Bedeutung, welche
in Folge der allgemeinen Theilnahme der tragische Wettkampf zur Blüthezeit des Dramas besass, auch der Glanz und Kunstwerth der choregischen Siegesanatheme. Freilich in den kärglichen und dürftigen Nachrichten über Tafelgemälde des fünften und vierten Jahrhunderts findet
sich kaum einmal eine Angabe über Veranlassung und Bestimmung des
Werkes, und das Wenige, was davon berichtet wird, ist mehr noch als
andere Nachrichtengruppen durch Anekdotenkram und Missverständnisse
getrübt. Zwar mag es früher als auf dem Gebiete der Skulptur —
vielleicht schon seit Ende des fünften Jahrhunderts — vereinzelt vorgekommen sein, dass Gemälde bloss um ihres künstlerischen Vorwurfes
willen gemalt und ebenso bloss ihres Kunstwerthes wegen geschätzt, ge-
kauft, geweiht wurden[2]). Aber bei der überwiegenden Zahl der Bilder
bis in die zweite Hälfte des vierten Jahrhunderts herab dürfen wir voraussetzen, dass sie als Anatheme zu dienen bestimmt waren, und also
auch ihr Inhalt näheren oder ferneren Bezug hatte auf das Ereigniss,
das zu ihrer Bestellung und Weihung Anlass gegeben hatte.

Wir hören nun von einer Reihe·von Tafelbildern, für die unter
der Voraussetzung, dass sie anathematischer Natur seien, kaum eine
andere Beziehung denkbar oder doch keine andere so passend ist, als
die auf scenische Aufführungen. So berichtet uns von einem Bilde des
Apollodor, das von Andern auch dem Pamphilos zugesprochen ward[3]),
das Scholion Aristoph. Plut. 385: γραφή μέντοι ἐστὶν οἱ Ἡρακλεῖδαι καὶ
Ἀλκμήνη καὶ Ἡρακλέους θυγάτηρ Ἀθηναίους ἱκετεύοντες Εὐρυσθέα δεδιότες. Die
enge Beziehung dieses Gemäldes zu des Euripides Herakliden, die besonders in der Hervorhebung der · einen Tochter (der Μακαρία) zu

---

[1]) Des Apelles *imagines exspirantium* hat Brückner, S. B. d. Wiener Akademie
CXVI S. 519‘ als Grabgemälde erklärt. Auch des Pamphilos *cognatio* — zum Wort-
laut vgl. Michaelis, Arch. Zeit. XXXIII S. 35 —, des Timomachos *cognatio nobilium*, des
Oinias *syngenicon*, sind vielleicht nach Analogie griechischer Grabreliefs zu erkläron.

[2]) Wenn wir von den Königsburgen in Tirynth und Mykene absehen, so
bietet das älteste Beispiel decorativer Verwendung von Malerei in Privathäusern wohl
die Geschichte von Alkibiades und Agatharchos (Andok. in Alc. 17; Plut. Alc. 16).
Wenig später malte Zeuxis den Palast des Königs Archelaos (413—399); vgl. Holbig,
Unters. ü. d. camp. Wandm. S. 125 ff.; Mau, Decorative Wandmalerei in Pompeii S. 1.
Gewiss aber ist die Verwendung von Tafelgemälden zu rein decorativen Zwecken
noch um ein Beträchtliches jünger.

[3]) Brunn, K. G. II S. 32; C. Th. Michaelis, Arch. Zeit. XXXIII (1876) S. 34.

Tage tritt, würde sich am leichtesten daraus erklären, dass das Bild, das wohl ein Tafelbild gewesen sein wird, geschaffen worden war als Anathem des Choregen des euripideischen Dramas (zwischen 429 und 427; vgl. Wilamowitz, Anal. Eurip. S. 151 f.), von dem wir freilich nicht wissen, ob es einer siegreichen Tetralogie angehört hat. Aehnliche directe Bezugnahme auf eine dramatische Bearbeitung der πτωχεία verräth des Aristophon *„numerosa tabula, in qua sunt Priamus Helena Credulitas Ulixes Deiphobus Dolus"*[1]); offenbar stellt ja auch dieses Bild den Höhe- und Wendepunkt einer verwickelten Handlung dar, und fasst die Vielheit der Motive und Affekte — *numerosa tabula* vgl. Brunn, K. G. II S. 53 — welche die ganze Handlung bewegt, in einen einzigen Moment zusammen. Das Gleiche möchte man von des Parrhasios Bild von Telephos' Heilung (Plin. 35, 71; 42) und von des Timanthes Opferung der Iphigenie voraussetzen. Aehnlich verhält es sich vielleicht mit des Parrhasios Meleager Herakles und Perseus (Plin. 35, 69)[2]), das man ungern als blosses Situationsbild auffassen wird[3]). Ebenso erscheinen noch manche andere Bilder dieser Zeit, des Aristophon Philoktetes, des Apollodoros *Aiax fulmine incensus*, des Parrhasios wahnsinniger Odysseus u. A., wie bildliche Reflexe von Tragödienstoffen, so dass der Gedanke nahe genug liegt, sie seien auch thatsächlich dazu geschaffen worden, um als bleibendes Mnema einer vorüberrauschenden dramatischen Aufführung zu dienen[4]).

Dazu kommt noch ein Anderes. Man hat wiederholt darauf hingewiesen, wie enge eine Reihe pompeianischer Wandbilder mit dem Drama verknüpft sei; vgl. Helbig, Untersuch. z. campan. Wandmalerei S. 80 ff. Bilder, wie die Opferung der Iphigenie (Helbig 1305), Hippolytos und Phaidra (1242 f.), Admet und Alkestis (1157), Orestes auf Tauris

---

[1] Aristot. Poet. S. 1459 b; vgl. Welcker, Gr. Trag. S. 948 ff.; O. Jahn, Arch. Zeit. V 1847 S. 127; anders Klein, Arch.-epigr. Mitth. a. Oesterr. XII S. 92.

[2] Den sagengeschichtlichen Gehalt dieses Bildes hat Robert, Bild. u. Lied S. 45 wohl richtig aus der Combination von Schol. Il. Φ 194 (Pindar) und Apollod. II 5, 12, 4 erschlossen.

[3] Da das Bild sich auf Rhodos befand, müsste man an das Anathem eines scenischen Choregen auf dieser Insel denken. Scenische Aufführungen auf Rhodos belegen die von Kaibel, Herm. XXIII S. 268 publicierten Inschriften; vgl. Arch. epigr. Mitth. a. Oesterr. VII S. 111, 3.

[4] Des Timanthes Bild *„Cyclops dormiens in parvola tabella, cuius et sic magnitudinem exprimere cupiens pinxit iuxta Satyros thyrso pollicem eius metientis"* (Plin. 35, 74) hat Robert (Bild u. Lied S. 35) in Beziehung zu des Euripides Kyklops gesetzt; doch hat Klein (Arch. epigr. Mitth. a. Oesterr. XI S. 214) das Bild wohl mit Recht dem jüngern Timanthes zugewiesen und darin den Polyphem des Galateaidylls erkannt. Auch des Nikomachos Bild *„Bacchae obreptantibus Satyris"* (Plin. 35, 109) gehört wohl schon in diese Gattung.

(1333), stellen uns Höhepunkte der dramatischen Motivierung vor Augen, aus denen heraus Vorhergehendes und Nachfolgendes sich von selbst erschliesst. Sollen wirklich alle diese Compositionen von Anfang an zu rein decorativem Zwecke geschaffen sein, oder ist es nicht wahrscheinlicher, dass die Opferung der Iphigenie, die man doch wohl mit Recht auf Timanthes zurückgeführt hat, und die andern geistesverwandten Bilder auf anathematische Pinakes zurückgehen, die mit den gleichnamigen Dramen auch durch ein äusserliches Band verknüpft waren?

Da einerseits die litterarische, andererseits die künstlerische Ueberlieferung nur fragmentarisch erhalten und vielfach getrübt ist, so werden Combinationen zwischen einzelnen Bildern und einzelnen Dramen freilich meist einen geringen Grad von Sicherheit beanspruchen dürfen. Aber von grösserem Gewicht als solche Combinationen ist es, dass die erwähnten Bilder thatsächlich eben jene Mythen und jene Motive behandeln, die in den Dramen euripideischer Zeit behandelt und zum Theil überhaupt erst in diesen geschaffen worden sind.

Es ist eine in dem inneren Wesen der Kunst begründete Entwicklung, dass unmittelbar nachdem Polygnot das Ethos des Epos in höchster Vollendung darzustellen gewusst hatte, Maler, wie Apollodoros Parrhasios Timanthes es unternahmen, in ihren Tafelbildern das Pathos des Dramas vor Augen zu stellen. Aber soll nicht dieser Schritt, wie wir ähnliches auch sonst so oft beobachten, seinen äussern Anlass gehabt haben darin, dass die Maler sich durch die scenischen Choregen euripideischer Zeit vor die Aufgabe gestellt sahen, in anathematischen Pinakes Bilder der Dramen zu dauernder Wirkung festzuhalten?

Anders liegt die Sache bei Bildern jüngerer Zeit. Denn nachdem die Maler einmal die Darstellung dramatischer Motive als ihr Eigenthum erobert hatten, mochten sie auch unabhängig vom Drama solche Stoffe wählen, und es lässt sich ja überhaupt bei den Bildern des vierten und dritten Jahrhunderts nicht mehr so allgemein anathematische Bestimmung voraussetzen. Bilder, wie des Nikias Andromeda oder des Euphranor Odysseus können daher ganz wohl ohne solche unmittelbare Beziehung zu dramatischen Aufführungen geschaffen sein. Vielleicht gehört aber hieher des Aristeides *tragoedus et puer*, wenn man mit Recht darin die Darstellung einer Tragödienscene erkannt hat[1]). Dass hier für den Helden Theatercostüm vorauszusetzen wäre, würde dem realistischen Zug einer jüngern Epoche entsprechen und eine Analogie in Komödiendarstellungen haben, worüber noch später gehandelt werden soll.

---

[1]) Maass, Ann. d. Inst. 1881 S. 142, 155 denkt an eine Darstellung von Priamos und Troilos, indem er das vatikanische Mosaik (Wieseler, Denkm. d. Bühnenw. VIII 11) vergleicht; vgl. Dierks, De histrion. habitu scaen. S. 21 und oben S. 56[1].

Relsch, Weihgeschenke.   9

Wir sind bei dem Versuche, scenische Anatheme unter Gemälden
nachzuweisen, auf spärliche litterarische Nachrichten und die Vorbilder
pompeianischer Wandgemälde beschränkt. Wie wir aber bei andern
Gruppen von Weihgeschenken beobachten, dass seit Mitte des fünften
Jahrhunderts neben Gemälden Einzelreliefs immer häufiger verwendet
werden, so müssen wir uns fragen, ob auch bei der besprochenen Gattung dasselbe Verhältniss obwaltete und ob unter den erhaltenen Denkmälern noch solche sich nachweisen lassen, welche als scenische Weihgeschenke eine passende Erklärung finden.

Da drängen sich uns zunächst drei berühmte Reliefs auf, die
freilich gewöhnlich in ganz anderem Sinne gefasst werden, das Orpheusrelief, das Peliadenrelief, das Peirithoosrelief. Aber wir müssen weiter
ausholen, um die Berechtigung nachzuweisen, diese Stücke in solchem
Zusammenhange zu besprechen [1]).

Ueber die Deutung der einzelnen Reliefs können wir uns hier
kurz fassen. Für das Orpheusrelief haben Zoega und Kekulé (Bonner
Kunstmuseum S. 169)[2]), für das Peliadenrelief nach dem Vorgang von
Hirt, Benndorf und Schöne (Lateran n. 92)[3]) die richtige Erklärung
erschlossen. Auch die Deutung des Reliefs Torlonia[4]), wie sie zuerst
Petersen, Arch. Zeit. XXIV 1866 S. 258 (vgl. XXXV 1877 S. 122 f.)
gegeben hat, scheint mir trotz neuerer Einwände gesichert. Zunächst
ist ja Herakles, der mit dem Herakles des attischen Reliefs Friederichs-
Wolters 1188 im Typus genau übereinstimmt, durch die kurze Keule
und das Löwenfell genügend gekennzeichnet; auch Bogen und Köcher,

---

[1]) Den Gedanken an eine derartige anathematische Beziehung dieser Reliefs
hat Wolters gelegentlich eines von mir im Institut zu Athen gehaltenen Vortrags über
die Weihgeschenke dramatischer Choregen angeregt.

[2]) Die von Curtius, Arch. Zeit. XXVII 1869 S. 16 vertretene Auffassung, dass
Hermes die Eurydike hinaufgeleite zur Oberwelt, um sie dem Gatten zu lassen, lässt
sich durch die durchaus nicht populäre Version, welche Hermesianax bei Athenaeus
XIII 597 c zu vertreten scheint, nicht stützen.

[3]) Ihre Deutung haben gegen die abweichende Auslegung Brunn's (S.-B. der
bair. Akademie 1881 S. 100) Wolters (Friederichs-Wolters 1200) und Michaelis (Jahrb.
d. Inst. III S. 228) vertheidigt. Für die charakteristische Gestalt der Medea kann noch
auf die Figur der Talosvase (Wiener Vorlegebl. IV T. V) verwiesen werden, die gewiss
von ähnlichen Darstellungen der grossen Kunst abhängig ist.

[4]) Zoega, Bassiril. II 103; Friederichs-Wolters 1201; vgl. zuletzt Benndorf, Röm.
Mitth. d. Inst. I S. 118. Bütticher's weit hergeholte Deutung (Abgüsse ant. Werke[2]
S. 96) auf Herakles, Theseus und Phorbas hat mit Recht keinen Beifall gefunden;
dass die Scene im Hades spiele, ist freilich auf dem Relief nicht angedeutet, aber es
giebt eben für die Unterwelt keine besondere Charakteristik in der plastischen Kunst. Wie
eine Parallele zu unserm Relief werden wir uns in Composition und Charakter das
Bild des Parrhasios zu denken haben, auf welchem Herakles im Gespräch mit Perseus und Meleager in der Unterwelt dargestellt war; vgl. oben S. 128 Anm. 2.

die neben ihm am Felsblock liegen, können nur ihm gehören. Im Gegensatze dazu sind die beiden andern Männer durch gleiche Tracht und Ausrüstung als eng zusammengehörig charakterisiert; der eine steht, wie zum Aufbruch bereit, der andere sitzt, und es ist Willkür, die eigenthümlich gezwungene Haltung der nicht gekreuzten Beine als Ungeschick des Künstlers zu erklären. Dieses Freundespaar, das in Beziehung steht zu Herakles, kann nur Theseus und Peirithoos sein, von denen der eine von Herakles zur Oberwelt zurückgeführt wird, der andere durch den Zwang äusserer unsichtbarer Gewalt an seinen Sitz gefesselt bleibt. In der That sehen wir ja auf Unterweltvasen die beiden Freunde in ganz ähnlicher Erscheinung[1]); ganz entsprechend unserem Relief zeigt die Amphora aus Canosa in München 849 (Millin, Descr. d. tomb. d. Canose T. 3; Wiener Vorl.-Bl. E T. 1) beide im Wandercostüm mit keulenartigen Stäben, Peirithoos (neben Dirke, vgl. Hartwig, Arch. Zeit. XLII 1884 S. 258) sitzend mit abgewendetem Kopf, die Rechte wie zum Abschied gegen Theseus, der neben ihm steht, erhoben. Dass Theseus hier das mantelartige Kleidungsstück um Schulter und Arm geschlagen, auf dem Relief aber um den Unterleib geschlungen hat, wird man gewiss nicht zum Angelpunkt der Erklärung machen dürfen. Während aber auf den Unterweltsvasen die Freunde in ganz verflachter Charakteristik erscheinen[2]), ist auf dem Relief der Moment ihrer Trennung durch Dazwischenkunft des Herakles unmittelbar vor Augen geführt. Ein feiner Zug ist der Charakteristik durch die Zuthat der Schwerter zugefügt, welche ja auch in der Peirithoosgruppe der Polygnotischen Nekyia (Paus. X 29, 9) eine Rolle spielte.

So tritt also dieses Relief schon durch seinen Gegenstand als nächstverwandtes zu den beiden andern, wie mit Recht Petersen a. a. O. und Michaelis, Arch. Zeit XXIX 1872 S. 150 betont haben; und die Parallele, welche Brunn, S.-B. der bair. Akademie 1881 S. 102 zwischen dem Orpheus- und dem Peliadenrelief gezogen hat, lässt sich auch auf dieses dritte Stück ausdehnen. In allen dreien herrscht dieselbe hochernste feierliche Stimmung, dieselbe Fülle seelischer Motive, derselbe Widerstreit lebhafter Empfindungen, die, nur mit vornehmer Zu

---

[1]) Auch Herakles erscheint auf den Unterweltsvasen von Canosa (München 849) und Neapel (Santangelo 709; Arch. Zeit. XLII T. 18; Wiener Vorl.-Bl. E T. III 2) in derselben Ausrüstung (Löwenfell, Keule, Köcher und Bogen), wie auf dem Relief Torlonia; auf zwei andern, einer Amphora in Karlsruhe (Winnefeld 388; Wiener Vorl.-Bl. E T. III 1) und in Neapel (Santangelo 11; Wiener Vorl.-Bl. E T. VI 5) fehlt ihm das Löwenfell.

[2]) Nur die Unterweltsvase Santangelo 709 zeigt hier ein abweichendes, wohl in äussern Raumverhältnissen begründetes Schema.

rückhaltung und beinahe ängstlicher Zartheit in der äusseren Bewegung der einzelnen Gestalten angedeutet, uns doch mächtig ergreifen und dauernd beschäftigen. In allen dreien besteht zwischen den drei Figuren ein ähnliches ideelles Verhältniss; zu je zwei Personen, die durch die engsten Bande der Liebe verbunden sind, tritt, verhängnissvoll und entscheidend, ein über gewöhnliches Menschenmass machtvolles Wesen aus einem andern Kreis — Hermes, Herakles, Medea. In allen dreien sehen wir nicht einen lebhaft bewegten Moment, nicht die plötzlich hereinbrechende Katastrophe, aber einen Augenblick, der das, was vorher geschehen, was nachfolgen wird, mit wunderbar einfachen Mitteln errathen lässt. Im ideellen Hintergrund der Darstellung birgt sich der Gedanke von Schuld und Sühne; aber die Schuld ist durch edle Motive verklärt und erweckt so das lebhafte Mitgefühl des Beschauers.

Diese Uebereinstimmung der drei Reliefs lässt sich noch weiter verfolgen, und es muss diese enge Zusammengehörigkeit hier um so mehr betont werden, als wir oben dadurch, dass die Reliefs so viel Gemeinsames haben und gewissermassen als Einheit betrachtet werden können, eine gesichertere breitere Grundlage für ihre Erklärung gewinnen. Wie in ihrem Gegenstand und ihrer „geistigen Temperatur" stimmen die drei Reliefs auch in Grössenverhältnissen [1]), tektonischem Charakter und Stil auf das engste überein [2]). Um dies zu erweisen, müssen wir zunächst die einzelnen Repliken, in denen uns die drei Compositionen erhalten sind, prüfen.

Von den Repliken des Orpheusreliefs [3]) hat, wie schon Kekulé (Bonner Kunstmuseum S. 41) betont hat, die Neapler den ersten Anspruch, als Originalarbeit gelten zu können. Das Exemplar in Villa Albani (Friederichs-Wolters 1199) trägt deutlich den Charakter einer Copie, die allerdings von einem griechischen Künstler herrühren mag, an sich [4]). Schlechtere Arbeit zeigt das Fragment vom Palatin (Friederichs-Wolters 1199; Matz-Duhn III S. 132, 3730), von der Art der Pariser

---

[1]) Das Neapler Orpheusrelief ist 119 Cm. hoch, 99 Cm. breit; das in Villa Albani 111½ hoch, 95 breit, das in Paris (nach Clarac) 114 hoch, 108 breit; das Peliadenrelief im Lateran ist 108 hoch, 96 breit, das Berliner 117 hoch, 97 (oben 89) breit; das Peirithoosrelief Torlonia ist mit seinen gegenwärtigen Ergänzungen 120 hoch, 122 breit (die fragmentierte Pariser Replik zeigt ziemlich genau dieselbe Figurengrösse).

[2]) Wenn das lateranensische Peliadenrelief etwas härter und strenger erscheint, so ist das zum guten Theil aus der Verwendung neugefundener Motive und dem gegenwärtigen Erhaltungszustande zu erklären.

[3]) Die drei vollständigen Repliken des Orpheusreliefs finden sich nebeneinandergestellt Wiener Vorl.-Bl. III T. XII.

[4]) Friederichs hat darauf aufmerksam gemacht, dass die linke Wade des Hermes und die rechte Hand der Eurydike verzeichnet sind.

Replik giebt die mangelhafte Publication (Bouillon II Reliefs T. 1; Clarac II T. 116, 222) kein genügendes Bild.

Von den Peliadenreliefs zeigt das lateranensische Exemplar (Benndorf und Schöne n. 92; Friederichs-Wolters 1200) so vorzügliche frische Arbeit, dass kaum etwas der Annahme im Wege steht, dass hier das Original selbst vorliege; doch ist bei der schlechten Erhaltung des Stückes eine sichere Entscheidung nicht möglich. Die Berliner Replik (Verz. d. ant. Sculpturen 925), deren Echtheit Conze (Aufsätze f. E. Curtius S. 97 ff. T. II) und neuerdings gegen O. Kern (Jahrb. d. Inst. III S. 68 ff.), Michaelis (Jahrb. d. Inst. III S. 225 ff.) mit gewichtigen Gründen vertheidigt haben, verhält sich nach Conze's Urtheil zu dem Original etwa so, wie die Wiederholungen der „stieropfernden Frauen" zu der Nikebalustrade. Als Copie wird auch das Peirithoosrelief der Sammlung Torlonia (Friederichs-Wolters 1201), soweit gegenwärtig ein Urtheil darüber möglich ist, zu gelten haben. Von der durch Matz erkannten fragmentierten Replik im Louvre (vgl. Arch. Zeit. XL 1882 S. 80) geben die Publicationen (Bouillon III Supplém. T. 2, 24; Clarac II T. 202, 761; S. 215) keine ausreichende Vorstellung [1]).

Leider sind die einzelnen Reliefplatten zum Theil so sehr verletzt, dass ein Urtheil über ihren tektonischen Charakter nicht überall möglich ist. Von den Orpheusreliefs ist allein noch das Neapler an der Oberseite intact und zeigt hier einen vorspringenden Rand; die seitlichen Ränder dagegen können bei der gegenwärtigen Aufstellung nicht näher bestimmt werden. Auch wenn man das Stück nicht als Original anerkennen sollte, so steht es doch diesem gewiss so nahe, dass man den gleichen obern Abschluss auch für dieses voraussetzen muss. Das lateranensische Peliadenrelief ist an den Rändern verletzt und scheint eine wiederholte Verwendung erfahren zu haben; dagegen zeigt das Berliner Exemplar, das nach oben sich etwas verjüngt, oben eine profilierte Randleiste, und es steht nichts im Wege, etwas Aehnliches für das lateranensische Relief vorauszusetzen, an dessen oberer Kante noch die Spuren einer vorspringenden Leiste erkennbar scheinen. Bei keinem der beiden Peirithoosreliefs ist der obere Rand erhalten; doch wird man wohl auch für das Original dieser Composition ebenso wie bei dem Orpheus- und Peliadenrelief eine ähnliche Reliefleiste oben um so eher voraussetzen dürfen, als wir ja aus den letzten Jahrzehnten des fünften

---

[1]) Griech. Marmor. Theseus ist zu Athena ergänzt. Die Stellung der Beine des Peirithoos erscheint gegenüber dem Relief Torlonia leicht verändert. Bogen und Köcher sind am Fels deutlich erhalten. Eine ähnliche Gruppe findet sich auf einem Fragment in Ince Blundell Hall (Michaelis, Anc. Marbles S. 40², 310) als Zuschauergruppe in einer grössern Composition verwendet; vgl. Petersen, Arch. Zeit XXXV (1877) S. 122 T. 12, 1.

Jahrhunderts eine Reihe von Relieftafeln ähnlicher Art kennen. Demnach sind also die Originale der drei behandelten Reliefcompositionen gewiss nicht als Verkleidungsplatten grosser Basen, sondern als selbstständige Stelen zu denken. In ihrem tektonischen Charakter bezeichnen sie so eine etwas jüngere Stufe als das grosse eleusinische Relief, werden aber vermuthlich eines besonderen obern Abschlussgliedes noch entbehrt haben; inwieweit eine Verjüngung nach oben anzunehmen sei, lässt sich aus dem gegenwärtigen Zustand der einzelnen Exemplare nicht mehr mit Sicherheit feststellen.

Wichtiger noch als diese Gleichheit der tektonischen Form ist die ausserordentliche stilistische Verwandtschaft der drei Reliefs. In allen dreien finden wir eine Dreizahl von Figuren in einfacher vornehmer Gruppierung, eine Art der Composition, die wir schon bei dem grossen eleusinischen Relief finden und die für eine Reihe ausgezeichneter Reliefs aus der Zeit des peloponnesischen Krieges charakteristisch ist, ich erinnere nur an das den besprochenen Reliefs besonders nahestehende Relief mit Herakles, Hebe und Nike (Kekulé, Arch. Zeit. XXVII 1869 S. 105, Friederichs-Wolters 1188), an das Anathem eines Sohnes des Bakchios für Apollon, Artemis und Leto (Friederichs-Wolters 1131) und an das verwandte Relief mit Asklepios auf dem Omphalos, Hygieia und einem der Söhne (Duhn, Arch. Zeit. XXXV 1877 S. 162, 70; Furtwängler, Athen. Mitth. d. Inst. III S. 186) [1]. Alle drei zeigen ferner die gleiche Reliefbehandlung, dieselbe Einfachheit und Strenge in der stilistischen Ausführung, die wir im Parthenonfries und gleichzeitigen Reliefs finden. Im Einzelnen mag nur auf die enge Verwandtschaft hingewiesen werden, die der Herakles des Peirithoosreliefs mit dem Herakles des eben erwähnten Reliefs Friederichs-Wolters 1188, der Hermes des Orpheusreliefs mit dem Hermes der Myrrhinevase, Eurydike mit dem Mädchen vom Ostfries des Parthenon und der Penelope des Frieses von Gjölbaschi, das gebückte Mädchen im Peliadenrelief mit der Sandalenbinderin der Nikebalustrade (Kekulé, Nikebal.[2] S. 9) zeigen. Man wird aber daraus, dass die Motive der drei Reliefs in Parthenonfries und Nikebalustrade sich finden, nicht den Schluss ziehen dürfen, dass die Reliefs von jenen Werken abhängig seien. Vielmehr sind wohl

---

[1]) Dasselbe Princip der Composition findet sich natürlich auch bei ausserattischen und bei jüngern attischen Reliefs, man vergleiche beispielsweise das Relief aus Gortyna (Friederichs-Wolters 1152), das aus Megara (Arch. Zeit. XXXI T. 6), das in Neapel Arch. Zeit XXIX T. 53ᵃ (vgl. S. 137[1]), das jüngere eleusinische Relief Friederichs-Wolters 1132, das Relief im Lateran Benndorf und Schöne 399, die Urkundenreliefs Arch. Zeit. XXXV T. 15 und eine Reihe von Grabreliefs. Auch das Hesperidenrelief Albani (Zoega Bassiril. II T. 64), das wohl auf ein älteres Vorbild zurückgeht, gehört noch hierher.

in jene grossen Reihencompositionen einzelne Motive herübergenommen und dem Ganzen eingefügt worden, welche vorher in kleineren in sich geschlossenen Bildern zuerst erfunden und vorgebildet waren. So ist doch wohl das Peliadenrelief mit der unfreien Bewegung der Figuren, den strengen, geradlinigen Gewandfalten älter als die entsprechende Platte der Nikebalustrade, auf der jenes Bewegungsmotiv mit grösserer Sicherheit, der reiche Wurf des Gewandes mit vollster Freiheit behandelt ist. Hier wie anderswo kann das Motiv aus einer gemeinsamen Quelle, der grossen Malerei, stammen, und wir werden uns damit begnügen müssen, unsere Reliefs ihrer stilistischen Verwandtschaft mit dem Parthenonfriese wegen im Allgemeinen derselben Zeit, also etwa den Jahren 445—435 zuzuweisen. Mag auch die Annahme, dass alle drei Stücke einen gemeinsamen Urheber in einem von Phidias' Genossen haben, zu gewagt erscheinen, so kann doch darüber kein Zweifel sein, dass sie nicht unabhängig von einander entstanden und nur durch den Zwischenraum ganz weniger Jahre von einander getrennt sein können.

Dieser enge Zusammenhang nun in Art, Form und Zeit der drei Reliefs berechtigt uns nicht nur, sondern legt uns vielmehr geradezu die Pflicht auf, für die drei Stücke auch eine allen in gleicher Weise entsprechende, gleichartige Bestimmung vorauszusetzen. Dies hat man denn in der That auch gethan, und indem man das Orpheusrelief als Grabmonument erklärte [1]), wurden die beiden andern mit grösserer oder geringerer Bestimmtheit mit in diese Deutung hineingezogen. Allein dass diese in keiner Weise dem Thatbestande entspricht, lässt sich, glaube ich, mit Sicherheit nachweisen.

Indem man für die drei Reliefs sepulcrale Beziehung voraussetzte, musste man sie als Darstellungen von Mythen auffassen, welche sepulcrale Ideen im Sinnbild vor Augen stellen sollen. Aber sind denn diese tragischen Peripetieen von Gattenliebe, Freundschaft, Kindesliebe geeignet, den Hinterbliebenen als trostreiche, versöhnende Gegenbilder eigener schmerzlicher Erfahrungen zu dienen? Der Orpheusmythos erzählt ja gerade, wie der schon gelungene Versuch, die Verstorbene wieder ins Leben zurückzuführen, eben durch die ungeduldige Liebessehnsucht des Gatten zuletzt doch misslingt. Das Peirithoosrelief zeigt, wie durch Herakles wirklich einer der beiden Freunde zur Oberwelt zurückgebracht wird, aber zu welchem menschlichen Verhältnisse könnte dieser Vorgang als geeignete Parallele dienen? Und wie sollen vollends die leichtgläubige Einfalt der Peliaden und die betrügerischen Verjüngungskünste der Medea dem Beschauer als ein sinniger, beziehungs-

---

[1]) Vgl. Archäol. Zeit. XXVI 1869 S. 74 (Pervanoglu); XXVII 1869 S. 16 (Curtius); XXIX 1872 S. 150 (Michaelis); Friederichs-Wolters 1198.

reicher Schmuck eines Grabmals erschienen sein? Während wir erwarten müssen, dass, wo die Kunst menschliche Erlebnisse unter dem
Bilde des Mythos verhüllt, dieser doch wenigstens in den Kernpunkten
eine einleuchtende Parallele bietet, müssten wir bei diesen Bildern
gerade von allen den tieferen charakteristischen Motiven der Sage absehen, um sie in den Ideenkreis der Grabmäler einzupassen.

Und wo giebt es überhaupt in der griechischen Sepulcralkunst
classischer Zeit eine Analogie dafür, dass unter dem Bilde eines Mythos
der Gedanke an Tod und Trennung, Wiedersehen und neues Leben
symbolisch dargestellt worden sei? In römischen Grabreliefs werden
wohl gelegentlich die Verstorbenen unter dem Bilde von Herakles und
Hebe (Friederichs-Wolters 1956), von Admet und Alkestis [1] u. A. dargestellt und so jenen mythischen Wesen gewissermassen gleichgesetzt.
Auf späten Sarkophagen finden wir heroische Sagen in widerlicher
Weise mit menschlichen Porträts verquickt, und nicht selten können
wir auch noch nachweisen, wie in die abgegriffenen Mythen — ge-
künstelt und geschmacklos genug — eine Beziehung zu Leben und
Tod des Verstorbenen hineinallegorisiert wird. Aber für dieses äusserliche seelenlose Spielen mit parallelen Ereignissen der Sagengeschichte
findet sich auch nicht einmal ein Ansatz in der Kunst des fünften
Jahrhunderts. Denn gewiss darf man sich hiefür nicht auf die trauern-
den Frauenstatuen berufen, die in uns heute den Gedanken an Penelope als mythisches Gegenbild weiblicher Tugend erwecken (Petersen,
Bull. d. comm. archeol. 1888 S. 208); wenn auch schon in antiker Kunst
diese Figur, wozu sie ja vollkommen sich eignete, in jenem speciellen
Sinne verwendet wurde, so soll sie doch ursprünglich nur das Motiv
des häuslichen treuen Weibes verkörpern, wie ja auch andere trauernde
Gestalten als Grabfiguren erscheinen; vgl. Furtwängler, Samml. Sabouroff
zu T. XV [2].

Immer und überall spiegeln die Grabsteine nur Scenen realen,
menschlichen Lebens wieder, und wenn vereinzelt der Todesgott selbst
mitdargestellt wird, da tritt er eben mitten in den Kreis der Lebenden.

---

[1] Vgl. das Relief aus Aquileia CIL V 8265 (Dütschke, Arch. Zeit. XXXIII 1875
S. 78), das übrigens nach Gregorutti, Antiche lapidi di Aquileia (1877) S. 7 von einem
Sarkophago aus der Antoninenzeit stammt. Späte und schlechte Arbeit ist auch das
Relief in Villa Mattei, Matz-Duhn III S. 231, n. 4080 (Inghirami, Galer. Omer. I T. 90;
Overbeck, Gall. heroischer Bildw. T. XVI 47, S. 405), dessen Deutung auf Hektor
und Andromache ebenso zweifelhaft ist, wie seine Beziehung auf den Grabcult.

[2] Wenn der Verstorbene mit Attributen des Hermes gebildet wird, so gehört
das natürlich nicht in das Gebiet mythischer Allegorie, sondern unter die Beispiele
von Heroisierung; vgl. zuletzt Conze, Grabstatue aus Tarent (S.-B. der Berliner Akademie 1884 S. 622 f.).

So führt er auf der Grablekythos der Myrrhine (Friederichs-Wolters 1081), auf dem attischen Grabstein Sybel 110 (Schöne, Gr. Reliefs T. 29, 121), auf der Amphipolitaner Stele in Verona[1]) den Verstorbenen aus dem Kreise der Hinterbliebenen hinweg, so steht er auf einem grossen altarförmigen Grabstein (aus Rhencia?) im Brit. Museum (Michaelis, Arch. Zeit. XXIX S. 150) neben dem Ehepaar, das sich zum Abschied die Hände reicht[2]). Das ist keine Allegorie, sondern nur eine künstlerisch verklärte Verkörperung der religiösen Idee, dass Hermes als Psychopompos die Seelen geleite[3]), ein milderes und vornehmeres Bild des Sterbens, das sonst auch in seiner pathologischen Erscheinung mehrfach auf Grabreliefs dargestellt war[4]).

Ebensowenig darf man aber das Orpheus- und das Peirithoosrelief als allgemeine Bilder aus der Unterwelt fassen[5]). Dagegen spricht nicht nur ihr enger Zusammenhang mit dem Peliadenrelief, das eine solche Deutung durchaus nicht zulässt, sondern vor Allem wiederum der Mangel einer Analogie aus classischer griechischer Zeit. Denn solche Unterweltsbilder finden sich wohl in unteritalischen Vasen, auf etruskischen Grabgemälden und Urnen und vereinzelt in römischen Columbarien, aber niemals auf griechischen Grabsteinen des fünften oder vierten Jahrhunderts. Hier erscheinen überhaupt mythische Darstellungen erst in hellenistischer Zeit; diese sind aber dann wie die Amazonen-

---

[1]) Maffei, Mus. Veron. 41, 1; CIG 2010; Dütschke, Ant. Bildw. V S. 175, 409. Dass das ebenfalls in Verona befindliche Relief Müller-Wieseler, Denkm. a. K. II T. 30, 329 nicht in diesen Kreis gehört, hat Michaelis, Arch. Zeit. XXIX 1872 S. 150[65] mit Recht bemerkt. Das schöne Relief in Neapel (Gerhard und Panofka, S. 139, 524; Arch. Zeit. XXIX T. 53[a], 3), das Hermes neben einem Jüngling und einer Frau darstellt (vgl. Schöne, Gr. Reliefs T. XIV 69), ist gewiss nicht als Grabrelief zu fassen, da die Frau durch ihre Tracht in das Gebiet der Mythologie weist.

[2]) Vgl. jetzt Weisshäupl, Grabgedichte der griech. Anthologie S. 101.

[3]) In ähnlicher Weise ist das Erscheinen des Charon auf Grablekythen und Reliefs zu fassen. Die Beispiele letzterer Art sind übrigens neuerdings ganz zweifelhaft geworden; über das grosse Relief vom Dipylon, das auf Charon gedeutet worden ist (Salinas, Monum. sepolcr. T. I L, 4 B; Friederichs-Wolters 1057), vgl. zuletzt Duhn, Arch. Zeit. XLIII 1885 S. 6[14]. Auf der Stele Sybel 118 ist nicht Charon, sondern ein Schiffer oder Fischer zu erkennen, wie Heydemann, Athens Ant. Bildw. 50 richtig erkannt hat.

[4]) Vgl. Brückner, S.-B. der Wiener Akademie CXVI S. 514f.

[5]) Das Vorhandensein mehrerer Repliken des Orpheusreliefs wird man heute, nachdem Michaelis auch von dem Peliadenrelief drei Exemplare nachgewiesen hat (Jahrb. d. Inst. III S. 225f.), nicht mehr für sepulcrale Bestimmung anführen dürfen. Und selbst wenn in römischer Zeit ein Fall derartiger Verwendung sich nachweisen lassen sollte, so könnte dies bei der Verschiedenheit der Richtung und Denkart, welche der griechische und römische Grabschmuck zeigt, nichts für die ursprüngliche Bestimmung der Originale des fünften Jahrhunderts beweisen.

und Kentaurenkämpfe auf den Steinen von Apollonia (Monum. grecs VI 1876) und Chios (Athen. Mitth. d. Inst. XIII S. 200, T. III) in ihrer ursprünglichen Bedeutung kaum noch empfunden und zum abgegriffenen Ornament herabgesunken; vgl. Brückner, Athen. Mitth. d. Inst. XIII S. 373 f.

Demnach ist also sepulcrale Verwendung der drei Reliefs durch ihren Inhalt ebenso ausgeschlossen, wie eine rein decorative durch die Zeit ihrer Entstehung. Gegen die von Brunn in Erwägung gezogene Möglichkeit, dass sie als decorativer Wandschmuck eines Tempels verwendet worden seien, spricht ihre tektonische Form ebenso wie ihr Inhalt, der sich einem gemeinsamen religiösen Rahmen schwerlich einfügen liesse. Es bleibt also nur die Möglichkeit, dass die Reliefs zu anathematischem Zwecke geschaffen seien und dafür spricht auch ihre Form, die in gleichzeitigen Votiven ihre Analogieen hat [1]).

Aber in welchem Zusammenhange könnten diese drei Reliefs als geeignete Weihgeschenke erscheinen? Weder zum Culte noch zu dem Leben eines Einzelnen stehen sie in irgendwelchem verständlichen Verhältniss; aber deutlich tritt eine Eigenthümlichkeit hervor: ihre Beziehung zum Drama. Alle drei athmen unverkennbar den Geist der Tragödie; in allen dreien sind durch eine Dreiheit von Personen, die an die Dreizahl der Hauptschauspieler erinnert, Höhepunkte einer tragischen Verwicklung dargestellt, nicht in bühnenmässig packender Art, wie der Dichter sie vor Augen geführt, sondern gemäss dem sichern Takt und immanentem Zweckbewusstsein classischer Kunst in Gestaltungen, die in ihren eigenen Gesetzen begründet sind und durch Darstellung eines fein gewählten Einzelnomentes das Ganze nach den Bedingungen bildnerischen Könnens reflectieren. So drängt alles mit innerer Nothwendigkeit zu der Annahme, dass unsere Reliefs in unmittelbarer, äusserer Beziehung zum Drama gestanden haben, dass sie Weihgeschenke seien, die gelegentlich dramatischer Aufführungen jener Zeit (445—430) gestiftet worden sind. Freilich eine gesicherte Rückführung der drei Reliefs auf bestimmte Tragödien sind wir nicht im Stande vorzunehmen. Das Orpheusrelief würde etwa einem Drama entsprechen, das an äusserer Handlung und innerer Motivierung der Alkestis des Euripides gleichstünde, ohne dass es natürlich jener Zuthaten bedurfte, die dort an das Satyrspiel gemahnen sollen. Für das Peliadenrelief sind des Euripides Peliaden mehr als durch ihr frühes Aufführungsjahr (455) durch den Umstand ausgeschlossen, dass sie nicht den Sieg gewannen; doch ist ja derselbe

---

[1]) Vgl. Milchhöfer, Athen. Mitth. d. Inst. V S. 219. Für Grabstelen lässt sich in Attika diese Form wenigstens nicht mit Sicherheit nachweisen; vgl. Brückner, Ornament u. Form S. 61, 83 und dazu Winter, Athen. Mitth. d. Inst. XII S. 111.

Stoff wiederholt behandelt worden, wie beispielsweise das Didaskalien-fragment CIA II 973 (vom Jahre 342/41) lehrt. Das Peirithoosrelief wird man nicht mit Wilamowitz, Anal. Eurip. S. 168 mit dem gleichnamigen Stücke des Kritias, das nach 411 aufgeführt zu sein scheint, in Ver-bindung bringen dürfen; denn in diesem wurden beide Freunde durch Herakles an die Oberwelt zurückgebracht, was den Motiven der Dar-stellung nicht entspricht. Offenbar soll ja eben durch den Gegensatz des stehenden, zum Aufbruch bereiten Theseus und des in unfreier Haltung sitzenden Peirithoos das verschiedene Schicksal der beiden Genossen angedeutet werden (vgl. S. 131). Die weitere Frage, ob die populäre und ältere Version, wonach Theseus allein befreit wird, einem euripideischen Drama — das später durch das Stück des Kritias in den Hintergrund gedrängt worden sein könnte, ähnlich wie der Rhesos — zu Grunde gelegen habe (vgl. Petersen, Arch. Zeit. 1877 S. 119), oder ob unser Relief auf ein anderes Drama dieses Sagenkreises zurück-gehe [1]), kann als eine rein litterarhistorische hier ausser Betracht bleiben. Auch die sich unwillkürlich aufdrängende Vermuthung, dass drei Stücke, die soviel Gemeinsames in sagengeschichtlicher und psychologischer Moti-vierung enthielten, auch in einer Trilogie beisammen gestanden hätten, wird man bei der Unsicherheit der Prämissen nicht weiter verfolgen dürfen.

Die behandelten Reliefs stützen sich wechselseitig in ihrer Deutung und haben ausserdem eine genügende Parallele in den vorher be-sprochenen Bildern. Es darf nicht Wunder nehmen, wenn nur eine scheinbar so geringe Zahl von Reliefs der bezeichneten Art in den Rahmen dieser Untersuchung sich einfügen lässt. Denn überhaupt haben ja die Choregen gewiss nur in einem Bruchtheil von Fällen Darstellungen des dramatischen Stoffes zum Gegenstand ihrer Weih-geschenke gewählt; dann aber haben sie natürlich in der Regel der Malerei, die den an Handelnden und Handlung reichen Scenen drama-tischer Höhepunkte leichter und voller gerecht werden konnte, den Vorzug gegeben vor der Reliefsculptur; diese wird also überhaupt nur vereinzelt herangezogen worden sein. Auch ist ja die Zahl von Reliefs älterer Zeit, welche mythische Stoffe ohne deutliche Beziehung zum Cultus behandeln, nur sehr gering.

Das schöne Relief in Villa Albani (Zoega, Bassiril. I T. 47), welches etwa dem zweiten Drittel des fünften Jahrhunderts angehören mag, könnte man hierherziehen wollen, wenn Winckelmann's Deutung des-selben auf Kapaneus gesichert wäre. Es stellt einen nackten bärtigen

---

[1]) Ein Πειρίθοος scheint unter den Tragödien von 421/20 CIA II 972 aufgezählt zu werden. Auch Achaios soll einen Peirithoos gedichtet haben.

schildbewehrten Mann dar mit einer Binde im Haar, der infolge eines
von oben kommenden Schlages ins Knie gesunken ist und mit der
Rechten nach dem Hinterkopfe greift, wo er zu Tode getroffen worden
ist. Aber die Gestalt erscheint nicht genügend charakterisiert, um als
Einzelfigur einen beziehungsreichen Mythos zu verkörpern, und so liegt
die Annahme nahe, dass das Relief nur Bruchstück eines grösseren
Ganzen sei, wie ja ähnliche Figuren mehrfach in friesartigen Kampf-
scenen, z. B. der Troerschlacht des Heroon von Gjölbaschi-Trysa,
wiederkehren. Ebensowenig wird man die bekannte Reliefcomposition
von „Paris vor Helena" (Friederichs-Wolters 1873) als scenisches Anathem fassen können, obgleich sie auch in ihrer gegenwärtigen Gestalt
wohl noch in die erste Hälfte des vierten Jahrhunderts hinaufreicht und
in Erfindung und Stimmung auf ältere Vorbilder zu weisen scheint[1]).
Dagegen mag sich wohl in jüngern Umbildungen manches zu derartigem
anathematischen Zwecke geschaffene Relief erhalten haben; von solchen
Originalen könnten einige der grossen „alexandrinischen" Reliefs angeregt sein, deren Verwendung als Wandbilder Schreiber wahrscheinlich gemacht hat, die aber gewiss so wenig wie die pompeianischen
Wandbilder erst für decorative Zwecke erfunden worden sind. Und
ein Nachhall ähnlicher scenischer Reliefs könnte noch in manchen
der späten Compositionen etruskischer Aschenkisten und römischer
Sarkophage vorliegen, die so vielfach dramatische Bearbeitungen mythischer Stoffe wiedergeben, wo freilich in den meisten Fällen die Abhängigkeit von Gemälden wahrscheinlicher ist.

Eine weitere Stütze gewinnt unsere Behauptung, wenn auch bei
Komödien dieselbe Art von Weihgeschenken sich nachweisen lässt.
Natürlich wird das Verhältniss von Kunst und Schauspiel hier ein verschiedenes sein. Es versteht sich von selbst, dass die auf Tragödien
bezüglichen Votivpinakes classischer Zeit nicht tragische Schauspieler
in ihrem Theatercostüm wiedergaben, welches zwar in der Orchestra
in Folge conventioneller Gewöhnung den Eindruck des Gewaltigen und
Erschütternden zu erhöhen schien, aber auf anderes Gebiet übertragen,
nur den Ernst und die Würde des Bildes beeinträchtigt hätte[2]). Da-

---
[1] Hierin erinnert sie einigermassen an Bilder wie des Aristophon *numerosa
tabula, in qua sunt Priamus Helena Credulitas Deiphobus Ulixes Dolus.*

[2] Erst die realistische Richtung, die sich seit Mitte des vierten Jahrhunderts
Bahn bricht, scheint dann so weit gegangen zu sein, auch Scenen der Tragödie in
Theatercostüm vorzuführen. Das älteste Beispiel giebt vielleicht das erwähnte Bild
des Aristeides *trajoedus et puer* s. o. S. 129. Hier haben Bilder ihren Ursprung, wie
die von Maass, Mon. d. Inst. XI T. 30 ff. (Ann. 1881 S. 109 ff.) veröffentlichten Fresken
u. A. Auch auf dem Gebiete der Vasenmalerei wird die Abhängigkeit der Darstellungen
vom Drama erst in jüngerer Zeit durch Herübernahme des äussern Theaterapparates
zum Ausdruck gebracht.

gegen dürfen wir bei den in Anlehnung an die Komödie entstandenen
künstlerischen Darstellungen von vornherein voraussetzen, dass hier im
Gegentheil Costüm und Masken, wenn auch mit gewissen Beschränkungen, herübergenommen worden seien, da ja diese auch im Abbild
zur Erhöhung der Komik beitrugen. Wir haben freilich in der litterarischen Ueberlieferung kein ausdrückliches Zeugniss für derartige
Votivbilder, denn ob des Calates *comicae tabellae* (Plin. 35, 114) hieherzuziehen seien, muss bei der Unsicherheit, die über die Lebenszeit
dieses Malers herrscht, zweifelhaft bleiben[1]). Doch besitzen wir vielleicht den Rest eines ähnlichen Anathems in einem athenischen Relieffragment, das L. Gurlitt, Arch. Zeit. XXXIX 1881 S. 58 veröffentlicht
hat (Sybel 2200)[2]). In der Mitte der leider stark verscheuerten Darstellung sehen wir in Vorderansicht einen Mann, den zwei Gestalten
von beiden Seiten umfassen; links läuft ein Mann nach links, beide
Arme hoch gehoben, offenbar hilfeschreiend, während von der andern
Seite ein Mann herbeieilt, der mit dem rechten Arm nach rückwärts
ausholt, wie um einen Stein zu schleudern. So schwer es ist, die Situation im Einzelnen bestimmt zu deuten, so wenig kann ein Zweifel darüber bestehen, dass hier die Darstellung einer Komödienscene zu erkennen ist. Gewiss aber diente dieses ganz flache Relief nicht, wie
Gurlitt meint, als Schmuck eines choregischen Baues; vielmehr bildete
es den oberen vorspringenden Rand einer grösseren, die Hauptdarstellung tragenden Relieftafel, von der am untern Rande noch der Ansatz der zurücktretenden Fläche mit deutlichen Spuren der Reliefbearbeitung erhalten ist. Eine Analogie zu solcher selbstständigen Ornamentierung eines oben vortretenden Randes giebt beispielsweise das
Grabrelief von Aegina (Friederichs-Wolters 1012; Κεντρικὸν Μουσεῖον 131),
das an dieser Stelle einen hohen Palmettenstreifen trägt.

Häufiger mögen kleinere Pinakes mit komischen Darstellungen
geweiht worden sein; einem solchen hat vielleicht das athenische Relieffragment Sybel 7098 angehört[3]). Von derartigen Vorbildern abhängig, wenn auch selbst kaum mehr als Weihgeschenk gearbeitet, ist
das Neapler Theaterrelief hellenistischer Zeit (Mus. Borbon. IV 24)[4]),

---

[1]) Den Cabinetsmalern der Diadochenperiode rechnet ihn Helbig zu (Unters.
z. Campan. Wandm. S. 132).

[2]) Pentel. Marmor; 26 Cm. hoch, 61 breit, 19 dick. Das Relief mag noch der
zweiten Hälfte des vierten Jahrhunderts angehören.

[3]) Linke obere Ecke eines Reliefs in Rahmen (30 Cm. hoch): Mann nach rechts
vorschreitend, Rechte rückwärts hoch gehoben, mit Stock ausholend, gegürteter Rock
(ab Gesicht, linker Arm, Unterfigur). Dagegen wird man das Fragment Sybel 418
(Le Bas 89, 2) kaum hieherziehen dürfen.

[4]) Gerhard, Neapels Ant. Bildw. S. 131, 495; Ficoroni, De larvis sconicis (Rom
1750) T. II S. 11 ff.; Wieseler, Denkm. d. Bühnenw. T. XI 1; Schreiber, Kulturhist.

142

dessen richtige Deutung Kekulé (Bonner Kunstmus. n. 448) gegeben
hat. Rechts naht der leichtsinnige Sohn, jubelnd und angetrunken,
auf seinen Sklaven gestützt, während ein vorausschreitender Knabe
die Flötenmusik besorgt. Von links her stürzt ihm der Vater zornig
entgegen und wird von einem andern Manne, vermuthlich einem Freunde
oder Nachbarn beschwichtigend zurückgehalten. Das Ganze ist wie
eine Illustration zu einem Stücke der jüngern attischen Komödie, aus
der uns Plautus und Terenz mehrfach ähnliche Scenen überliefert
haben.

Das Fragment eines andern Komödienreliefs findet sich im Museo
Lapidario zu Verona (Maffei, T. CXXVI, 6; Wieseler a. a. O. T. *A* 28;
Dütschke a. a. O. IV S. 203, 462). Eine nur mit Himation bekleidete
Figur mit komischer Maske wird von einem Knaben, der seinen Kopf
unter die rechte Achsel des Mannes gelegt hat, gestützt und vorwärts-
geschoben; im Hintergrund ist noch die Thüre eines Hauses erhalten.
Ein drittes Fragment (Clarac II T. 113, 325, S. 766; Mus. Napoléon IV
30; Wieseler a. a. O. T. X 10) mit der Darstellung einer Komödienfigur
vor einem Vorhang findet sich im Louvre. Wie für diese Stücke decorative Verwendung wahrscheinlich ist, so ist sie sicher für einige Terracottareliefs mit verwandten Darstellungen, wie das im Louvre Ann. d.
Inst. 1859 T. O[1]) und das entsprechende Fragment im Mus. Kircheriano.

Auf Grund dieser Analogieen in Malerei und Reliefsculptur liegt
es nahe, anzunehmen, dass der Inhalt des Dramas gelegentlich
auch in statuarischen Anathemen dargestellt worden sei. Es würde
ja einer auch sonst beobachteten Entwicklung entsprechen, wenn
an Stelle der Tafeln in der Art des Orpheusreliefs später Hochreliefs
in naiskenartigen Nischen — wovon das Xenoklesmonument ein Beispiel
zu geben scheint —, endlich auch freigearbeitete Sculpturen traten. In
der That ist im Jahre 1855 im Gebiete der Tripodenstrasse gleichzeitig
mit der oben S. 94 besprochenen Dreifussbasis ein Kopf gefunden
worden, der eine bärtige Maske mit kahler Stirn, über die Schläfen
fallendem Haar, Haarbinde, eingefallenen Wangen, breiter Nase und
grossen Ohren trug (Sybel 3863; Ἐφημ. ἀρχ. 2 T. 29, 2) und also
offenbar einer Figur (einem Pädagogen?) aus der Komödie angehörte;
vgl. Bursian, Arch. Anz. 1855 S. 54*. Aus dem Theater selbst stammen
zwei Fragmente von hohlen Maskenköpfen mit Stiftlöchern für Bronze-

Bilderatlas T. III 2. Mit dem Neapler Relief ist das von Pirro Ligorio beschriebene
Stück (vgl. Dessau, Berliner S.-B. 1883 S. 1104, 31) vermuthlich identisch, wenn auch
Ligorio ausdrücklich der flötenspielenden Person eine Maske zuschreibt, was zum
Neapler Relief nicht stimmt.

[1]) Schreiber a. a. O. T. III 4; Campana, Opere in plast. T. 98; eine Replik davon
befindet sich im Kestnermuseum zu Hannover; vgl. Wieseler, Ann. d. Inst. 1859 S. 389·

kränze, der eine kurzlockig und mit phrygischer Mütze bedeckt, der andere mit vorne kranzartig in dichten Locken zusammengekämmtem Haare (Sybel 3879; 3881). Dazu kommen noch einige andere Maskenköpfe in den athenischen Museen, deren Fundort nicht genauer bestimmt ist[1]). Sie mögen wenigstens zum Theil von anathematischen Statuen herrühren, welche die Rollen eines siegreichen Dramas verkörperten. Zum Theil können sie freilich auch in rein decorativer Absicht, etwa zum Schmuck des Theaters geschaffen worden sein; vgl. S. 144. Aber es ist wohl denkbar, dass die zahlreichen Statuetten von Schauspielern in Costüm und Masken (Clarac V T. 873 f.) ihre Vorbilder in solchen anathematischen Darstellungen haben, die zunächst bei der Komödie üblich geworden sein können. Denn gewiss sind Personen der Tragödie erst seit hellenistischer Zeit in Costüm und Masken von der Kunst vor Augen gestellt worden; vgl. S. 140.

Eine ältere Zeit hat gewiss auch hier die Theaterhelden bloss in ihrer dichterischen, nicht in ihrer äusserlichen bühnenmässigen Erscheinung wiedergegeben[2]). Ein solches Werk, für dessen dramatisch-pathetisches Motiv eine befriedigende Deutung anderweitig bisher sich nicht hat finden lassen, ist vielleicht des Silanion „sterbende Jokaste". Sie würde gut sich geeignet haben als charakteristisches Mnema für eine gleichnamige Tragödie — etwa aus der ersten Hälfte des vierten Jahrhunderts[3]) —, in der die Schicksale der thebanischen Königin in ähnlicher Weise wie in des Euripides Phönissen behandelt sein mochten. Für die Jokaste Silanion's und eine Reihe anderer Statuen[4]) hat schon Urlichs[5]) Beziehung zum Drama vermuthet, in dem Sinne, dass sie

[1]) Einen tragischen Maskenkopf verzeichnet Sybel 3255 ohne nähere Angaben; Fragmente dreier anderer Maskenköpfe bei Sybel 6130, 6—8, alle in Lebensgrösse, einer sicher komisch, die andern unbestimmbar. Einen lebensgrossen komischen Maskenkopf weist Sybel 6902 vermuthungsweise einem Schauspieler zu.

[2]) Von den Basen mit Künstlerinschriften, die im Theater gefunden worden sind, hat der grössere Theil wohl Dichterstatuen getragen; andere, wie die des Sthennis (Loewy, I. gr. Bildh. 541) dienten vermuthlich Anathemen; ob sie Statuen aus dionysischem Kreise oder Bilder von Theaterhelden trugen, lässt sich natürlich nicht entscheiden.

[3]) Zum Zeitansatz vgl. Michaelis, Festschrift f. E. Curtius S. 112.

[4]) Des Praxiteles „signa diversos affectus exprimentia flentis matronae et meretricis gaudentis" wird man schwerlich als Komödienfiguren fassen dürfen, vgl. Furtwängler, Dornauszieher S. 91[43]; über des Leochares angebliche Gruppe eines Sklavenhändlers mit einem verschmitzten Knaben s. W. Klein, Arch.-epigr. Mitth. a. Oesterr. VII S. 73; über die Παννυχίς des Euthykrates, in der man eine Figur aus der jüngern Komödie vermuthet hat, s. Kalkmann, Rh. Mus. XLII S. 497.

[5]) Observat. de arte Praxitel. (Progr. v. Würzburg 1858) S. 14; Verhandl. der XX. Philologenvers. S. 48.

zum Schmucke des Theaters gedient hätten. Allein in solcher Weise können Statuen natürlich erst in der Zeit des ausgebildeten Schauspielhauses verwendet worden sein; Beispiele dafür kennen wir erst aus jüngerer Zeit, namentlich aus römischen Theatern, die wohl auch hierin hellenistische Vorbilder copiert haben werden[1]). Will man daher nicht etwa annehmen, die Statue der Jokaste sei bloss um des künstlerischen Motivs willen geschaffen worden, so wird die Vermuthung, sie sei als Weihgeschenk eines scenischen Choregen bestimmt gewesen, am meisten Wahrscheinlichkeit beanspruchen dürfen. Dagegen wird eine solche Bestimmung für die von Alkamenes geweihte Statue von Prokne und Itys (Paus. I 24; 3, vgl. Michaelis, Athen. Mitth. d. Inst. I S. 304) durch ihren Standort wenig empfohlen. Ebensowenig wird man bei älteren Werken, wie dem *claudicans* des Pythagoras oder Arbeiten hellenistischer Zeit, wie dem reuigen Athamas des Aristonidas, eine unmittelbare Beziehung zum scenischen Wettspiel annehmen dürfen.

Die zuletzt behandelten Gruppen von Weihgeschenken entnehmen ihren Inhalt dem siegreichen Drama und gehören so zu jener grossen Classe von Anathemen, welche unmittelbar das die Weihung veranlassende Ereigniss vor Augen stellen wollen (vgl. S. 11). Aber sehr häufig scheinen die scenischen Choregen sich begnügt zu haben, gemäss der S. 14 besprochenen Sitte, einzelne Gegenstände zu weihen, welche bei dem Wettspiel im Theater eine Rolle gespielt haben. Zunächst kommt hier in Betracht die Weihung des „Werkzeuges", d. i. also des ganzen äussern Rüstzeuges der Schauspieler. Der Sprecher von Lysias' XXI. Rede sagt §. 2 ff.: ἀνδράσι χορηγῶν ... ἐνίκησα καὶ ἀνήλωσα σὺν τῇ τοῦ τρίποδος ἀναθέσει ... κωμῳδοῖς χορηγῶν ἐνίκων καὶ ἀνήλωσα σὺν τῇ τῆς σκευῆς ἀναθέσει ... Der Weihung des Dreifusses ist also hier die Weihung der σκευή gleichgestellt; σκευή ist der theatralische Apparat, insbesondere die Masken und die charakteristischen Attribute der Schauspielerrollen[2]). In ähnlicher Weise weiht ein Agonothet auf Teos (Le Bas, Asie min. 92) τὰ πρόσωπα καὶ τοὺς στεφάνους. Und dass diese Sitte der Maskenweihung in Athen schon von Alters her üblich gewesen sei, darf man vielleicht aus einem Fragment von Aristophanes' Geras (131 Kock) schliessen,

---

[1]) Ein solches decoratives Werk ist ja wohl die Medeagruppe, die in mehreren Varianten zu Arles (Arch. Zeit. XXXIII T. 8, 2), Aquincum und im Museum zu Budapest (Archaeol. Értesitő 1889 S. 25 und S. 31) auf uns gekommen ist. Auf Werke gleicher Bestimmung beziehen sich wohl die Statuenbaron von Frascati mit den Unterschriften Telemachos und Orestes, die vermuthlich durch Fulvius Nobilior aus einem aetolischen Theater dorthin gekommen sind; vgl. Urlichs, Kunstwerke im republikan. Rom S. 9.

[2]) Vgl. Aristoph. Pac. 762; Schol. Aristoph. Vesp. 1312; Aristot. Oecon. p. 1344ᵃ; Anthol. Pal. XI 189; Poll. IV 115 (II 47; X 190).

wo auf die Frage τίς ἄν φράσεις ποῦ 'στι τὸ Διονύσιον geantwortet wird: ὅπου τὰ μορμολυκεῖα προσκρεμάννυται. Unter diesen μορμολυκεῖα „Masken" sind gewiss derartige Anatheme zu verstehen, die ja zum Theil auch von einzelnen Schauspielern herrühren mochten; vgl. S. 62. In welcher Art eine solche Weihung geschehen konnte, zeigt uns das bekannte pompeianische Wandgemälde Mus. Borbon. I 1 (Helbig 1460) und die Theatertessera Mon. d. Inst. VIII 52, 732 mit der Inschrift Θεοφόρου Μενάνδρου, auf der wir drei komische Masken, jede einzeln auf einer

Fig. 13. Maskenrelief aus dem athenischen Theater.

cylindrischen bindengeschmückten Basis aufgestellt, sehen[1]). Oefter noch als die wirklich verwendeten Masken weihte man eine Nachbildung davon; auch hier hat man dann wohl die Masken der Hauptrollen der betreffenden Tragödie oder Tetralogie ausgewählt. Noch auf den

---

[1]) Masken auf stufenartigen, viereckigen oder runden Basen finden sich in der decorativen Kunst späterer Zeit sehr häufig; vgl. Roux-Kaiser, Hercul. u. Pomp. III 44; IV 42 f. u. s.

von Robert, Arch. Zeit. XXXVI 1878 S. 13 ff., T. 3—5 besprochenen pompeianischen Wandgemälden sind ja die zu je einem Drama gehörigen Masken gruppenweise zusammengestellt. In Athen, zum Theile im Dionysosheiligthum selbst sind zahlreiche Fragmente von Maskenreliefs gefunden worden, die als solche Anatheme scenischer Choregen gedient haben können. Zwei solche Relieftafeln sind hier nach Zeichnungen Gilliéron's wiedergegeben. Auf der grösseren (72 Cm. hoch, 66 Cm. breit, Sybel 961; Arch. Zeit. 1866 S. 170*; Abbildung 13) sehen wir sechs tragische Masken mit langem Lockenhaar in höchstem Relief in zwei Reihen übereinandergeordnet, schief nach vorne geneigt, also

Fig. 14. Maskenrelief in Athen.

auf die Ansicht von unten berechnet; die 14 Cm. dicke Platte entbehrt einer architektonischen Umrahmung, zeigt aber rechts oben und links unten ein Loch zur Verdübelung. Grösser war die Zahl der Masken in dem kleineren Relief (Abbildung 14)[1]; erhalten ist nur die linke Hälfte mit sechs tragischen Masken, die in drei Reihen übereinandergeordnet sind: im Ganzen waren es also mindestens zwölf. Die Auswahl einer grösseren Zahl von Masken hieng ja von dem Belieben des Choregen ab, der auch die chorischen Masken mit darstellen lassen konnte. Während Pervanoglu für das erste Relief decorative Bestimmung vermuthet hat, ist wenigstens bei dem kleineren Relief selbstständige Verwendung durch die architektonische Umrahmung sichergestellt. Aehnlichen Votivtafeln gehörten gewiss auch die andern zahlreichen Fragmente mit Maskendarstellungen an, die, wenn nicht alle, doch sicher zum grössten Theile aus dem Dionysion stammen werden[2]. Und diese Sitte der

---

[1] Ungenügend publiciert bei Le Bas, Mon. fig. T. 57; die Platte ist 30 Cm. hoch, 20 Cm. breit, 10 Cm. dick; der 5 Cm. breite Rand springt 2 Cm. vor.

[2] Sybel 3875. 3877. 3882 f. 3968. 3978 (aus dem Theater); 1069 ff. 3256. 3467. 3531. 4095. 4107. 4111 f. 4145. 4155. 4803. 5744. 6130, 25—27. 6475. 6566. 6810.

Maskenweihung wird kaum auf Athen allein beschränkt gewesen sein [1]). Hier haben dann auch die in alexandrinischer und römischer Zeit so häufig decorativ verwendeten Relieftafeln mit drei oder vier Masken, die in der Regel bacchisch, selten theatermässig sind, ihren Ursprung [2]). Seltener natürlich wie die Weihung des „Werkzeuges" war die Weihung des „Preises", da ja der Ehrenlohn, den der Chorege erhielt, nur in einem tänienumwundenen Kranz bestand, den als einziges Anathem darzubringen unwürdig und ärmlich erscheinen musste. Wenn der Agonothet der teischen Inschrift zusammen mit den Masken auch Kränze weiht, so sind dies wohl eher die während der Aufführung getragenen Kränze als Preiskränze. Ein oder das andere Mal aber mochte wohl ein Chorege auch eine Nachbildung des Ehrenkranzes in edlem Metalle weihen; wer auch diese Kosten scheute oder sich mit Weihung eines Siegeszeichens aus billigem Material dem Gotte gegenüber glaubte abfinden zu können, der verfiel der gerechten Nachrede der ἀνελευθερία, welche Theophrast folgendermassen charakterisiert (Charakt. 22 S. 86, 6): ἡ δὲ ἀνελευθερία ἐστὶ περιουσία τις ἀποφιλοτιμίας δαπάνης ἔχουσα, ὁ δὲ ἀνελεύθερος τοιοῦτός τις οἷος νικήσας τραγῳδοῖς ταινίαν ξυλίνην ἀναθεῖναι τῷ Διονύσῳ ἐπιγράψας μὲν αὑτοῦ τὸ ὄνομα. Und damit dürfte der Kreis scenischer Weihgeschenke, soweit wir auf Grund der Ueberlieferung und nach Analogieen Schlüsse darüber ziehen können, erschöpft sein.

7134. Bei einem oder dem andern dieser Stücke ist decorative Verwendung oder Benützung als Wasserspeier (z. B. bei 6566) denkbar.

[1]) In den Inventaren von Delos erscheint Bull. de corr. hell. II S. 325 Z. 5 ein πίναξ πρόσωπα ἔχων τρία; doch ist möglich, dass hier πρόσωπα in allgemeiner Bedeutung gesagt ist, wie es beispielsweise in den Inventaren des Hypsokles (Bull. de corr. hell. VI S. 110 [1]) heisst: φιάλη, ἔκτυπα ἔχουσα Περσῶν πρόσωπα, Κτησύλιος ἀνάθημα.

[2]) Besonderes Interesse hat das Relieffragment Mus. Borbon. IX T. 60, 2 (danach Wieseler, a. a. O. V 37), wo neben drei Masken auch ein Tempel, natürlich des Dionysos, dargestellt ist.

Nachträge.

S. 6. Ueber die λέβητες in den kretischen Inschriften vgl. jetzt Svoronos, Bull. de corr. hell. XII S. 405 ff.

S. 13¹. Ueber die Statue der Leaina vgl. R. Jacobi, Fleckeisen's Jahrb. f. Philol. 1873 S. 366 f.

S. 17. Das als δεκάτη neben den Fesseln geweihte Viergespann auf der Akropolis könnte auch einen directen Bezug auf die gemachte Siegesbeute haben, da ja Boeoter und Chalkidier noch in historischer Zeit sich der Streitwagen bedient zu haben scheinen; vgl. Bauer in Iw. Müller's Handb. d. Alterthumswiss. IV 1, S. 297.

S. 19. Neben dem Apollon von Piombino könnte noch auf die Statuette in Paris, Ann. d. Inst. VI (1835) T. *E* (Rochl, IGA 549) verwiesen werden. Einen trefflichen Beleg für die fortdauernde Verwendung derartiger Votivstatuen in römischer Zeit giebt die Wiener Bronze aus Virunum (Sacken, Bronzen des k. k. Münz- und Antikencabinets I T. 21 f.; Friederichs-Wolters 1562).

S. 27. Ueber den Typus des Apollon Kitharodos vgl. noch Studniczka, Röm. Mitth. d. Inst. 1888 S. 296.

S. 35. Zu dem Votivpinax des Alkibiades vgl. Kalkmann, Pausanias der Perieget S. 61; Klein, Arch.-epigr. Mitth. a. Oesterr. XII S. 93.

S. 42. Auch auf Vasen wird der Pentathlonsieger gelegentlich in der Uebung des Diskoswerfens gezeigt, so auf dem panathenäischen Gefäss bei Fiorelli, Vasi Cumani T. 18; vgl. Journ. of hell. stud. I T. 8; Monum. d. Inst. X T. XLVIIIg, 10.

S. 44. Pythagoras' Knabenstatue mit der *tabella* hat mittlerweile Urlichs, Rhein. Mus. XLIV S. 264 in ähnlichem Sinne zu deuten versucht.

S. 47². Zu der Statue im Louvre vgl. Kekulé, Kopf des praxitelischen Hermes S. 21².

S. 48. Zu den Typen der Wagenlenker vgl. jetzt Ghirardini, Bull. d. comm. archeol. XVI S. 341 ff.

S. 50. Zu dem Relief in Turin ist Friederichs-Wolters 1837 nachzutragen. Eine Säule, welche ein Gefäss trägt, sehen wir bei Wettrennen beispielsweise auf der polychromen Schale des Euphronios, Wiener Vorlegebl. V T. V und auf der Vase bei Inghirami, Vasi fittili III 274 (Tischbein-Hamilton II 26).

S. 50. Auffallende Uebereinstimmung zeigen die erwähnten Fragmente vom Esquilin mit den beiden im Besitze des Herzogs von Loulé befindlichen Reliefs, Kekulé, Bonner Kunstmuseum 415 und 414 (Friederichs-Wolters 1838), abgeb. Gaz. des beaux arts 1882, 1, S. 452 und 456, über deren angezweifelte Echtheit ich ohne Autopsie nicht urtheilen kann. Auf dem einen sehen wir ein nach links galoppierendes Viergespann, davor einen nackten Jüngling (mit einer Chlamys auf der linken Schulter), der in gestrecktem Laufe nur mit der rechten Fussspitze den Boden berührt; auf dem andern sehen wir ein nach rechts ausspringendes Viergespann, davor einen Jüngling mit einer Chlamys über den Schultern, der mit der Rechten nach dem Zügel des vordersten Pferdes zu greifen scheint und in der Linken einen krummen Stab hält; ganz entsprechend ist das an falscher Stelle eingelassene Fragment im Conservatorenpalast S. 51³, das somit mit dem S. 50¹ beschriebenen Stücke zusammengehören könnte.

S. 51. Hier wäre noch anzureihen das Bild des Nikomachos *Victoria quadrigam in sublime rapiens*, von welchem uns einige geschnittene Steine, darunter ein Cameo des Rufus und die Münzen des L. Plautius Plancus (Cohen, Descr. des monn. de la rép. T. XXXIII 7 und 8; Babelon, Monnaies de la republ. Rom. II S. 326) eine Vorstellung geben; vgl. O. Schuchhardt, Nikomachos S. 20 ff.; Furtwängler, Jahrb. d. Inst. IV S. 61. Hier ist Nike dargestellt, wie sie in der Linken einen Palmzweig trägt, mit der Rechten das Viergespann, das sie am Zügel gefasst hält, mit sich zum Siege emporreisst.

S. 52. Neben der Atarbosbasis wäre noch das Fragment einer anderen grossen Basis mit Pyrrhichisten von der Akropolis (Sybel 6569) zu nennen. Für Darstellung von Fackelläufern kann an die λαμπαδισταί des Pyrrhon im Gymnasium von Elis erinnert werden (Diog. Laert. IX 61), die möglicherweise ein Votivgemälde waren. Auch das athenische Relieffragment mit einer Triere (Friederichs-Wolters 1194; Baumeister's Denkmäler d. klass. Alterthums S. 1627) mag hier noch nachträglich eine Stelle finden, da es ja wohl von einem grösseren, gelegentlich eines Trierenwettkampfes errichteten Monumente herrührt.

S. 54. Fasst man den sitzenden Mann auf dem lateranensischen Relief als Dichter, so kann man die drei Masken als die Hauptmasken des Stückes fassen, aus dessen Anlass das Relief geweiht worden war.

Schreiber's Buch über die Wiener Brunnenreliefs, in dem dieses und manches andere der hier behandelten Reliefs als decorative Wandtafeln erklärt werden, ist mir erst nach Abschluss dieser Arbeit bekannt geworden. Die reindecorative Verwendung, welche Schreiber für einzelne dieser Stücke — aber kaum für das lateranensische Relief — mit Recht annimmt, schliesst aber nicht aus, dass die betreffenden Compositionen ursprünglich für Zwecke der Weihung geschaffen worden sind.

S. 58. Waffenpreise kommen bekanntlich schon in der Ilias vor; vgl. XXIII 560; 798 ff. Einen interessanten Beleg aus späterer Zeit bieten die Syrakusaner Dekadrachmen, welche unter dem Viergespann verschiedene Waffen mit der Beischrift ἆθλα zeigen; vgl. Catalogue of greek coins in the Brit. Museum, Sicily S. 171 ff.

S. 58 [4]. Zur Erklärung der Vasenbilder, welche einen Dreifuss zwischen zwei Kriegern zeigen, kann vielleicht auf die Wettzweikämpfe verwiesen werden, von denen Hermippos und Ephoros bei Athen. IV 154 d erzählen.

S. 62. Mit Hinweis auf das im vierten Capitel über scenische Anathemata Gesagte ist noch der Möglichkeit zu gedenken, dass auch der Dichter oder Chorege eines Dithyrambos den Stoff der siegreichen Dichtung selbst zum Gegenstande einer anathematischen Darstellung machen konnte. So könnte, woran Benndorf erinnert, das S. 23 [1] erwähnte Relief in Ince Blundell Hall (Arch. Zeit. XXXV T. XII) erklärt werden.

S. 70, Z. 3 von oben ist S. 56 statt S. 59 zu lesen.

S. 83. Hier sind noch anzureihen die Basen des Thrasykles vom Thrasyllosmonument, welche 201 Cm. lang, 148 Cm. hoch sind.

S. 105. Zum Nikiasmonument vgl. jetzt Dörpfeld, Athen. Mitth. d. Inst. XIV S. 63 ff.

S. 128. Zu des Parrhasios Bild von Meleager, Herakles und Perseus vgl. Klein, Arch.-epigr. Mitth. a. Oesterr. XII S. 124; zu desselben Malers „wahnsinnigem Odysseus" Klein a. a. O. S. 126; zu des Apollodoros' Aias vgl. Furtwängler, Jahrb. f. class. Philol. IX Supplem. S. 53.

Sachregister.

Verzeichniss der behandelten Monumente.[1]

---

[1] Die bei Friederichs-Wolters verzeichneten Denkmäler sind unter diesem Titel, die übrigen athenischen nach Sybel, die oberitalienischen nach Dütschke aufgeführt. Anderweitige Monumente sind nach
den ersten, beziehungsweise den gangbarsten Publicationen citirt.

Dütschke III n. 354 (S. 50); IV u. 174
(S. 50; 149).

Friederichs-Wolters 97 (S. 17³; 49); 213
(S. 46⁴); 215 (S. 40); 239 (S. 34¹); 422
(S. 100); 423 (S. 99); 427 (S. 25 f.); 438
(S. 18⁷); 1134 (S. 19⁷); 1135 (S. 23);
1184 f. (S. 91¹); 1196 (S. 56; 70); 1199
(S. 130 ff.; 132); 1200 (S. 130 ff.; 133);
1201 (S. 130 ff.; 133); 1206 (S. 52); 1216
(S. 112); 1328 (S. 102); 1503 (S. 123);
1533 (S. 46⁵); 1836 (S. 50); 1837 (S. 50;
149); 1838 (S. 149); 1843 (S. 29); 1873
(S. 140); 1878 f. (S. 97); 1889 (S. 123³); 2147
(S. 94 f.).

Gerhard, Anserles. Vasenbilder II 81 (S. 69);
IV 243 (S. 69).

Mitth. d. athen. Instit. XII T. 12 (S. 23¹).

Monum. d. Inst. III 31 (S. 89); IV 42
(S. 99).

Müller-Wieseler, Denkm. alter Kunst I
50, 625 (S. 70).

Musée Blacas T. 2 (S. 68).

Museo Borbonico IV 24 (S. 141).

Museo Capitolino IV 36 (S. 123³).

Sybel, Verzeichniss der Sculpturen in
Athen 292 (S. 122); 304 (S. 107⁷); 308
(S. 50); 313 (S. 97); 585 (S. 123³);
2200 (S. 141); 3863 (S. 142); 3983 (S. 57;
70); 5128 (S. 50); 7098 (S. 111).

Zeitschrift d. deutschen Palästinavereins
VII T. 3 (S. 98).

Zoega, Bassirilievi I T. 47 (S. 139); II
T. 61 (S. 134¹).

CIA I 336 (S. 75); 421 (S. 82¹); 422 (S. 81).

CIA II 965 (S. 59); 1176 (S. 90); 1229 (S. 59⁵); 1232 (S. 59⁵); 1234 (S. 84); 1236 f.
(S. 81; 88); 1240 (S. 77); 1244 (S. 103³); 1245 (S. 104); 1248 (S. 78¹; 91); 1249 (S. 76);
1250 (S. 76); 1251 (S. 81; 88); 1258 (S. 76); 1260 (S. 91); 1262 (S. 77); 1264
(S. 105); 1266 (S. 76); 1268 (S. 88); 1281 (S. 76); 1282 (S. 118); 1289 (S. 118);
1290 f. (S. 83; 88); 1294 f. (S. 83; 88); 1298 (S. 113); 1299 (S. 88); 1317 (S. 121);
1543 (S. 67).

CIA III 68ᵇ (S. 106); 79 f. (S. 84; 91); 82 (S. 84; 91); 112 (S. 61); 116 (S. 61); 126
(S. 89).

CIA IV 337ᵃ (S. 75); 373⁷⁹ (S. 59); 429ᵃ (S. 60¹).

IGA 43ᵃ (S. 61); 370 (S. 62).

Verzeichniss der Abbildungen.